Laetitia Boehm

Geschichte Burgunds

Politik – Staatsbildungen – Kultur

Zweite, ergänzte Auflage

Verlag W. Kohlhammer
Stuttgart Berlin Köln Mainz

CIP-Kurztitelaufnahme der Deutschen Bibliothek

Boehm, Laetitia:
Geschichte Burgunds : Politik, Staatsbildung, Kultur / Laetitia Boehm.
2., erg. Aufl. – Stuttgart, Berlin, Köln, Mainz : Kohlhammer, 1979.
    ISBN 3-17005213-6

Zweite, ergänzte Auflage 1979
Alle Rechte vorbehalten
© 1971 Verlag W. Kohlhammer GmbH
Stuttgart Berlin Köln Mainz
Verlagsort: Stuttgart
Umschlag: hace
Umschlagbild: Burgundischer Wappenteppich aus der 2. Hälfte
des 15. Jahrhunderts (Ausschnitt; Historisches Museum Bern)
Gesamtherstellung: W. Kohlhammer GmbH
Grafischer Großbetrieb Stuttgart
Printed in Germany

Inhalt

Vorwort

Das Studium der mittelalterlichen Geschichte — welchen Zeitraums und unter welchem Aspekt auch immer — hat sich stets auch mit Burgund oder richtiger mit den verschiedenen Staatsbildungen dieses Namens und ihren Trägern zu befassen. Allein schon durch seine Lage im Herzen Europas kam diesem Raum hohe politische Bedeutung zu, vor allem in einer Epoche, die trotz der Schwergewichtsverschiebung der Lebensachse vom antiken Orbis in die Bereiche nördlich der Alpen noch wesentlich zur mediterranen Welt hin ausgerichtet blieb. Von den Landschaften an Rhône, Saône und Doubs, beiderseits des Jura und bis zu den Westalpenpässen gingen aber nicht nur politische, sondern überdies reiche kulturelle Impulse für die Gestaltung des Abendlandes aus.

Die Geschichte Burgunds ist also engstens verflochten mit der gesamteuropäischen Historie und daher überaus vielschichtig. Dieser Sachverhalt macht es unmöglich, im Rahmen eines knappen Abrisses alle Belange der burgundischen Regionen gleichmäßig ausführlich zu behandeln. Die Auswahl der Kapitel verfolgt vielmehr den Zweck, in die geschichtszentrale Funktion der einst burgundischen Lande Frankreichs und der Schweiz einzuführen und einen Überblick zu geben über die faktischen und wissenschaftlich relevanten Schwerpunkte sowohl der Landesgeschichte Burgunds als auch der auf Burgund hin orientierten Entwicklung der Nachbarreiche. Das Büchlein will zugleich einen Beitrag leisten für das Verständnis der politischen, verfassungsrechtlichen und kulturellen Struktur des mittelalterlichen Abendlandes.

Entstanden ist diese Geschichte der mittelalterlichen regna Burgundiae aus der Erfahrung des Fehlens einer handlichen zusammenfassenden neueren Darstellung sowie aus dem persönlichen Erlebnis der Landschaften. Der hier oder dort zum Weiterstudium angeregte Leser mag im Literaturanhang dafür Mittel und Wege finden.

München, im Frühjahr 1971   Laetitia Boehm

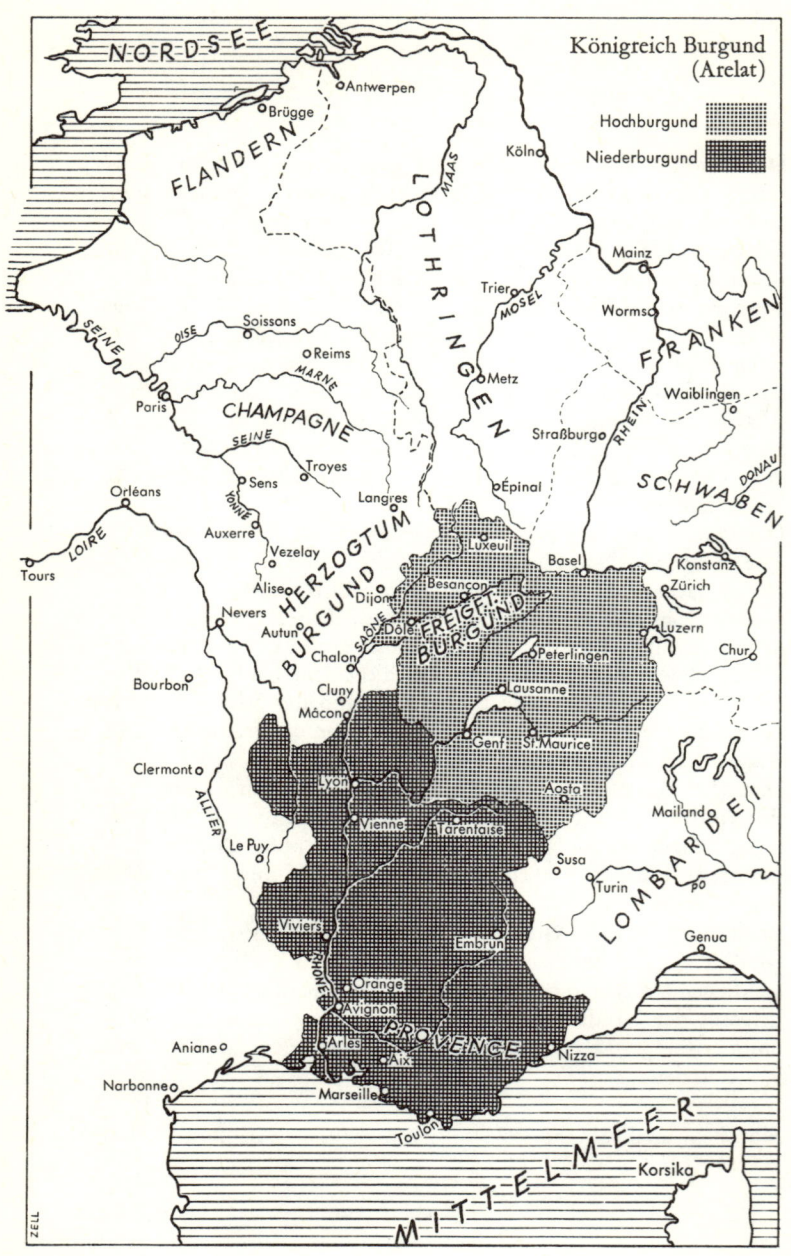

Königreich Burgund
(Arelat)

Hochburgund
Niederburgund

1. Einführung: Das historische Phänomen und das historiographische Problem »Burgund«.

Genau vor 100 Jahren, 1870, konzipierte der große Schweizer Kulturhistoriker Jacob Burckhardt — nachdem er gerade seine *Kultur der Renaissance in Italien* in endgültiger Fassung redigiert hatte — für einen jungen Historikerfreund eine Geschichte Burgunds zwischen Mittelalter und Neuzeit bis zu der Epoche, in der Leopold von Rankes *Geschichte der romanischen und germanischen Völker* einsetzt; ein »europäischer, öcumenischer« Gegenstand, wie Burckhardt schrieb, der ihn anregte wie alle Themata, die »rittlings auf der Grenzscheide zwischen Mittelalter und Neuzeit schweben«. Er verfolgte jedoch das Thema nicht weiter und überließ es somit dem niederländischen Kulturhistoriker Johan Huizinga, die germanisch-romanischen Zusammenhänge an der Wende des Mediumaevum unter anderem Aspekt wiederaufzugreifen: im Aufspüren nicht so sehr der erwachenden Renaissance, sondern des Ablebens überreifer Kulturformen. Angeregt durch »das Bedürfnis, die Kunst der Brüder van Eyck und anderer, die ihnen gefolgt waren, im Zusammenhang mit dem Leben ihrer Zeit zu erfassen«, hat Huizinga mit seinem Meisterwerk *Herbst des Mittelalters. Studien über Lebens- und Geistesformen des 14. und 15. Jahrhunderts in Frankreich und in den Niederlanden*, aber auch mit anderen einschlägigen Beiträgen das historische und künstlerische Verständnis für das spätmittelalterliche Burgund von den Voraussetzungen her wie hinsichtlich des politisch-kulturellen Weiterwirkens neu geweckt. Seither haben sich Forschung und Geschichtsschreibung mit den vier französischen Großherzogen 1364—1477 und mit der Bedeutung der burgundischen Erblande im habsburgischen Machtkomplex intensiv befaßt, zuletzt Joseph Calmette, Richard Vaughan und Yves Cazaux.

»Vom Verhängnis und Vermächtnis« des Valois-Großherzogtums »kommt Europa nicht wieder los« (Huizinga). Die oft wiederholte Spekulation bleibt müßig, wie wohl die neuere Geschichte verlaufen wäre, wenn Karl der Kühne den machtpolitischen Bogen nicht überspannt hätte, wenn er nicht söhnelos und 1477 von den Schweizern und Lothringern besiegt einen wenig ruhmreichen Tod gefunden hätte: Wäre dann die jahrhundertealte Utopie eines selbständigen Rhein-Rhône-Staates zwischen

Deutschland und Frankreich Wirklichkeit geworden? »Man hat den Eindruck«, so resumierte Huizinga, »als ob nur eine leichte Entgleisung des Wesens ins Pathologische Karl den Kühnen verhindert hat, einer der großen Staatenvollender der Geschichte zu sein.«

Doch hat auch das Scheitern des burgundischen Mittelreichs die Weichen für die europäische Mächtegruppierung der Folgezeit gestellt. Burgunds Politik hatte den Verlauf des hundertjährigen Krieges zwischen Frankreich und England mitbestimmt. Die Vermählung der Erbtochter Karls des Kühnen, Maria, mit dem künftigen Kaiser Maximilian I., beschwor die Konstellation Frankreich—Habsburg mit herauf; die Heirat von deren Sohn, Philipp dem Schönen, mit Johanna von Aragon-Kastilien im Jahr 1495 kettete die habsburgisch-burgundischen Erbländer an Spanien. Man hat den Enkel Maximilians, Kaiser Karl V., nicht nur als letzten Herrscher mittelalterlicher Prägung, sondern nach Mentalität und Geblüt auch als letzten mittelalterlichen Burgunder bezeichnet, obwohl sein Wunsch, in der Chartreuse de Champmol bei seinen burgundischen Vorfahren zu ruhen, unerfüllt geblieben ist: Die nächste Zukunft gehörte dem Escorial. Im Norden des untergegangenen burgundischen Staates bereitete sich allmählich die nationale Verselbständigung der Niederlande vor, von wo der Freiheitskampf gegen das spanische System seinen Ausgang nahm; der flämische Teil Burgunds stand sozusagen Pate für die künftige Funktion »Belgiens« im europäischen Mächtespiel. Noch im 18. Jahrhundert, als Kaiser Joseph II. erwog, Altbaiern gegen die österreichischen Niederlande einzutauschen, war dafür der Landesname Burgund gebräuchlich.

Seitdem trug kein Staat mehr den Namen Burgund.

Im populären Geschichtsbewußtsein der Moderne verbindet sich der Begriff Burgund nur noch mit einem Teil des spätmittelalterlichen Großherzogtums — mit seiner Ausgangsbasis —, und auch nur mit einem Teil jenes Gesamtraums, auf dessen Boden vom 5. bis zum 15. Jahrhundert mehrere Herrschaftskomplexe verschiedener Art und Ausdehnung entstanden sind, die alle aus historischer Legitimität den Namen Burgund führten. Der Terminus blieb allein an der französischen Provinz *Bourgogne*, der Zelle des mittelalterlichen Lehensherzogtums, haften, das seit dem Vertrag von Verdun 843 kontinuierlich zu Westfranzien-Frankreich gehörte und seit 1032 regelmäßig unter einer jüngeren Nebenlinie des Königshauses stand. Dort, in den Départements Côte d'Or (Dijon), Saône-et-Loire (Mâcon), Yonne (Auxerre) und Ain (Bourg-en-Bresse) hat der historische Name die administrative Neugliederung Frankreichs nach dem Ende des Ancien Régime überdauert.

Die Bourgogne, Zentrum der burgundischen Kultur im Mittelalter, hat ihr Gepräge, wie es uns im Palais des Ducs zu Dijon und der Nekropole von Champmol, im Hotel-Dieu zu Beaune, in den Höhepunkten burgundisch-flämischer Malerei und Skulptur eines Rogier van der Weyden, der Brüder van Eyck oder eines Claus Sluter begegnet, nicht erst und nicht allein durch die spätmittelalterlichen Herzöge und ihr Mäzenatentum erhalten. Hier haben auch frühere Epochen ihre Spuren hinterlassen: von der spätantiken Zivilisation (deren von Süden her vordringende Monumental-Architektur etwa der Augustus-Gründung Autun einen Stempel aufdrückte) über den monastischen Universalismus von Cluny und Cîteaux (wie es sich in den Strahlungszentren sakraler Romantik und Frühgotik — z. B. Tournus, Autun, Vezelay oder anderseits Fontenay — manifestiert) bis zur Spätgotik bürgerlicher Prägung (die uns etwa in Notre-Dame zu Dijon unmittelbar anspricht).

Der geschichtsstolze »Bourguignon« — er hat diese Qualifikation monopolisiert — erinnert im übrigen gern auch an manche Gestalten der Neuzeit, welche Mentalität und Bedeutung seiner Heimat verkörpern: so an den Universalgelehrten Jacques-Bénigne Bossuet (geb. 1627 in Dijon), dessen rhetorische Kultur als Symbol burgundischer Geistigkeit oft mit der Predigt- und Schriftgewalt seines mittelalterlichen Landsmannes, des »doctor mellifluus« Bernhard von Clairvaux (geb. um 1090 in Fontaines-les-Dijon, beheimatet in Châtillon s. Seine) verglichen wird; so an den Komponisten und revolutionären Musiktheoretiker Jean Philippe Rameau (geb. 1683 in Dijon) oder auch an Jean-Jacques Rousseau, dessen literarische Erstlingsarbeit von der 1743 gegründeten Akademie von Dijon preisgekrönt wurde.

Für den Historiker ist der *Burgund-Begriff* freilich umfassender. Die Bourgogne stellt nur etwa ein Viertel bzw., wenn man die Neuerwerbungen des 15. Jahrhunderts hinzuzählt, ein Sechstel des *gesamtburgundischen Raums* dar, der Namen und Umrisse von den germanischen Burgundern herleitete. Vom Herzogtum Burgund sind zu unterscheiden die heute teils französischen, teils schweizerischen Regionen der mittelalterlichen Königreiche Nieder- und Hochburgund bzw. des kaiserlichen Reichslandes Burgund oder Arelat. Diese burgundischen Gebiete östlich der mittelalterlichen Grenze Frankreichs entfalteten nicht minderes Gewicht im politischen und kulturellen Gefüge Europas: die großen Rhônemetropolen Arles, Vienne, Lyon als Kontinuitätsträger von der Antike her, als Zentren staatlicher, kirchlicher, städtischer Urbanität; die Provence als staatliches Sondergebilde, von jeher Mittlerin südeuropäischer Lebensart in Verfassung, Wirtschaft und Literatur; die Paß- und Straßenstaaten einesteils der Grafen von Vienne (Dauphiné), deren Familienleitname später dem französischen Kronprinzen als dem Erben den Dauphin-Titel einbrachte, andernteils der Grafen von Savoyen, deren Herrschaftsbewußtsein sich in der Grablege von Hautecombe verewigt hat und deren politische Rolle im neuzeitlichen Europa durch die Personalunion mit dem Königtum Sardinien das französische Großburgund überlebte; die Franche Comté mit der alten Reichsstadt Bisanz—Besançon als kulturpolitische Alternative zur benachbarten Bourgogne; die heute westschweizerischen Kantone Wallis und Waadt mit der urburgundischen Königsabtei St. Maurice d'Agaune und den Vororten Genf und Lausanne zwischen Jura und Alpen. Gleichwohl hat das Arelat als Ganzes keine Konsolidierung zu staatlicher und volklicher Einheit erfahren und sich nicht als geschlossene »burgundische« Kulturprovinz, sondern in landschaftlichen Traditionen entfaltet.

Alle burgundischen Staatsbildungen seit der Völkerwanderungszeit verkörperten in ihren verschiedenen Erscheinungsformen bis hin zum Valois-Experiment sozusagen das »europäische Problem«, wenn man als solches die stufenweise Schwergewichtsverlagerung der politischen Lebensachse vom antiken mediterranen Kulturkreis in den Raum nördlich der Alpen einerseits bzw. die damit verflochtene Auseinandersetzung und Bewegung romanischer und germanischer Elemente beim Aufbau des nachantiken Abendlandes anderseits versteht. Der welthistorische Verlagerungsprozeß, der mit der Kontaktnahme Süd- und Mitteleuropas über die Alpen hinweg begann, fand einen gewissen Abschluß mit dem politischen, wirtschaftlichen und nationalen Autark-Werden der fränkischen Nachfolgestaaten gegenüber Italien und der mittelalterlichen Universalordnung. Damit ließ auch das existentielle Interesse der aufsteigenden Großmächte am burbundischen Mittelraum nach. Symptome für diesen Sachverhalt darf man u. a. darin sehen, daß der Luxemburger Karl IV. als erster Kaiser bewußt auf die realpolitische Suprematie über die Reichsländer Italien und Burgund verzichtete und das Arelat faktisch preisgab, während damals die neuen Schwerpunkte des deutschen Reiches im Osten an Gewicht zunahmen; zum andern darin, daß das französische Großherzogtum als letzte burgundische Staatsbildung nicht mehr, wie alle älteren regna Burgundiae, nach Süden über die Provence zum Mittelmeer und über die Westalpen zur Lombardei hin orientiert war, sondern den Anschluß an das nördliche Meer suchte und nach England hin tendierte.

Der Raum, in dem sich die burgundischen Staatsbildungen vollzogen, weist keine landschaftliche Geschlossenheit durch natürliche Homogenität oder Begrenzungen auf. Er zeichnet sich jedoch aus durch Anlehnung an profilierte geographische Kerngebiete, den Westalpen-Jura-Höhenzug und das Rhône-Saône-Flußsystem. Ins politische Blickfeld des Römischen Reiches rückte er als ein bereits längst *kulturell geformter Raum*, durch die Gunst seiner natürlichen Wasser- und Landwege prädestiniert für Siedlung und Handel, für Durchgangsverkehr und Schwerpunktbildung. Insbesondere das Gebiet der späteren Bourgogne, also der Winkel zwischen Seine, Loire und Saône, scheint schon sehr früh besiedelt gewesen zu sein, in der jüngeren Steinzeit (Neolithicum) vermutlich am dichtesten in ganz Westeuropa (Gallien).

1866 und dann wieder 1922 durchgeführte Grabungen westlich von Mâcon am Fuße des Kalkfelsens *Solutré* förderten Zeugnisse schon aus dem Palaeolithicum zutage, vor allem die Reste von Tausenden von Pferdeskeletten, so daß eine Epoche der älteren Steinzeit danach benannt wurde: das Solutréen. In der Gegend des Mont Auxois lassen Funde aus der Bronzezeit auf ein ligurisches Zivilisationszentrum schließen, während später das keltische oppidum *Alesia* (Alise-Sainte-Reine) am Kreuzweg früh kultivierter Straßen zu den bedeutendsten Heiligtümern des Druidenkultes gehörte.

Daß die Urbevölkerung des mittleren Gallien intensive Beziehungen zur mediterranen Welt hatte, zeigt sich u. a. in der Sagenbildung.

Diodor von Sizilien, griechischer Historiograph der augusteischen Ära, überliefert einen Mythos vom Ursprung Alesias: Die sagenhafte Kraft jenes heiligen Ortes, seine ersten Straßen und Gesetze seien auf Herakles zurückzuführen, den Göttersohn, der von Spanien her über Gallien gezogen sei und dort die Tochter des Königs gefreit habe.

Historische Tatsache ist, daß eine der frühest nachweisbaren Süd-Nord-Verbindungen des europäischen Kontinents vom Mittelmeer über Massilia-Marseille durch das Rhônetal und über Alesia verlief.

Etwas weiter nördlich, in der Nähe von Châtillon-s. Seine, wurde 1953 mit dem Fürstinnen-Grabschatz von *Vix* einer der aufsehenerregendsten Funde aus keltischer Zeit gemacht, der die hochstehende Kultur im südeuropäischen Einzugsbereich eindrucksvoll bestätigt.

13

Die Eroberung Alesias durch Cäsar 52 v. Chr. bedeutete einen Markstein für die künftige Erschließung Galliens. Die historisch-geographischen Grundlagen und die geopolitische Situation des später burgundischen Raums wiesen der Expansion wie auch der Defensive Roms den Weg (vgl. Kapitel 2). Anderseits trug die römische Verwaltung durch die praktische Nutzbarmachung der geographischen Gegebenheiten dazu bei, das Wesen Burgunds zu prägen: als politisch-strategisches Kraftfeld, als Durchgangszone und als kulturelles Strahlungszentrum.

Der Beginn der regna Burgundiae ist im *Völkerwanderungsreich der ostgermanischen Burgundionen* zu suchen. Nach dem Untergang ihres sagenumwobenen Reiches am Rhein erhielten die Restgruppen dieses jahrhundertealten Volkes 443 als römische Föderaten in der *Sapaudia* südlich des Genfer Sees Siedlungsland. Von hier aus begründete die neue Königsdynastie einen relativ weitgespannten Staat, welcher dem Raum Zentren, wichtig bleibende Umrisse und vor allem seinen Namen gab: 507 begegnet dafür in einem Brief des Ostgotenkönigs Theoderich an den rex Burgundionum Gundobad erstmals die Bezeichnung *Burgundia*. Um 500, zur Zeit der größten Ausdehnung, beherrschte das Burgunderreich das ganze Rhône- und Saône-Becken. Im Süden reichte es fast bis zum westgotischen Arles, im Westen vom Quellgebiet der Loire bis über Nevers hinaus; im Norden bezog es Sens und Langres ein; im Nordosten berührte es den Bodensee, während es sich im Osten bis zur Aare einschließlich Windisch erstreckte. Neben Genf wurde nun auch Lyon zur Königsresidenz; aber auch der Bischofsstadt Vienne und dem von König Sigismund neu gestifteten Kloster Agaunum (St. Maurice d'Agaune), das später Mittelpunkt des Königreichs Hochburgund und des weit-wirksamen Sigismund- und Mauritius-Kultes wurde, kam politische Bedeutung zu. 534 wurde das regnum Burgundiae dem fränkischen Reich einverleibt, 537 folgte die gotische Provincia (Provence).

Unter *merowingischer Herrschaft* verschoben sich die Grenzen Burgunds jeweils mit den Gewaltenteilungen, wobei das dynastische Schicksal (die Zahl der Reichsteile folgte der Zahl der erbberechtigten Königssöhne) seit dem 6. Jahrhundert eine Dreiteilung des regnum Francorum in *Neustrien*, *Austrien* und *Burgund* vorbereitete. Nachdem die erste Generation nach Chlodwigs Tod († 511) das alte Burgund zerstückelt hatte, gewann die Burgundia als fränkisches Teilreich bei der Teilung von

14

561 erneut Gestalt, indem das mittel-südgallische Kernland mit einigen zusätzlichen Gebieten im Norden (Orléans), im Südwesten (Aquitanien) und im Süden (Teil der Provence) unter einem Herrscher vereinigt wurde. Der ursprüngliche Königssitz der merowingischen Burgundia lag, wie alle Residenzen, im salfränkischen Reichsgutland nördlich der Loire, um jedoch dann mehr ins Zentrum zu rücken. Zunächst nahm Chalon-sur-Saône den Rang einer Hauptstadt ein; der Schöpfer des merowingischen Burgund, der als Heiliger verehrte König Gunthram, wählte hier seine Grabstätte. Später gewann Autun an Bedeutung, wo die berüchtigte Königin Brunichilde zeitweise residierte, von wo sich aber auch der aristokratische Widerstand gegen die romanischen Zentralisierungsbestrebungen dieser Königin rekrutierte. Der historisch-geographische Begriff Burgundia blieb auch in der merowingischen Epoche mit dem Saône-Rhône-Becken verbunden; er begann überdies die Provence zu integrieren, nicht jedoch Aquitanien, das später wieder eigene Wege ging.
Während der dramatischen Geschichte des fränkischen Reiches vom späten 6. bis zum frühen 8. Jahrhundert geriet Burgund neuerdings in die Mühle von Teilungs- und Einheitstendenzen, von Familien- und Erbzwisten sowie in das Spannungsfeld von königlich-dynastischer und Adelspolitik, ohne aber, trotz mancher Gebiets- und Einflußveränderungen, seine Individualität und seinen Landesnamen zu verlieren.

Die spätmerowingische und die *karolingische Epoche* entschieden die Geschichte Burgunds für die folgenden Jahrhunderte. Weder das Wiedererwachen der fränkischen Einheitsidee (zunächst schon unter den karolingischen Hausmeiern, dann im Imperium Karls d. G.) noch auch die Weiterverfolgung des fränkischen Teilungsprinzips (zuerst seit Karl Martell 741, dann wieder seit dem Erbteilungsplan von 806) berücksichtigen den quasi-staatlichen Organismus Burgund. Er wurde kein Unterkönigtum, wie etwa Aquitanien, wie das Stammesland Baiern oder wie das angegliederte lombardische Italien. Burgund wurde seit 806 offensichtlich willkürlich zergliedert. Die karolingische Universalmonarchie und ihre zwar nicht gewaltsam nivellierende, aber doch zentralisierende Reichsverwaltung (»Grafschaftsnetz«, missi dominici) bewirkte daher, daß die Realität Burgund hinter dem überlieferten Begriff verblaßte.
Nach dem Tod Kaiser Ludwigs d. Fr. († 841) zeichneten sich in denjenigen Gebieten, die im Geschichtsbewußtsein mehr oder minder vage als »burgundisch« weiterlebten, vier Bezirke ab, die

dann erneut zu Keimzellen herrschaftsbildender Kräfte wurden:
a) die Provincia (Provence) längs der unteren Rhône zwischen Mittelmeer, Alpen und Isère mit der Grafschaft Arles als Mittelpunkt;
b) die Dukate (pagi) von Vienne und Lyon;
c) der Raum beiderseits des Jura mit den Schwerpunkten Besançon und St. Maurice d'Agaune;
d) die Marken um Mâcon, Autun, Chalon-sur-Saône.
Im Norden und Westen hingegen lösten sich Teile des ostgermanischen und merowingischen Burgund real wie terminologisch ab.

Die *Reichsteilungen des 9. Jahrhunderts,* vorangetrieben durch die Bruderkämpfe der Söhne und Enkel Ludwigs d. Fr., konsolidierten die »Reichsteile« zu »Teilreichen«, wobei anstelle der älteren Trias Austrien, Neustrien, Burgund in der Vorstellungswelt zunächst die künftigen Einheiten Germania (= Francia orientalis), Gallia (= Francia occidentalis) und Italia Gestalt gewinnen. Der Auflösungsprozeß des karolingischen Großreichs wurde einerseits durch die grenzenübergreifende kirchliche und feudale Sonderpolitik der Reichsaristokratie kompliziert, anderseits durch die Sarazenen-, Ungarn- und Normanneneinfälle belastet. Dabei geriet der zersplitterte burgundische Raum in die verschiedenen Macht- und Interessensphären der königlichen und königsnahen Geschlechter. Den burgundischen Landschaften, besonders im Voralpenraum, kam wegen ihrer geopolitischen Mittlerfunktion nach Italien hin eine um so größere Bedeutung zu, je mehr sich die karolingische Kaisertradition — als Zankapfel zwischen päpstlichem Verfügungsanspruch, stadtrömischen Adelsfamilien, königlichen und fürstlichen Aspiranten — nach Italien bzw. Rom verlagerte. Nicht nur die Endphase des spätkarolingischen Kaisertums war darum eng mit Burgund verflochten, sondern auch die Wiedergeburt des Imperiums unter den Ottonen.
Vier Daten vor allem stellten die Weichen für die kommende Entwicklung: 843, 855, 879 und 888.
843 schuf der *Vertrag von Verdun* vorerst eine vertikale Dreiteilung des Reichserbes, wobei das langgestreckte Mittelreich Lothars I. — ein politisch-ethnisches »Monstrum« aus romanischen und germanischen Bausteinen — Aachen und Rom unter der Kaiserkrone verband. Die damals festgelegte Westgrenze des Lotharreiches (etwa längs der Saône) blieb im großen und ganzen für Jahrhunderte die politische Ostgrenze Frankreichs. Sie teilte gleichzeitig den nordburgundischen Raum in zwei Ein-

16

flußbereiche: Die Marken westlich der Saône um Autun, Mâcon, Auxerre, Chalon-sur-Saône konstituierten sich gegen 900 unter dem Grafen von Autun als *ducatus Burgundiae*, Lehensherzogtum (Bourgogne); das Juragebiet östlich der Saône wurde Grundlage des Königreichs Hochburgund und der innerhalb des Königreichs aufstrebenden Grafschaft (Pfalzgrafschaft, spätere Freigrafschaft, Franche Comté). 843 wurde somit das achteinhalb Jahrhunderte andauernde Wechselspiel von Dualismus und Zusammengehörigkeit der »Duchés« und der »Comtois de Bourgogne« im Rahmen der größeren Dualität Frankreich-Deutschland angelegt.

855 bereits zerfiel das lotharische Mittelreich durch *Erbteilung* wieder. Diese Maßnahme Kaiser Lothars I. zog drei partikularistische Staatsbildungen nach sich, in denen die Idee des Zwischenreichs und die kaiserliche Tradition dennoch fortwirkte. Ludwig II. erhielt Italien mit der Kaiserkrone; Lothar II. bekam Lotharingien, das bis heute nach ihm benannt ist; der Erbteil des kurzlebigen Jüngsten, Karl († 863), das *regnum Provinciae* um die Dukate von Vienne und Lyon, wurde zwar bald wieder als Streitobjekt zwischen den west- und ostfränkischen Karolingern auseinandergerissen, bereitete aber dem späteren sog. Königreich Niederburgund den Boden.

Denn *879* gelang es dem ehrgeizigen Karoliden Boso von Vienne († 885), der in westfränkischen Diensten groß geworden war, sich zum rex Provinciae erheben zu lassen. Sein Königtum *Niederburgund*, von west- und ostfränkischer Seite als Usurpation betrachtet, konnte sein Sohn Ludwig 890 unter ostfränkischer Schutzhoheit nochmals erneuern, um jedoch nach unglückseligen Verstrickungen in die italienische Kaiserpolitik ca. 928 als letzter Träger des Kaisertitels aus karolingischem Geblüt — Ludwig III. der Blinde, mütterlicherseits Enkel Kaiser Ludwigs II. — irgendwo und irgendwann zu sterben. Das Königreich Niederburgund geriet unter den Einfluß anderer Konjunktur-Fürsten, vor allem des Grafen Hugo von Vienne und Arles († 947), der jedoch als König von Italien (926) weder die Kaiserkrone zu erlangen, noch die Regentschaft über das regnum Provinciae zu halten vermochte.

888, nach der Absetzung und dem Tod Kaiser Karls III. des Dicken, der letztmalig das karolingische Gesamtreich vereinigt hatte, folgte dem Beispiel Niederburgunds nicht nur Italien unter Berengar von Friaul, sondern auch das jurensische Burgund, wo der welfische Graf Rudolf, Laienabt von St. Maurice d'Agaune, sich zum König von *Hochburgund* (Burgundia superior) wählen ließ. Unter Berufung auf die ältere kaiserliche Karolinger-Linie begründete er in seinem *regnum Jurense* diesseits und jenseits des Jura eine Dynastie, die sich mit Blick nach Norden (Lothringen), nach Süden (Niederburgund, Italien) und nach Nordosten (Schwaben) eine wichtige Schlüsselposition schuf. Traditioneller Krönungsort der Nachfolger Rudolfs I. wurde Lausanne, Hauptstützpunkt der Herrschaft wurden die Klöster und Pfalzen Romainmôtier und Payerne, Orbe und Vevey.

Die Burgundia wies also Anfang des *10. Jahrhunderts* drei neue Herrschaftskomplexe auf:
a) das westfränkische Lehensherzogtum Burgund (Bourgogne), das seit 1032 unter einer Nebenlinie des kapetingischen Königshauses bis 1361 erblich blieb;
b) das regnum Provinciae oder Niederburgund (nicht identisch mit der Provence im geläufigen Sinne der Sprachlandschaft), das in manchen Regionen unter westfränkischen Einfluß geriet, zum größeren Teil aber in der ersten Hälfte des 10. Jahrhunderts an Hochburgund angegliedert wurde;
c) das welfische regnum Burgundiae oder Hochburgund, dessen schwache Königsdynastie in den vier Generationen ihres Bestehens immer mehr unter ostfränkisch-deutsche Souzeränität gelangte, namentlich seit der aktivierten Südwest- und Italienpolitik der ottonischen Herrscher.
Alle drei »Burgunds« entfalteten sich infolge wechselseitiger politischer und auch genealogischer Bemühungen. Niederburgund und Hochburgund fungierten dabei als umkämpfte oder auch diplomatisch gestützte und umworbene Pufferzonen zwischen den werdenden Staaten Deutschland und Frankreich, als Vorfeld für das Ausgreifen nach Italien.
Die um 931/3 zwischen Hugo von Vienne und König Rudolf II. wohl vertraglich vereinbarte Abtretung Niederburgunds an Hochburgund vollzog sich dann faktisch unter der Lehensvormundschaft Ottos I. für die unmündigen königlichen Geschwister Konrad und Adelheid. Zudem vermählte sich Otto 951 mit der welfischen Adelheid, inzwischen verwitweter Königin von Italien. Nach dem Aussterben der Rudolfingischen Dynastie 1032 wurde das vereinigte Burgund kraft Lehens- und Erbrechts dem Deutschen Reich angegliedert. Seitdem bildete das regnum Burgundiae — im 13. Jahrhundert regnum Arelatense genannt — einen integrierenden Bestandteil der zum Hoheitsanspruch des Imperiums gehörigen Trias Deutschland-Reichsitalien-Burgund. Das Arelat umfaßte etwa Zweidrittel der germanisch-fränkischen

Burgundia mit verschobenen Schwerpunkten und neuer politischer Orientierung. Es umspannte die Landschaften vom Fuß der Vogesen (Burgundische Pforte) bis zum Mittelmeer und von den Westalpenkämmen bis zur Rhône und Saône; bei Lyon und Viviers griff es über die Rhône nach Westen aus, während die französische Bourgogne bei Chalon nach Osten vorsprang.

Die reale Herrschaftsdurchdringung des weitgestreckten Arelats blieb allerdings ebenso wie vorher die welfische Macht vorwiegend auf den nördlichen Teil um Genfer See und Doubs mit Besançon (1157 Reichsstadt) und der Stauferpfalz Dôle beschränkt; sie war — ähnlich wie die Reichsherrschaft in Italien — jeweils eine Frage der aktuellen Macht. Verschiedene Lokalgewalten rivalisierten um das rudolfingische Erbe und begründeten halbabhängige Sonderherrschaften, wie in der Provence, in Savoyen, in der später sog. Dauphiné, in der späteren Freigrafschaft. Dennoch ließen sich drei deutsche Könige bzw. Kaiser offiziell zu Königen von Burgund krönen: Heinrich III. 1043 in Solothurn, Friedrich I. 1178 in Arles und Karl IV. 1365 nochmals in Arles: staatsrechtliche Proklamationen einer nominellen Oberhoheit, von der noch heute im Kreuzgang der Abtei St. Trophime zu Arles der steinerne Reichsadler kündet.

In *Spätmittelalter* erfolgte nochmals eine schwerwiegende politische Umgruppierung im burgundischen Raum, die dem neuzeitlichen Europa die Weichen stellte. Sie wird hauptsächlich an zwei Faktoren sichtbar.

a) Im 13./14. Jahrhundert vollzog sich die politische *Auflösung des Arelats,* für dessen an sich nur noch theoretische Einheit die Reichszugehörigkeit den Rahmen abgegeben hatte.

Einesteils wurden die Grenzlande Stück um Stück von der französischen Ausdehnungspolitik erfaßt. Folgenschwerer Vorbote war 1246 die Annexion der Grafschaft Provence durch Karl von Anjou, den späteren Totengräber der Staufer. Die anjouinische Machtpolitik gegen die Erneuerung eines deutschen Kaisertums, aber auch in Rivalität zur französischen Krone, bildete die Kulisse der folgenden Jahrzehnte. Das Arelat — immer noch als deutsches Reichslehensland — fungierte in deutsch-päpstlich-französischen Verträgen wiederholt als Verhandlungsobjekt, ohne daß auch nur einer der Restaurationspläne verwirklicht worden wäre. Währenddessen erfolgte die schrittweise französische Eingliederung von Lyon, der Dauphiné, auch der (Frei-)Grafschaft, deren Schicksal zwischen dem Reich und Frankreich damit allerdings noch nicht entschieden war. Lediglich Savoyen bewahrte durch rechtzeitige Herauslösung aus dem Arelat (1361) seine »reichsfreie« Selbständigkeit, bevor Karl IV. 1378 die Statthalterschaft im Arelat an den französischen Dauphin abtrat. Andernteils begannen seit dem Dreistädtebund von 1291 die *Eidgenossen* vom 14. bis zum 16. Jahrhundert die burgundischen Gebiete östlich des Jura (Waadtland, Wallis) zusammenzuschließen. Im Gegenstoß gegen die Ausbreitung der Landeshoheit deutscher Dynasten (Habsburger) und gegen die französische Expansion schuf sich der Städtebund eine neuartige staatliche Konföderation »zwischen den Nationen«, wofür jedoch der Landesname Burgund keine Zugkraft besaß: handelte es sich hier doch um die Todfeindin jenes französischen Burgund, das den geschichtsträchtigen Namen für die Zukunft monopolisierte.

b) Das Aussterben der kapetingischen Dynastie auch im herzoglichen Zweig der Bourgogne 1361 und die Wiedervergabe dieses liebsten der königlichen Lehensländer 1363 durch König Johann den Guten als Apanage an seinen Sohn Philipp den Kühnen hatten zur Folge, daß im *ducatus Burgundiae* eine Nebenlinie des Hauses Valois herrschte. Unter den vier *Grands Ducs d'Occident* (1363–1477) entstand letztmals vom Ausgangspunkt und unter dem Namen der alten Burgundia ein »Hofstaat«, man darf ruhig sagen von grandiosem und eigenwilligem Stil – kraftvoll in der großräumigen Planung und im Machtwillen seiner staatsmännischen Schöpfer, in der Kulturintensität seiner geistig-künstlerischen Impulse und auch noch im politischen Vermächtnis seiner Zerfallprodukte an die neuzeitliche Mächtekonstellation (vgl. oben).

Das Erstaunliche an diesem *Großherzogtum Burgund* war – in gewisser Paradoxie zur königstreuen Loyalität der früheren kapetingischen Lehensherzöge – sein Individualismus bis zur offenen Rivalität mit dem französischen Königstum sowie sein räumlich-rechtliches Hineinwachsen in Lehensbezirke des Reiches. Von der Basis der vorübergehend wiedervereinigten beiden Burgund dies- und jenseits der Saône (Bourgogne und Franche Comté) dehnten die Herzöge ihren Herrschaftsraum bis zur Nordsee aus. Zur Zeit der burgundischen Krönung Kaiser Karls IV. 1365 setzte in Dijon die burgundische Großmachtpolitik (1366 Baubeginn des Palais des Ducs) ein. Bald erstrebten die Valois-Herzöge – wenngleich vergeblich – ein gekröntes Königtum oder gar Kaisertum. »Non roy, mais de courage empereur« nannte ein Hofhistoriograph Philipp den Guten. Immerhin schien sich in diesem halbsouveränen Staat mit den Residenzen Dijon und Brügge, das sich ungeachtet seiner landschaftlichen Ursprünge nach Norden verlagerte, nochmals die 843 geborene Zwischenreichs-Idee zu verwirklichen, wiederum aus Bausteinen romanischen und germanischen Volkstums. Der imperiale Traum endete mit dem Doppelsieg der Eidgenossen bei Grandson und Murten und dem Tod Karls d. Kühnen vor Nancy 1477.

Die Burgunderbeute, die namentlich bei Grandson in Schweizer Hände fiel, heute sorgfältig verwahrt und in Editionen beschrieben oder rekonstruiert, gehört nach Umfang und Wert zu den bedeutendsten Kriegsbeute-Sammlungen der Geschichte und gibt tieferen Einblick in den Stil jenes Hofstaats, als es Chroniken vermöchten.

Die Personalunion von Herzogtum und Grafschaft Burgund zerbrach nochmals für zwei Jahrhunderte. Die Bourgogne assimilierte sich wieder als französische Provinz, blieb aber vorerst Grenzland gegenüber dem kaiserlich-habsburgischen Burgund (seit 1512 burgundischer Reichskreis), bis schließlich 1678 die Reunionspolitik Ludwigs XIV. auch die Freigrafschaft Frankreich einverleibte. Der einst innerburgundische Jura wurde nun natürliche Grenze zwischen Frankreich und der Schweiz.

Ehe wir mit der Untersuchung der einzelnen Epochen burgundischer Geschichte beginnen, sind noch einige grundsätzliche Überlegungen am Platze. Wie unser Überblick zeigte, hat es niemals »ein burgundisches Reich« gegeben, das sich entwicklungsgeschichtlich beschreiben ließe. Die germanischen Burgunder hatten zwar eine staatliche Organisation geschaffen, ohne jedoch als Volkssubstanz den stark romanisierten Raum auch nur annähernd zu durchdringen. Beim Eintritt ins Mittelalter bildete Burgund kaum eine durch ethnische, kulturelle oder landschaftliche Einheit gewachsene Individualität. Die folgenden Staatsbildungen oder Teilreiche behielten im großen und ganzen die alten Schwerpunkte, aber sie veränderten die Grenzen und schwankten in der politischen wie kulturellen Ausrichtung. Obwohl wiederholt getragen von profilierten Persönlichkeiten staatsmännischen Formats, mangelte es ihnen allen an politischer Konzentration, an volklichem Eigenleben und an institutioneller Beständigkeit. Burgund hat auch keine weseneigene Geschichtsschreibung und Literatur hervorgebracht, wenn man absieht von der provençalischen Troubadourdichtung, die allerdings von Aquitanien her beeinflußt war, sowie von der spätburgundischen Hofhistoriographie, die flämisch überschichtet war. Man hat Existenz und Bedeutung Burgunds im Mittelalter daher auch gekennzeichnet als »Land ohne Volk« (M. H. Boehm), dessen

Geschichte nichts anderes gewesen sei als die Geschichte seiner Auflösung, seiner unausgeschöpften Möglichkeiten.

Dennoch bedeutete Burgund dem mittelalterlichen Geschichtsdenken eine historische Größe, einen Begriff aus römisch-germanischer Wurzel, verstanden als Sonderheit sowohl gegenüber den universalen Reichsordnungen als auch gegenüber den werdenden »Nationalstaaten«, die jeweils im Ringen mit den lokalen Dynasten die Oberherrschaft über Teilgebiete beanspruchten. Als nur zeitweise und begrenzte staatsrechtliche Realität, aber als zähe politische Utopie ist Burgunds Struktur und Entwicklung gekennzeichnet durch drei einander entgegenwirkende Tendenzen, die ein Stück europäischer Geschichte ausmachen.

1. Die Tendenz zur Aufrichtung oder Aufrechterhaltung eines großräumigen Mittelreichs unter Verklammerung mittel-, west- und südeuropäischer Landschaften gehört wesentlich zum Bestand politischer Theorien des Mittelalters. Die einander ablösenden raumpolitischen Vorstellungen von einer *Dreigliederung des europäischen Kernlandes* weisen dabei dem burgundischen Raum meist eine konstitutive Funktion der Mitte zu.

Diese Trias-Vorstellungen überlagerten für Jahrhunderte das andere, Burgund ignorierende Gliederungsprinzip nach Germania-Gallia-Italia, das in der Karolingerzeit als Ausdruck der hegemonialen fränkischen Kaiseridee lebendig geworden war. Genauer: die Trias der merowingischen Reichsteile Austrien, Burgund, Neustrien wurde abgelöst durch die Dreiheit der karolingischen Teilreiche von 843, Ostfranzien, kaiserliches Mittelreich, Westfranzien. Die Idee des kurzlebigen Lotharreiches wirkte weiter in jedem der drei Teilungsprodukte Italien, Provence (Niederburgund) und Lothringen. In der salischen Kaiserzeit entstand die Trias des Imperiums: Deutschland, Burgund/Arelat, Reichsitalien. Andererseits läßt sich in Frankreich aufgrund der faktischen Entwicklung die Trias-Vorstellung Franzien (Ile-de-France), Burgund, Aquitanien bis ins 12. Jahrhundert verfolgen. Im Spätmittelalter endlich folgt die durch Burgund initiierte Trias Frankreich, Großburgund, Deutsches Reich.

2. Die Tendenz zur großräumigen Mittelreichsbildung hat zwar zahlreiche Vertreter gefunden, blieb aber hinter der Idee zurück; denn innerhalb des burgundischen Großraums stand ihr das Aufstreben und das *Eigengewicht der feudalen und kirchlichen Sondergewalten* entgegen, entfaltet vor allem während der Schwäche der spätkarolingischen Zentralgewalt und des welfischen Königtums.

Diese Lokalgewalten als »partikularistisch« zu bezeichnen, wäre unrichtig. Vielmehr waren die Wurzeln ihrer Kraftfelder teils autogen, teils geographisch bedingt, teils auch verliehen als Privilegien zur Ver-

22

waltung des Landes, sei es in Form von Grafenrechten oder sonstigen Benefizien bzw. Regalien. Die erste Generation der burgundischen Staatsgründer waren römische Föderaten; die zweite Schicht wuchs aus der fränkischen Reichsaristokratie. Teils drängten die burgundischen Kleinstaaten selbst zur Expansion in den Großraum hinein — so die reguli von Niederburgund und Hochburgund, die Großgrafen (»Grafschaft«) und die Herzöge von Burgund, oder auch die Metropoliten von Lyon, Arles, Vienne mit ihrer Primatspolitik. Faßbar wird das besonders in den die politischen Grenzen übergreifenden dynastischen Beziehungen. Dennoch waren solche Unabhängigkeitsbestrebungen aus eigener Kraft zu schwach und blieben auf den Schutz der benachbarten stärkeren Krongewalten angewiesen.

3. Bei der Angliederung der burgundischen Teilgebiete an Deutschland und Frankreich machte sich zunehmend die Tendenz bemerkbar, die *ethnischen Grundlagen* und *natürlichen Gegebenheiten* weiter auszubauen, gegen welche die burgundische Mittelreichsidee in ihren verschiedenen Manifestationen so zäh standhielt. Der Ruf nach den natürlichen Grenzen ist zwar erst ein Konzept des späteren Mittelalters, das vor allem von den Programmatikern der französischen Ausdehnungspolitik erhoben wurde, jedoch schritt die romanisch-germanische Differenzierung seit der fränkischen Zeit kontinuierlich fort.

Das Kriterium der Geschichte Burgunds beruht darin, daß sie von den Anfängen her bestimmt war durch die Grenzsituation bei fehlenden Außengrenzen. Der Raum stand permanent im Zeichen der *romanisch-germanischen Zusammenhänge und Gegensätze.* Zwar germanisch überschichtet, aber mit kräftigen römischen Grundlagen, nahm Burgund wesentlichen Anteil einerseits am Nord-Süd-Dualismus in Gallien/Frankreich; anderseits hatte Burgund beim Aufbau der Kulturgrenze den Hauptanteil am Rückstoß des Romanismus gegen die frühmittelalterliche (fränkische) Germanisierung. Der komplexe Prozeß der romanisch-germanischen Symbiose und Wiederabsetzung seit der Völkerwanderungszeit vollzog sich nicht geradlinig, sondern im Abbau älterer Kulturräume und im Aufbau neuer Grenzen. Das hat die jüngere Forschung zur fränkischen Landnahme und ihren Folgen hinlänglich dargetan, vor allem F. Steinbach und F. Petri im Anschluß an die ältere Sprach- und Ortsnamenforschung. Die romanisch-germanische Volks- und Sprachgrenze, die im Mittelalter nicht als Linie, sondern als historisches Feld von Überschichtungen den burgundischen Raum durchquerte und heute noch durch die Schweiz, durch Nordostfrankreich und Belgien verläuft, ist nicht ein direktes Relikt germanischer Siedlung der Völkerwanderungsepoche, sondern Ergebnis des folgenden langwierigen dynamischen Ausgleichs unter Rückzug des germanischen Elements. Noch mindestens bis zum 13. Jahrhundert blieb ein »kerneuropäischer Block« zwischen Rhein und Loire in den Kulturzusammenhängen spürbar und bildete bei der wachsenden Tendenz nach schärferer nationaler Sonderung »ein wirksames Gegengewicht von wahrhaft universalgeschichtlicher Bedeutung«, »die Voraussetzung grundlegender Leistungen des Abendlandes« (Petri). Anderseits wurde die alte horizontale Kulturgrenze an der Loire, welche Nord- und Südfrankreich schied und das westliche Burgund dem Süden zuordnete, nur langsam abgebaut.

Im Brennpunkt der Politik stand dabei seit dem 10. Jahrhundert das *Spannungsverhältnis der Zwillingsstaaten des regnum Francorum.* Die westfränkischen Könige konnten trotz ebenso nachdrücklicher Berufung auf die Karlstradition die translatio imperii für sich nicht erreichen, obwohl Voraussetzungen und Rechtscharakter der französischen Königsgewalt dem Wesen römischen Kaisertums im Grunde verwandter waren als das deutsche hegemoniale Königtum. Frankreich erwarb bekanntlich nur zweimal in der Geschichte die Kaiserwürde: 876 unter Karl II. d. Kahlen († 877) und dann erst wieder durch Napoleon. Wenn das Kaisertum in deutscher Erbpacht für Jahrhunderte Politik und Denken des Abendlandes beherrschte, so war das vornehmlich eine Folge der kraftvollen Südwestpolitik der ersten Ottonen in karolingischer (arnulfingischer) Tradition. Und solange der Weg zum Kaisertitel über das italienische Königtum und die päpstliche Sanktionierung in Rom führte, blieb Burgund Eckstein des politischen Geschehens. Trotzdem siegte auf dem Boden des einstigen Lotharreichs letztlich der Romanismus, nicht zuletzt auch aus Gründen der heterogenen romanisch-germanischen Verfassungsgrundlagen.

Im Bannkreis all dieser Sachverhalte vollzog sich die Geschichte Burgunds: jener Klammer und Pufferzone zwischen den verschiedenen Traditionen und Einflüssen; es erschien als typisches Gebilde der Epoche des »aristokratischen Personenverbandsstaates«, da die politischen Grenzziehungen und -kämpfe sich noch nicht so sehr um Volkstums- und Sprachgrenzen kümmerten als vielmehr um machtpolitische und dynastische Ziele. Die Geschichte Burgunds — seine »Renaissance« im 9. Jahrhundert genauso wie seine bleibende staatliche Fragilität — ist symptomatisch für das Problem der urangelegten und letztlich unausgetragenen Spannung zwischen übernationaler Kulturtradition und etatistischer Nationalisierung. Im übrigen bestätigt die Geschichte Burgunds — »rittlings« auf dem natürlichen Grenzwall des Jura und »rittlings« auf der seit 843 (Straßburger Eide) sich abzeichnenden Sprach- und Volkstumsgrenze — die noch wesentlich vornationale Natur von Politik und Staatlichkeit in den früheren Jahrhunderten. Die deutsch-französische Sprachgrenze verlief weit östlich der politischen Einflußzone von Westfranzien mitten durch das Arelat. Die Kirchensprengel und die Lehensbeziehungen griffen über die politischen Grenzen hinweg.

Um nur ein Beispiel anzuführen, das für die Neuzeit undenkbar wäre:

Der Erzbischof von Lyon und die Stadt gehörten bis 1310 zum Hoheitsbereich des Deutschen Reiches, obwohl alle Suffragane des Metropolitansprengels französische Untertanen waren.

Noch das Valois-Herzogtum baute auf der Doppelvasallität auf, wie sie im deutsch-französischen Grenzbereich für die mittelalterliche Staatsstruktur und politische Diplomatie kennzeichnend war.

So drängt sich die Frage auf, warum den Eidgenossen im selben Grenzraum und angesichts der fortgeschrittenen nationalen Staatswerdung der Umwelt das gelang, was Burgund trotz älterer Tradition versagt geblieben ist. Und warum im Zeitalter der Entstehung von Landeshoheit der Weg zu einer »terra Burgundiae« versperrt geblieben ist, wie ihn die Territorien des Reiches und die französische Monarchie gingen. Die folgenden Kapitel werden eine Antwort darauf versuchen.

Die bisherigen Feststellungen lassen noch ein kurzes Überdenken des Problems der modernen *historischen Behandlung Burgunds* als sinnvoll erscheinen. Für den Historiker ist die Frage nach der Kontinuität stets reizvoll. In bezug auf Burgund erhält sie ihre spezielle Note und Schwierigkeit. Geschichtsbetrachtung bleibt selten ganz frei von patriotischen oder nationalen Aspekten: hinsichtlich Burgunds allein schon terminologisch faßbar in den Begriffen und Gesichtspunkten der französischen »Annexion« oder »Reunion« der altburgundischen Gebiete.
Die letzte umfangreiche Gesamtdarstellung von deutscher Seite über die Geschichte des großburgundischen Raums erschien 1943 anläßlich des doppelten Gedenkens an die Jahre 443 und 843 von Max Hildebert Boehm; ein genialer Wurf, stoffreich, episch, trotz aller betonten Vorbehalte, aber auch getragen von einem Schuß Blut-und-Boden-Mystik. Der Verfasser begreift das »geheimnisvolle Burgund« als den Mythus einer von den Burgundionen dem Boden eingepflanzten Traditionsmacht, welche die »metahistorischen« Kräfte des burgundischen Genius weitergetragen habe durch die Jahrhunderte, ohne daß er sich je voll zu realisieren vermochte. 1678 mit der Einverleibung der Freigrafschaft in die Monarchie des Sonnenkönigs sei schließlich auf dessen Altar »die burgundische Eigenständigkeit geopfert worden«. Mit Wehmut gedenkt der Verfasser der Überlieferung, daß es in der Freigrafschaft Bewohner gegeben haben soll, die sich als Untertanen des Königs von Frankreich mit dem Antlitz nach unten beerdigen ließen, denn »noch im Grabe wollten sie der Sonne Ludwigs XIV. nicht ins Gesicht schauen«.

Das historiographische Bekenntnis zum Genius der germanischen Rasse hat seine Parallelen auch in der französischen Geschichtsforschung auf der Suche nach den Kontinuitätskräften — mit etwas anderen Vorzeichen. Aus französischer Perspektive liefen die Kontinuitätskräfte nicht aus in der Franche Comté, sondern sie haben der Bourgogne den Eigencharakter aufgeprägt. Maurice Chaume, einer der namhaftesten Erforscher der Frühgeschichte des Herzogtums Burgund, hat mit lokalpatriotischer Liebe und großliniger Konzeption die Spuren des »sentiment national bourguignon« von Gundobad bis zu Karl d. Kühnen verfolgt. In jüngster Zeit hat sich dieser Sicht der französische Archäologe René Guichard wieder angeschlossen mit seinem Buch über die Burgundionen, verfaßt in Dänemark, dem Mutterland der Burgunder. Der Autor zitiert mit einem Bekenntnis zu den »ancêtres« seiner engeren burgundischen Heimat und zur völkerverbindenden »Burgondia« das Resumée von Chaume:

»Au total, trois faits d'où procèdent trois réalités, trois idées, ou si l'on veut trois forces, que nous croyons possible de définir ainsi: Souvenir d'un passé indépendant, — esprit de revanche contre le pouvoir centralisateur qui a mis fin à cette autonomie, — conscience d'un rôle important à jouer dans l'économie nouvelle du monde occidental.«

Chaumes These von der tausendjährigen Kontinuität des »sentiment bourguignon« ist — wie auch Boehms Konzeption vom burgundischen Mythus — so anregend wie problematisch. Wir wissen zwar, daß auch die Zeitgenossen des Imperialismus der Valois-Herzöge sich noch gern im Bewußtsein der ehrwürdigen Tradition Burgunds sonnten, wie es u. a. Chastellain zum Ausdruck brachte: denn »seit tausend Jahren sind diese Länder die volkreichsten des Abendlandes gewesen, die bestbebauten mit Festungen und Städten, die bestversehenen und gesichertsten mit Gesetzen, ... die am meisten an den Handel gewöhnten.« Fraglich bleibt trotzdem das Fortwirken germanischer Grundsubstanz. Wenn über die staatlichen Differenzierungen hinweg die Kontinuität einer Burgund-Idee bis in die Neuzeit nicht von der Hand zu weisen ist, so handelt es sich um Kausalitäten politischer, rechtlicher und vor allem historisch-geographischer Natur.

2. Der burgundische Raum und Europa.
Historisch-geographische Grundlagen.

Wenn gesagt wurde, daß die Geographie für die Geschichte etwa jene Rolle spiele wie die Erbanlage für die Entfaltung der Persönlichkeit — nicht als Prädetermination im Sinne der klassischen Anthropogeographie, aber doch Disposition —, so gilt das für Burgund in mindestens ebenso hohem Maße wie für die nördlich anschließende Landschaft des Seine-Beckens, dessen Bedeutung für die staatliche Entwicklung Frankreichs stets besonders betont wird. Am Werdegang Gallien-Frankreichs wird die Wechselwirkung von Landschaft und Geschichte in geradezu exemplarischer Weise faßbar. Allerdings wiesen Geographie und Geschichte dem burgundischen Kulturraum eine andere Funktion zu als dem salfränkischen Kernland nördlich der Loire mit der konstanten Zentrale Paris, der schon von Gregor von Tours (6. Jhdt.) so bezeichneten *cathedra regni*. Im frühen Mittelalter trat die *Francia* oder der *ducatus Franciae* hervor zur Bezeichnung von Nordfrankreich oder auch nur der Krondomäne des nach dem Zerfall der karolingischen Monarchie zunächst auf den Dukat von Franzien beschränkten Königtums. Während diese engere Francia in erstaunlich geradliniger Konsequenz zur ideellen und politischen Mitte des nationalen Frankreich aufstieg — seit dem 12. Jahrhundert beginnt der Terminus ganz Westfranzien zu umfassen und die ältere Trias-Vorstellung Francia-Burgundia-Aquitania zu absorbieren —, blieb Burgund, obwohl einst geometrische Mitte des fränkischen Großreichs, ein gleichsam exzentrisches Staatswesen, das als Ganzes keine natürliche Herrschaftsmitte mehr fand und sich nur jeweils in Teilgebieten von seinen verschiedenen Zentren her immer aufs neue staatlich organisierte. *Francia* und *Burgundia* sind geographisch und historisch einander zugeordnet. Sie entfalteten ihre geschichtliche Wirksamkeit aber gegensätzlich. Denn wenn auch die spätrömische Gallia Narbonensis und Gallia Lugdunensis (= Burgund) für einige Zeit dahin tendierten, Gallien von Lyon aus politisch-administrativ zusammenzufassen, so leistete im Mittelalter umgekehrt die zentrifugale Eigenart der burgundischen Durchgangs- und Zubringerzone vom Süden her Hilfestellung für die zentrierende Kraft Franziens. Anderseits blockierten die ost- und südburgundischen Gebiete wegen ihrer Reichsabhängigkeit bis ins

13. Jahrhundert das Ausgreifen Frankreichs nach Italien. Auch insofern war die französische Monarchie mangels extensiver Möglichkeiten — geographisch-historisch bedingt — um so nachdrücklicher auf intensive, konzentrische Staatsentwicklung innerhalb der naturgegebenen und geschichtswirksamen Grenzen angewiesen — in wesentlichem Unterschied zu Deutschland, dessen Entwicklung mitbestimmt war durch die politischen und kolonisatorischen Entfaltungsmöglichkeiten im Süden und Osten sowie durch Rodungsland auch im Innern.

Zum Verständnis dieser Sachverhalte bedarf es eines kurzen Blikkes auf den *tektonischen Aufbau Europas*. Als westliches Endland des Kontinents »Eurasien« ist Europa geographisch bekanntlich gekennzeichnet durch den architektonischen Zusammenhang mit Asien ohne natürliche Grenzen, aber auch durch markante Besonderheiten, die sich vor allem seit dem Ausgreifen des Lebensraums von Süd- nach Mitteleuropa in der Spätantike historisch auswirken. Dazu gehören die Meerumklammerung, die starke Küstengliederung, die Kleinräumigkeit, die Wegsamkeit, der Verlauf von Gebirgszügen und Flußsystemen. Europa ist der Erdteil mit dem größten Formenreichtum auf kleinstem Raum, was zur Intensivierung von Lebensformen, Bevölkerungsdichte und politisch-staatlicher Gliederung beigetragen hat. Schon der griechische Geograph Strabo hat diese Zusammenhänge erkannt, »weil es (Europa) vielgestaltig und für die Vervollkommnung der Menschen und Staatsformen am gedeihlichsten ist und den anderen Erdteilen von seinen eigenen Vorzügen das meiste mitgeteilt hat«.

Dabei erwies sich der *horizontale Stufenbau Mitteleuropas* in drei unterschiedliche Höhenzonen, die, nach Westen hin schmaler werdend, in Frankreich münden, als fundamental wichtig:

a) Im Norden erstreckt sich das Tiefland, das als Ausläufer von Osteuropa her bis zum englischen Kanal verläuft; am Tiefpunkt und Kopf des westeuropäischen Flußsystems liegt das Seinebecken mit Paris. b) Südlich schließt sich die reich gegliederte Mittelgebirgsschwelle an, die westlich ins ostfranzösische Bergland und französischen Zentralplateau ausläuft. c) Als dritte, oberste Höhenzone folgt die Zentralalpenkette, die in mehrere Parallelzüge zerfällt und im Osten durch die Karpathen, im Westen durch die Pyrenäen fortgesetzt wird. Die Alpen teilen Europa geographisch, klimatisch und kulturell in zwei Großlandschaften, deren jeweilige Flußsysteme einesteils im nördlichen Meer und dem Atlantik, andernteils im Mittelmeer münden und entsprechend landschaftlich ausgerichtet sind. Allein *Frankreich* nimmt darin eine *Sonderstellung* ein, da es durch seine Flußmündungen ins nördliche Meer (Kanal), in den Atlantik und ins Mittelmeer (Rhône) an beiden Großlandschaften teilhat.

Entscheidend für die Verlagerung des historischen Schauplatzes von der Antike zum Mittelalter, d. h. für die *Kontaktnahme zwischen Süd- und Mitteleuropa über die Alpen hinweg*, wurden nun namentlich drei geographische Grundtatsachen, die zugleich die Sonderrolle des burgundischen Raums in diesem weltgeschichtlichen Prozeß erkennen lassen.

1. *Der europäische Kettengebirgsgürtel entbehrt der Geschlossenheit*. Die Lücken in Ost und West haben sich naturgemäß als historische Völkerpforten erwiesen.

Im Osten führt der doppelte *Donau-Durchbruch* zwischen Alpen- und Karpatenbogen (Mährische Pforte, Eisernes Tor) zum Ungarischen Becken und zum Schwarzen Meer hin. Die Donau-Linie fungierte daher von jeher als hochbedeutsame Verkehrs- und Kulturstraße (ein Teil der »Bernsteinstraße«), denn sie verbindet die norddeutsche Tiefebene und Mitteleuropa sowie Südeuropa mit dem Orient.

Im Westen spielte der Zwischenraum zwischen Alpen und Pyrenäen, wo der mediterrane Bereich und die mittlere Zone im *Tiefland von Rhône und Garonne* in direkte Berührung treten, eine ähnlich weltgeschichtliche Rolle. Hier konnte also die Mittelmeerkultur auf uralten Wegen in westlicher Umgehung der Alpen einerseits längs der Garonne zum Atlantik und andererseits längs der Rhône-Saône-Achse durch den burgundischen Raum und weiter durch den Paß von Dijon über das Seinebecken oder durch die Burgundische Pforte über das Rheintal bis zur Kanal- und Nordseeküste ausgreifen. Das Flußsystem Galliens mit seinen allseits beziehungsfähigen Landschaften zeigte sich daher geradezu prädestiniert, die mittelmeerischen, ozeanischen und kontinentaleuropäischen Wege und Interessen zu verbinden. Die Bedeutung dieses Sachverhalts wird durch die ligurisch-keltische Kulturorientierung (vgl. Kapitel 1) wie auch durch die Leitlinien der römischen Eroberung Galliens und der fränkischen Expansion (vgl. unten) beleuchtet.

2. Als geschichtlich relevant erwies sich weiterhin die *Formation der mittleren Alpenkette* zwischen den Durchbrüchen in Ost und West.

Einmal ist hinzuweisen auf die *Unterschiedlichkeit der Alpenabdachungen nach Nord und Süd*. Während die Pässe von Norden her auf relativ bequemen Wegen erreichbar sind, fällt das Gebirge nach Süden hin steil ab, besonders im Westalpengebiet.

Die historische Konsequenz daraus war, daß Italien den Invasionen von Norden her stets gefährlich ausgesetzt war, daß aber umgekehrt die Expansion nach Norden hin besonderer Kräfte bedurfte, wie es das nur langsame Vorschieben der römischen Reichsgrenze zur Donau hin zeigt. Die Römer hatten bereits ein halbes Jahrhundert bevor sie die Alpen (zuerst im Osten) überschritten und eingliederten, über Gallien hinaus am Niederrhein und in Britannien Fuß gefaßt.

Überdies wirkte sich der *morphologische Unterschied zwischen Ost- und Westalpen* für die historische Erschließung und politische Bedeutung der Pässe erheblich aus. Zeichnen sich die Ostalpenübergänge durch geringe Höhe aus, so macht die zonale Gliederung durch Längstalfurchen doch mehrmaligen Anstieg notwendig. In den Westalpen haben die Tiefenzonen nicht dasselbe Ausmaß, so daß eine Reihe von Pässen, obwohl viel höher gelegen als im Osten, in einmaligem Anstieg überwunden werden können, wie z. B. der Kleine und der Große St. Bernhard, der Mont Genèvre und der Mont Cenis. Außerdem unterscheiden sich Paßübergänge und Engpässe. Schwierigkeiten bieten weniger die eigentlichen Pässe, die in der Regel sprachlich erkennbar sind durch die Kombination mit »mons« (mons Iovis, Mont Cenis etc.), vielmehr die Engpässe oder Schluchten. Nicht zuletzt wegen der Schöllenenschlucht ist der St. Gotthard erst spät, im 13. Jahrhundert, erschlossen worden, während Mont Genèvre und der Kleine St. Bernhard als älteste bekannte Übergänge schon im 4. Jahrhundert v. Chr. von den Kelten benutzt und dann unter Kaiser Augustus ausgebaut wurden. In nachchristlicher Zeit kamen dem Mont Cenis und vor allem dem ebenfalls in Augusteischer Zeit gesicherten Großen St. Bernhard (mons Iovis) als der wichtigsten, allerdings im Winter kaum passierbaren Verbindung zwischen oberem Rhônetal (Genfer See) und dem Valle d'Aosta große Bedeutung zu. Direkt an dieser Straße erhielten die Burgunder 443 ihre Sitze. Der Weg nach Ivrea führte über das burgundisch-welfische Hauskloster St. Maurice-d'Agaune.

Über diese Paßstraße ist auch Papst Stephan II. 753/4 gezogen, als er beim Frankenherrscher Pippin Schutz suchte.

Aus dem Zusammentreffen der Paßstraßen vom Mont Cenis und vom Mont Genèvre versteht sich anderseits die einst so wichtige Stellung der heute kleinen Stadt Susa.

Man denke nur etwa an den denkwürdigen Übergang Heinrichs IV. über den Mont Cenis nach Canossa im Winter 1076/7, als für ihn die deutschen Pässe gesperrt waren.

Wenngleich von den deutschen Herrschern im Mittelalter am häufigsten der ebenfalls schon römische Ostalpenpaß über den Brenner benutzt wurde (66mal, Mont Cenis 13mal), so kam doch die höhere permanente politisch-strategische Bedeutung seit fränkischer Zeit den Westalpenpässen zu: wegen der so aktuellen Kontrolle der Wege von Italien ins Rhônetal und zur Champagne bzw. umgekehrt wegen des in deutschem Interesse zu verhindernden französischen Ausgriffs nach Italien. Ein Kriterium für die Funktion der Westalpenpässe war schon die Gestaltung des kaiserlichen Lotharreiches von 843: Das Rückgrat dieses ausgesprochenen »Straßenstaates« bildete die Verbindung von Rom über die Toskana, den Apenin und durch das Aostatal über den Großen St. Bernhard ins Rhônetal, längs Rhône, Saône und Doubs durch die Burgundische Pforte zum Rheintal und nach Aachen.

Neben den burgundischen Pässen und ihrem Zubringerzentrum vom *Genfer See* her wuchs seit fränkischer Zeit mit der Bedeutung der Graubündener Pässe die Schlüsselstellung von Chur als Knotenpunkt und des *Bodenseegebiets* als zweiter Kernlandschaft im nördlichen Alpenvorland. Als dritter Kernraum schob sich dann im Spätmittelalter dazwischen um den *Vierwaldstädter See* die zum St. Gotthard ausgerichtete neue Straßenlandschaft, die zur Wiege der Schweiz wurde.

Der *Alpenkamm* hatte also von jeher die doppelte Funktion als *schützender Grenzwall*, aber auch als *Kontaktzone*. Die grundsätzliche Passierbarkeit wirkte sich nicht nur auf die politische Kontaktnahme der Völker dies- und jenseits des Gebirges aus, sondern auch auf lokales Siedlungswesen, Herrschafts- und Kulturraumbildung.

Die jüngere Kontinuitätsforschung hat hier im Hinblick auf die kulturellen, sprachlichen und verfassungsrechtlichen Verhältnisse ein reiches Feld aufgetan. Ein Paradebeispiel dafür ist etwa die Ausbreitung des franco-provençalischen Sprachraums: wohl von Lyon aus über die südliche Freigrafschaft, die Dauphiné und Savoyen bis zum Aostatal und zu den südlich anschließenden Tälern Oberitaliens.

Anderseits erwiesen sich die Paßgegenden mit zunehmender politischer Bedeutung als anziehend für staatsbildende Kräfte von außen, die fast durchwegs von Norden her kamen und ihre Positionen nach Süden ausbauten. So wurden die kleineren lokalen Siedlungsgemeinschaften im Laufe der Zeit durch eine Reihe von Herrschaftsbildungen weltlichen oder geistlichen Charakters überwölbt, so durch die Paßstaaten Tirol, Salzburg-Kärnten, Chur, die burgundischen Königreiche, die Fürstentümer Savoyen und Dauphiné. Diese bauten für sich selbst die Tendenz zur Alpenüberschreitung aus, nutzten aber die Grenzfunktion gegen andere konkurrierende Mächte. Insgesamt jedenfalls bewirkte die geographische Situation der Alpenlandschaften die Ausbildung und Kontinuität eigengearteter kultureller und verfassungsrechtlicher Verhältnisse.

3. Gegenüber der horizontalen Dreigliederung Mitteleuropas beim Fehlen natürlicher Grenzen zum Osten hin gewinnen die schwächer betonten *tektonischen Nord-Süd-Linien* an Gewicht, weniger als Grenzen denn als Verbindungswege oder als Kraftfelder: so die Saône-Rhône-Senke; der Gebirgszug Vogesen-Jura; als analoge Achse zur südgewandten Rhônelinie der nordwärts gerichtete Rhein, der als einziger Fluß des deutschen Raums in den Alpen (nahe der Rhônequelle) entspringt und damit die Verbindung von Rhône- und Rheintal besonders bedeutsam erscheinen läßt; weiterhin der mittlere Höhenzug von den Weserbergen nach Südosten über die Mittelgebirgsschwelle, das Fichtelgebirge, den Böhmerwald und den Bayerischen Wald zur Donau hin. Die Flüsse Rhône-Saône und Rhein haben niemals wirkliche Grenzen gebildet, aber doch die Grenzpolitik begünstigt. Die Höhenzüge sind nicht durchlaufend, sondern verschiedentlich zu umgehen oder zu durchqueren bzw. durch Beckenbildungen gegliedert, so daß die jeweiligen Pforten und Flanken wiederholt als historisch-politische Brennpunkte der Machtballung oder als Bollwerke der Verteidigung dienten: so die sog. Weserfestung, der Harz, der Thüringer Wald, Böhmen, ähnlich die Durchbrüche zum Seinebecken hin wie die Ebene der Champagne und die Oisepforte, wie die Burgundische Pforte zwischen Vogesen und Jura als Verbindung des Oberrheintals mit Südfrankreich.

Diese Bodengestalt Europas erhielt welthistorische Dimensionen in der Völkerwanderungsepoche. Ein knapper Überblick über die *Hauptetappen der römisch-germanischen Auseinandersetzung* mag zugleich die wachsende geopolitische Rolle des burgundischen Raums verdeutlichen.

Unter raumpolitischem Aspekt setzte die Wende zur mittelalterlichen Geschichte ein, als die jahrhundertelange Isoliertheit des südeuropäischen Lebenskreises gegenüber den nördlich des Alpenschutzwalles nach Westen abgelenkten Völkerbewegungen durchkreuzt wurde durch den *Nord-Süd-Akzent*, und zwar zuerst durch den Zug der Kimbern und Teutonen im 2. Jahrhundert v. Chr. Das Romanum Imperium parierte den wachsenden Druck seit dem 1. Jahrhundert v. Chr. zuerst expansiv, dann defensiv durch den Aufbau eines Verteidigungssystems, welches das künftige Europa nachhaltig beeinflußte. Infolge der intensiveren Kontaktnahme zwischen der Mittelmeerwelt und den nordalpinen Zonen begann die weichenstellende politische Rolle der Alpen als Sperriegel und Schutzwall, aber auch der Alpenpässe als Verbindungswege, der Rhône-Saône-Achse und des Rheintals als Aufmarschlinien und der jeweils vorgelagerten natürlichen Flanken als strategischer Posten.

Die *1. Phase* kriegerischer Begegnung von Römern und Germanen ist markiert durch die Errichtung der *Gallia Narbonensis* 121 v. Chr. und durch die Abwehr der Kimbern und Teutonen, deren Vorstöße die künftige Bedeutung der Alpenwege ankündigten: letztere wurden 102 bei Aquae Sextiae (Aix-en-Provence), erstere 101 nördlich von Vercellae geschlagen, also an der Zufahrtsstraße von Südgallien zu den Westalpenpässen und an einem der Hauptwege von den Ostalpenpässen nach Italien.

Die *2. Phase* stand im Zeichen der römischen Expansion von der Provincia Narbonensis aus nach Norden, wobei die alte Kulturader längs Rhône und Saône die selbstverständliche Führung übernahm. Die Gallierkriege Cäsars 58—51 v. Chr. waren bekanntlich ausgelöst durch Streitigkeiten unter den keltischen Stämmen Galliens sowie durch die Gefährdung der fließenden Grenze zwischen den Kelten und den stetig nach Westen vorrükkenden Germanen. Cäsar sah sich vor die Aufgabe gestellt, diese natürliche Lücke zwischen keltischem und germanischem Gebiet abzusichern, nämlich die Burgundische Pforte. Denn der Suebenführer Ariovist, von den keltischen Sequanern gegen die Äduer gerufen, war im Begriff, vom Oberrhein (Elsaß) aus seinen Herrschaftsbereich nach Gallien herein zu erweitern. Ein Festsetzen der Germanen in Gallien auf Kosten der römerfreundlichen Kelten aber hätte das römische Südgallien gefährdet.

In vier wichtigen Operationen fiel die Entscheidung, alle auf burgundischem Boden. Zuerst, 58 v. Chr., wandte sich Cäsar gegen die keltischen Helvetier, die das Gebiet zwischen Rhein, Jura und Alpen bewohnten und nach Gallien hereindrängten. Als Verbündete gegen sie gewann er die Allobroger und deren »extremum oppidum ... proximumque finibus Helvetiorum« *Genava-Genf*, das auch in der römischen politischen und kirchlichen Organisation abhängig blieb von der Kapitale *Vienne*. (Das südliche Rhôneknie wurde im Mittelalter Ausgangspunkt der Grafschaft Vienne-Dauphiné.) Anschließend schlug Cäsar die

Helvetier bei *Bibracte*. Dieses »oppidum apud eos maximae auctoritatis« auf dem Mont Beuvray, Zentrum des mächtigsten und kulturell reifsten der Keltenstämme, der Äduer, und militärischer, kultischer und wirtschaftlicher Mittelpunkt der verbündeten Kelten, lag im Knotenpunkt der Straßen, die das Saônebecken mit den Flußtälern von Loire und Yonne verbanden, weiterhin in Reichweite der zukunftsträchtigen Hafenstützpunkte Cabillonum-Chalon an der Saône, Noviodurum-Nevers an der Loire, Autricum (Autissiodurum)-Auxerre an der Yonne, die den Wasserweg nach Sens beherrschten.

Die um 1865 von Gabriel Bulliot begonnenen Grabungen legten 20 km westlich des heutigen Autun die Mauern von Bibracte frei und förderten u. a. Marseillaiser Münzfunde zutage, die als Zeugen früher Beziehungen der Äduer zur Mittelmeerkultur gelten dürfen. Als erste unter den gallischen Völkerschaften hatten sich die Äduer — ähnlich der vermutlich ligurischen Urbevölkerung um Alésia — die griechische Mythologie angeeignet und damit gewissermaßen die Vorstufe der kulturellen Erschließung Mittelgalliens durch den Süden eingeleitet.

Nach dem Sieg von Bibracte zog Cäsar gegen Ariovist. Er schlug ihn beim heutigen Mülhausen im oberen Rheintal hinter der *Burgundischen Pforte:* ein Sieg von europäischer Tragweite im Hinblick auf die künftige Germanenpolitik Roms. Denn das linke Ufer des Oberrheins war nun römisch; den Germanen war bei der Burgundischen Pforte der Eingang nach Gallien versperrt, den Römern aber standen mit dem Paß von Dijon das Seinebecken und Nordgallien offen. Der *Rhein* wurde die strategische Grenze zwischen Gallien und Germanien und die römische Aufmarschlinie für das Vordringen zum Niederrhein. Der Sieg bedeutete nichts Geringeres, als daß der germanische Wettbewerb um das keltische Gallien vorerst ausgeschaltet war.

Nachdem Cäsar in den folgenden Jahren die anderen Teile Galliens unterworfen und bis nach Britannien ausgegriffen hatte, erfolgte die endgültige Entscheidung 52 v. Chr. bei *Alesia* gegen den keltisch-arvernischen Heerführer Vercingetorix, der von Bibracte aus nochmals den keltischen Widerstand rekrutiert hatte.

Ein Teil der Geschichtsschreibung hat unter keltophilem Aspekt Vercingetorix als Idol und Symbol des letzten verzweifelten »national«-gallischen Freiheitskampfes verherrlicht. Heute gemahnt die unter Napoleon III. errichtete Monumentalstatue von Millet auf dem Mont Auxois an die historische Geburtsstunde des römischen Gallien.

Die Voraussetzungen für die bald einsetzende Romanisierung wurde 43 v. Chr. mit der Begründung der Provinz *Colonia Lug-*

34

dunensis geschaffen. Lyon — vordem segusiavische Hauptstadt am ehrwürdigen Heiligtum des confluens Rhodanus, am Treffpunkt der drei Flußbecken von Rhône, Saône und Loire, wo seit der augusteischen Neuorganisation dann die drei Verwaltungssprengel der Provincia Narbonensis, der Aquitania und der Celtica zusammenstießen — »das gallische Rom« — seit Augustus Sitz des Roma- und Augustus-Kultes und seit dem späteren 2. Jahrhundert ältester Bischofssitz Galliens —, blieb bis zur Reichsreform Diokletians im späten 3. Jahrhundert Residenz des Statthalters von Gallien.

Die *3. Phase,* das Augusteische Zeitalter, brachte den eigentlichen zivilisatorischen, strategischen und militärischen Ausbau der Errungenschaften Cäsars, zeigte aber auch bereits die Grenzen römischer Offensivkraft. Gallien bis zum Rhein und die Alpenprovinzen wurden zu den beiden dynamischen Polen des Eroberungsraumes. Einerseits erhielt jetzt Gallien sein bleibendes römisches Gepräge durch administrative Festigung der Provinzen, durch Romanisierung und Urbanisierung. Einen Markstein, beispielhaft für die Art der römischen Zivilisationsstrategie, stellte die Gründung der Stadt *Augustodunum-Autun* östlich der einstigen keltischen Bergfeste Bibracte dar, d. h. im verkehrsgünstigeren Tal direkt an der neuen Süd-Nord-Ader Zentralgalliens. Als »soror et aemula Romae« stand Autun bald Lyon nicht mehr viel nach und wurde zum sekundären Strahlungszentrum der Romanisierung. Der kaiserliche Stratege Vipsanius Agrippa baute das *Straßensystem* von Italien über Gallien nach Norden und Nordosten aus, um Lyon mit den Hauptstädten der verschiedenen Provinzen zu verbinden. Von Augusta-Praetoria-Aosta führte die Straße über den Kleinen St. Bernhard oder aber, nunmehr verstärkt, über den Großen St. Bernhard nach Octodurus-Martigny, den Paßstraßen-Sammelpunkt im oberen Rhônetal, über Genf nach Vienne oder Lyon und nach Basel; daneben gewann der Weg von Segusia-Susa über den Mont Genèvre in die Provincia an Bedeutung. Von Lyon aus verlief das Straßennetz einerseits über Autun, Sens durchs Pariser Becken zur Küste, andererseits über Chalon s. Saône und Langres längs Maas und Mosel über Metz ins mittlere Rheintal neben der anderen Verbindung über Besançon durch die Burgundische Pforte zum Oberrhein. Indem die Förderung von Straßenbau und Städtewesen die vorrömischen Grundlagen nicht beseitigte, vielmehr unter neuen Gesichtspunkten nutzte (die keltischen Hauptorte sind fast durchwegs Vororte der civitates geblieben, z. B. civitas Lingonum-Langres, civitas Senonum-Sens

35

etc.; oder aber es entstanden Tochterstädte in unmittelbarer Nachbarschaft, wie Bibracte-Autun, Gergovie-Augustonemetum = Clermont-Ferrand), brachte Roms praktischer Sinn die historisch-geographischen Voraussetzungen voll zur Wirkung. Der später burgundische Mittelraum wurde damit zum systematisch ausgebauten Mittlerraum.

Gleichzeitig rückte der andere Pol römischer Reichsstrategie stärker ins Licht: die *Alpen*. Nach Sicherung der Westalpenpässe erfolgte unter den Stiefsöhnen des Augustus, Drusus und Tiberius bis 15 n. Chr. die Eingliederung auch der Ostalpen und das Vorschieben der römischen Grenze bis zur Donau. In der Folge der Außenpolitik Cäsars entstand damals der großangelegte Offensivplan, von Rhein und Donau her ganz Germanien bis zur Elbe zu erschließen. Indes, der Plan scheiterte, und zwar an der Verquickung militärischer und geographischer Gegebenheiten. Ähnlich, wie ein halbes Jahrhundert früher das der Burgundischen Pforte vorgelagerte Oberrheinland die Machtbasis für Ariovists Intervention in Gallien gebildet hatte, so bewährten sich jetzt für die germanische Abwehr die beiden natürlichen Flanken, welche die römischen Ausfallstraßen im Südosten und im Nordwesten von Donau und Rhein her deckten. Einerseits *Böhmen,* wohin sich die Markomannen ins Gebiet der abgewanderten Boier zurückzogen; unter Marbod wurde das böhmische Becken Ausgangspunkt eines gegen Mähren und elbeaufwärts strebenden Machtblocks. Auch wenn Marbods Reich bald wieder zerbröckelte, so blieb doch die Markomannenfeste vor der Mährischen Pforte ein germanisches Bollwerk ersten Ranges, das in den Markomannen- und Quadenkriegen des 2. Jahrhunderts eine akute Grenzgefahr wurde. Die andere natürliche Verteidigungsposition der Germanen, an der die römische Eroberungskonzeption endgültig zerbrach, lag in den *Weserbergen* am Ende der römischen Aufmarschlinie vom Rhein her längs der Lippe. Dort sammelten sich die Cherusker unter Arminius und lieferten dem römischen Feldherrn Varus 9 n. Chr. die vernichtende Schlacht im Teutoburger Wald. Die römische Niederlage an beiden Fronten, versinnbildet in der Übersendung des Varus-Hauptes durch Arminius an Marbod, kennzeichnet einen entscheidenden Wendepunkt im römisch-germanischen Verhältnis: Rom mußte hinfort auf die Expansion großen Stils verzichten und zur Defensive der *Rhein- und Donaugrenze* übergehen, über die im folgenden Jahrhundert mit dem Bau des obergermanisch-rätischen *Limes* lediglich in beschränktem Umfang hinausgegriffen wurde.

Die *4. Phase* leitete mit dem Einfall der Markomannen und

Quaden in die Donauprovinzen und den darauffolgenden Markomannenkriegen Marc Aurels (161—180) das Zeitalter systematischer germanischer Aggressionen ein, denen im 3. Jahrhundert der Durchbruch der Grenzen gelingt. Die Alemannen überschwemmten das Dekumatenland hinter dem Limes, die Franken überschritten den Rhein nach Gallien, vom Osten her traten die ostgermanischen Völker stärker in das römische Gesichtsfeld. Die Rhein- und Donaugrenze hielt zwar im großen ganzen noch bis ins 4. Jahrhundert stand, das Römische Reich stellte sich jedoch zwangsweise auf Verteidigung um. Die von außen und innen gefährdete Situation fand ihren Niederschlag in den Reichsreformen Diokletians und Konstantins d. Gr., in der daraus resultierenden Entrechtung der Städte Rom und Lyon und im Aufstieg der neuen, »nach außen« gewandten Residenzen Mailand, Trier und Konstantinopel.

Die *5. Phase* der römisch-germanischen Begegnung, die man ansetzen darf mit dem Zeitalter Theodosius' d. Gr. († 395) und dem Beginn der »Völkerwanderung« im eigentlichen Sinne durch den Druck der Hunnen, spielte sich großenteils bereits innerhalb des römischen Reichsrahmens ab. Über die Germanisierung des römischen Heeres und die Ansiedlung geschlossener germanischer Föderatengruppen innerhalb der Grenzen führte sie schließlich zur Begründung germanischer Staaten auf römischem Boden. In dieser Epoche rückte Gallien, namentlich das *Rhônetal*, aufs neue ins Zentrum des Geschehens: einmal durch die Rücknahme der Trierer Zentralverwaltung und Kaiserresidenz um 400 zwar nicht nach Lyon, das bald burgundische Königsresidenz wurde, aber nach *Arles*; zum anderen durch die Ansiedlung der burgundionischen Föderaten 443 in der Militärzone *Sapaudia*. In Gallien mit dem am kräftigsten ausgeprägten provinzialrömischen Sondergeist hat das weströmische Reich den Untergang des Kaisertums am längsten überlebt.

Der *6. und Schlußakt* weströmischer Geschichte spielte in Nordgallien. Auch diese letzte römische Bastion und die Zelle der fränkischen Staatsgründung sind vom geographischen Aspekt her aufschlußreich. Nachdem der Gaukönig Childerich, der mit seinem salfränkischen Stamm vom Niederrhein her gegen das Pariser Becken vorgerückt war, 481 in *Tournay* an der Schelde starb — dort wurde 1653 sein Grab gefunden —, übernahm dessen Sohn Chlodwig den Kampf gegen den römischen Statthalter Syagrius, der in *Soissons* residierte. Von Tournay aus führte die direkte Hauptstraße von Flandern nach Süden ins Seinebecken über Cambray und durch den einzigen nördlichen Eingang, die

Oisepforte. Dahinter zweigt vom linken Oiseufer der unmittelbare Südweg in die Champagne ab in Umgehung des ehemals undurchgängigen Waldes von Compiègne (Compendium). Daher versteht sich die Schlüsselposition von Soissons: am Aisne, beim Übergang oberhalb des Waldes gelegen, überwachte es die nördliche Einfallstraße nach Gallien bzw. mußte in feindlicher Hand die letzte Hauptsperre für den Zugriff nach Süden und Westen sein. Als nun Syagrius an dieser wichtigen Stelle 486 geschlagen wurde, stand für Chlodwig der Weg nach Paris offen. Soissons behielt auch im fränkischen Reich seine Bedeutung als Teilsreichsresidenz.

Das Ausgreifen Chlodwigs und seiner Söhne ins mittlere Gallien hinein erfolgte ebenfalls in konsequenter Entsprechung zur landschaftlichen Formation, zunächst bis zur *Loire,* wo das große Waldgebiet, dessen Reste heute noch im Wald von Orléans erhalten sind, eine natürliche Siedlungsgrenze bildete. Im Westen und im Osten lenkten die natürlichen Ausgänge das fränkische Eroberungswerk weiter nach Südgallien: südlich von Tours der Übergang über die Loire und durch das Paßgebiet von *Poitou* am westlichen Rand des Zentralplateaus vorbei nach Aquitanien gegen die Westgoten, zum andern durch den *Paß von Dijon* in den burgundischen Raum hinein. Dieselben geographischen Leitlinien also, welche die Römer nach Norden geführt hatten, dienten umgekehrt der fränkischen Expansion nach Süden. Noch vor Aktualisierung der Eroberung Galliens legte Chlodwig mit seinem Alemannensieg 496 auch die Grundlage für die fränkische Vorherrschaft über die Westgermanenstämme und für die Ausdehnung nach Osten hin, nämlich *Main*-aufwärts, womit sich jener Keil in den innergermanischen Raum hereinzuschieben begann, der sich so folgenschwer auf die Absonderung von Mittel- und Süddeutschland entlang der Mainlinie auswirkte.

In Summa ergeben sich folgende Feststellungen für die *historisch-geographische Position Burgunds im mittelalterlichen Europa:*
1. Der politische und kulturelle Zusammenschluß von Südeuropa und Mitteleuropa, der sich seit der Völkerwanderungszeit wechselseitig zwischen Römern und Germanen auf Kosten der Kelten vollzog und sich im Mittelalter fortsetzte, erfolgte auf den geographisch vorgezeichneten Wegen in westlicher und östlicher Umgehung der Zentralalpen, aber auch über die Alpen hinweg. Damit begann die historische Rolle der *Westalpenpässe.* Der erste eigentliche »Paßstaat« wird die den Burgundern zugewiesene *Sapaudia.*

2. *Gallien-Frankreich* als westliches Endland Mitteleuropas mit seinem ausgeprägten Flußsystem und altkultivierten Straßennetz verband von jeher die Mittelmeereinflüsse und -wege mit dem Norden und Nordosten, war daher zur *Hauptdrehscheibe* bei der Achsenverlagerung von der Antike zum Mittelalter prädestiniert.

3. Demgegenüber fehlen *Germanien-Deutschland* einerseits natürliche Grenzen nach dem Osten hin; andererseits blieb die *einheitliche politische Entwicklung gehemmt* durch das Flußsystem und die stark gegliederten Mittelgebirgsschwellen, da keines der natürlichen Becken und keine der Flanken und Linien genügend geographisches Übergewicht aufwiesen, um eine optimale Raumbeherrschung von einem formenden Zentrum her sicherzustellen, wie in Frankreich das Pariser Becken. Der Rhein, die geeignetste Naturstraße, um nicht so sehr Deutschland als vielmehr Mitteleuropa zu einen, hat geschichtlich nur einmal eine solche Funktion ausgeübt: im karolingischen Großreich. Der Rhein war aber durch die Germanenpolitik Cäsars politisch und ideell zu vorbelastet, um auf die Dauer die heterogenen Landschaften Mittel- und Westeuropas zu verklammern. So leistete diese Linie seit dem Spätmittelalter der französischen Revindikationsforderung nach den »natürlichen Grenzen« zwischen Gallia und Germania Vorschub.

4. Gallien-Frankreich besaß im Unterschied zu Germanien-Deutschland eine durch Natur und Geschichte ausgezeichnete Landschaft im *Pariser Becken*: selbst geschützt durch einen mehrfachen konzentrischen Kreidewall, jedoch zum Ausgreifen und Sammeln durch ein radiales Flußsystem begünstigt, bildet die Ile-de-France — »le résumé du pays« (J. Michelet) — zwar nicht den geographischen Mittelpunkt, aber sie hatte das Schwergewicht, um das expansionsbeschränkte Frankreich *politischstaatlich zu zentrieren*.

5. Den natürlichen *Gegenpol zum Seinebecken* bildet *Burgund*: geographisch, kulturell und politisch. Als ungeschütztes Zentralland der Nord-Süd-Achse und der sich allseits verzweigenden Wasser- und Landwege fungierte dieser Raum von jeher als Brücke zwischen den beiden europäischen Großlandschaften nördlich und südlich der Alpen und gleichzeitig zwischen West- und Mitteleuropa. Burgund blieb allerdings gerade dadurch der Fliehkraft seiner Natur- und Kulturstraßen und der Gefährdung durch Machtzugriffe von außen ausgesetzt. Als geschichtliche Konsequenz daraus wird der burgundische Raum seit seiner ersten staatlichen Organisation durch die Burgundionen stets nur

als dynamische Größe faßbar, weder geographisch noch politisch in seinen äußeren Umrissen eindeutig definierbar. Denn abgesehen von Mittelmeer, Alpen und Cevennen, jeweils im burgundischen Gebiet passierbar oder umgehbar, fehlen ihm natürliche Außengrenzen, während er nach innen eine außergewöhnliche landschaftliche Heterogenität aufweist: mit den Komplexen Rhônedelta, Rhône-Saône-Senke, Jura- und Doubsgebiet, Westalpenvorland, mittlere ostfranzösische Berglandschaft von Côte d'Or, Morvan und Plateau de Langres bis zur Yonneniederung am Südrand des Seinebeckens.

Dadurch waren *kleinstaatliche Herrschaftsbildungen* stark begünstigt, die dennoch auf die Dauer nicht isoliert voneinander existieren konnten, weil eben die Teillandschaften ihr Gewicht aus den verkehrsgeographischen und geopolitischen Vorzügen des Gesamtraums bezogen. Alle burgundischen Staatsbildungen formierten sich als Paß- oder Straßenherrschaften. Erst als im 13. Jahrhundert mit Erschließung des Gotthardpasses sich eine neue Paß- und Straßenlandschaft ausbildete, die zugleich das kommunal-bündische Verfassungsprinzip zum Sieg über benachbarte Herrschaftsformen führte, und erst als anderseits das Kaisertum und damit Reichsitalien seine politische Anziehungskraft verlor, trat die Bedeutung Burgunds als Brückenland zwischen Deutschland, Frankreich und Italien zurück.

Vom geographischen Standpunkt könnte man das Mittelalter als die Epoche bezeichnen, in welcher der intensivste politische Kontakt zwischen Mittel- und Südeuropa stattfand. Die burgundischen Staatsbildungen waren symptomatische Manifestationen der antik-mittelalterlichen wie der süd-mitteleuropäischen Zusammenhänge.

3. Regnum Burgundiae. Die ostgermanischen Burgunder und ihre »Reichsgründungen« an Rhein (413—435/6) und Rhône (443—534).

Zu den ersten staatlichen Organisationen der Burgunder kam es im Spannungsfeld spätrömischer Verteidigungspolitik und germanischer Stammeskonsolidierung. Im Zusammenhang mit dem Niedergang der weströmischen Kaisergewalt, mit den gemeingermanischen Konzentrations- und Expansionsprozessen wie auch mit der Entfremdung zwischen lateinischem Westen und byzantinischem Osten stellten die Niederlassungen der Burgunder an Rhein und Rhône eine entscheidende Etappe an der Wende von der Antike zum Mittelalter dar. Nach Existenzform und Kurzlebigkeit symptomatisch für das Schicksal aller Ostgermanenstaaten wiesen die Burgunderreiche mit ihrer intensiven römisch-germanischen Symbiose und in ihrer zähen historischen Nachwirkung immerhin eine durchaus eigengeartete Struktur auf.

Um die burgundischen Staatsbildungen richtig einordnen und würdigen zu können, muß man sich zunächst die *allgemeine Situation* in Zentraleuropa vergegenwärtigen. In der Regel wird jene »Zeitenwende« als Epoche der *germanischen Völkerwanderung* gekennzeichnet (nach der Begriffsprägung von W. Lazius, † 1565, *De gentium migrationibus*), die mit dem Vorstoß der Hunnen nach Mitteleuropa um 375 beginnt — die in Osteuropa siedelnden Germanen gerieten dadurch erneut in Bewegung — und bis zu den Staatsgründungen der Franken und der Langobarden im 6. Jahrhundert dauerte. Gleichwohl ist sich der Historiker darüber im klaren, daß die Völkerwanderung ein universalhistorisches Phänomen darstellt, das allein schon vom europäischen Aspekt her sachlich und zeitlich einen weitaus vielschichtigeren Komplex umfaßt als nur die ost- und westgermanische Wander- und Konzentrationsdynamik des 4.—6. Jahrhunderts. Denn einerseits war diese Völkerwanderung im engeren Sinne die Fortsetzung von langwierigen, bis in die früh- und vorgeschichtliche Zeit zurückverfolgbaren Verschiebungen der indogermanischen Völker, aus denen die Germanen sich seit dem 2. Jahrtausend v. Chr. als Sonderkultur abhoben; mindestens seit dem 2. Jahrhundert v. Chr. von der hellenistisch-römischen Welt beobachtet, gebrauchten römische Historiographen etwa seit der

Zeit Cäsars den Germanen-Begriff — vermutlich durch keltische Vermittlung als Lehnwort übernommen — als Sammelbezeichnung in Unterscheidung gegenüber den Kelten, während die Germanen selbst sich bis in die nachchristlichen Jahrhunderte nicht als Gesamtheit verstanden. Anderseits war die germanische Völkerwanderung keineswegs mit dem 6. Jahrhundert abgeschlossen.

Für den Aufbau des mittelalterlichen Abendlandes wurde die *germanische Völkerwanderung in drei ausgeprägten Phasen* konstitutiv wirksam. Als erste Welle wird die Wanderung der *Ostgermanen* greifbar, darunter der Burgunder. Ihr ursprüngliches Auszugsgebiet war nicht der Oder-Weichsel-Raum — von wo aus, wie man früher annahm, einzelne Gruppen nach Norden gezogen seien (daher »Ostgermanen«) —, vielmehr haben umgekehrt diese Stämme im 2. Jahrhundert v. Chr. ihre skandinavische Heimat unter Abspaltung von den dort verbleibenden (nordgermanischen) Völkern verlassen und im Oder-Weichsel-Mündungsgebiet gesiedelt, wo sie als ethnische Gruppe archäologisch und historiographisch primär faßbar werden; seit dem frühen 2. Jahrhundert n. Chr. setzten sie ihre Südwanderung fort und wandten sich, vielleicht unter hunnischem Druck, nach Westen und Südwesten, um im 4./5. Jahrhundert endlich die weströmischen Mittelmeerländer zu okkupieren. – In einer zweiten, zeitlich sich damit überschneidenden, aber strukturell andersartigen Phase gerieten die *Westgermanen* (Südgermanen) in Mitteleuropa in Bewegung. Nachdem sie mit ihren kleinräumigen Operationen (nicht »Völkerwanderungen«) seit dem 2. Jahrhundert n. Chr. einen spürbaren Druck auf die römischen Grenzen ausgeübt hatten, kam es vor den Grenzen zu größeren Zusammenschlüssen und vom 5. zum 6. Jahrhundert unter fränkischer Vorherrschaft zur Reichsgründung größeren Stils. — Als dritte Phase folgte im Früh- und Hochmittelalter der Aufbruch der *Nordgermanen* aus den skandinavischen Ländern, die bisher von der römisch-christlichen Welt unberührt geblieben waren. Als Wikinger, Normannen oder Waräger traten sie seit dem 10. Jahrhundert staatsbildend in Mittel-, Ost- und Südeuropa auf.

Herkunft, Geschichte und Kultur scheiden also die Ost- und Nordgermanen von den West- (oder Süd-)germanen. An Wesen, Aufstieg und Nachwirkung der Burgunder wird der Zusammenhang von ost- und nordgermanischer Welt wie anderseits die Begegnung nordischer, gallorömischer und westgermanischer Traditionen exemplarisch greifbar.

An der Neugestaltung seit der ausgehenden Antike waren jedoch gleichzeitig auch nichtgermanische Kräfte beteiligt: so in Osteuropa seit dem 5. Jahrhundert die *Slaven* — man spricht auch von »slavischer Völkerwanderung« — und in Südeuropa seit dem 7. Jahrhundert die *Araber,* die binnen weniger Jahrzehnte das Mittelmeer zu einem »mohammedanischen See« machten. Gemeinsam war diesen Bewegungen die bewußt angestrebte Begegnung mit höheren Kulturen, das erobernde Ausgreifen nicht in herrenloses, amorphes Land, sondern in historisch gestaltete Räume, so daß der Einfluß der bodenständig gewachsenen Kultur auf die neuen Herrenschichten das künftige Abendland substantiell mitformen konnte.

Wenn man die *Veränderung der Völker- und Staatenkarte Europas vom 5. zum 8. Jahrhundert* überblickt, so bietet sich ein geradezu faszinierendes Schauspiel stufenweiser Desintegration und Neuverteilung des alten orbis terrarum. Weichenstellend für die germanischen Reichsbildungen auf römischem Boden sowie für das künftige Verhältnis zwischen Rom und Konstantinopel wurde die *Regierung Theodosius' I. d. Gr.* (370—395), des letzten Kaisers, der das gesamte Imperium noch als staatsrechtliche und politische Einheit beherrschte. Namentlich drei Maßnahmen bestimmten die Zukunft.

a) Das Edikt von 380 legte mit der Anerkennung des Konzils von Nicaea endgültig das athanasianische Glaubensbekenntnis als verbindliche *römische Staatsreligion* gegenüber dem Arianismus fest, der vorher vom östlichen Reichsteil her die Westgoten als erstes Germanenvolk christianisiert hatte (Bischof Ulfila, † 383). Die Orthodoxie bildete hinfort auch ein politisches Bollwerk Roms bzw. Ostroms gegen die unter der »lex gotica« erstarkende ostgermanische Staatenwelt: eine ideologische Macht, derer sich dann die Franken im Einvernehmen mit der gallorömischen Kirche bei ihrem Eroberungswerk gegen die gotischen und burgundischen Rivalen bedienten.

b) Ein zweiter gravierender Schritt war das Friedensbündnis von 380/2 mit den Westgoten, nachdem diese 378 vor Adrianopel den ersten folgenschweren Sieg gegen den östlichen Reichsteil errungen und den Balkan überschwemmt hatten. Denn dieser *Gotenvertrag,* der Theodosius den Ruhmestitel oder auch Vorwurf eines »amator pacis generisque Gothorum« einbrachte (Jordanes), gewährte einem fremden Stammesverband mit eigener monarchischer Verfassungsform einen geschlossenen Siedlungsbereich auf römischem Reichsland (Thrazien) unter dem traditionellen, nun aber sich wandelnden römischen Rechtstitel des *foedus:* »universa gens Gothorum cum rege suo in Romaniam se tradiderunt«, bemerken die römischen Fasten. Damit wurde erstmals ein Klientelstaat im Reich geduldet, ein Bundesstaat territorial auf Reichsangehörigkeit gestellt und somit das ursprünglich auf dem römischen Expansionswillen beruhende Bündnisrecht von der Wirklichkeit überholt. Auf dieser Grundlage konnte sich die germanische Landnahme offiziell unter dem Deckmantel des Friedensvertrags mit dem Kaisertum vollziehen und sich unter nomineller Anerkennung (auch bei faktischer Ignorierung des Foedus) effektiv zur Herrschaft steigern. Die Absetzung des letzten weströmischen Kaisers 476 bedeutete daher für die florierenden germanisch-romanischen Reiche keinen erheblichen Einschnitt mehr. (Als Föderaten des Imperiums begründeten die Westgoten ihr Tolosanisches Reich, das sie dann unter dem Druck der Franken nach Spanien verlagerten, die Vandalen ihren Staat in Afrika, die Burgunder ihre Reiche an Rhein und Rhône, die Ostgoten ihre Herrschaft in Italien.) Gleichförmig kehren in den Quellen für die Landnahme die Formeln wieder: »se tradiderunt«, »sedes accepterunt«, »data ad inhabitandum«, etc.

c) Die dritte zukunftweisende Maßnahme des Kaisers war die *Erbfolgedisposition von 395* für seine Söhne Arcadius und Honorius unter der Vormundschaft des vandalischen Heermeisters Stilicho und der Regentschaft Stilichos im Osten, des Galliers Rufinus im Westen. Das Testament beabsichtigte keine »Reichsteilung«, doch verfestigte die natürliche Rivalität der Statthalter die seit Konstantin d. Gr. angebahnte Verwaltungsteilung zur definitiven Herrschaftsteilung zwischen Ostrom und Westrom. Und die bald nach des Kaisers Tod einsetzende Neuorientierung der oströmischen Germanenpolitik schied endgültig die Wege von Ost und West. Der Osten vermochte in Fortführung der reaktionären Politik des Julian Apostata (361/3) und infolge des gleichzeitigen Kurswechsels der Goten nach Westen das germanische Element zu eliminieren. Ihren Höhepunkt erlebte diese germanenfeindliche Haltung mit der aktiven byzantinischen Reconquista Justinians I. (527—565). Während das Westreich sich weiterhin der Befriedung und Eingliederung des Germanentums öffnen mußte, beschritt Ostrom den Weg einer konsequenten anti-barbarischen, national-römischen (byzantinischen) Restauration mit dem Ziel, den durch seine Sonderentwicklung abtrünnigen Westen wieder zu integrieren. Der kaiserliche Universalanspruch von Byzanz blieb seit Absetzung des Romulus Augustulus 476 durch das ganze Mittelalter hindurch theoretisch existent und wurde mit der Erneuerung der Kaiserwürde im Westen (800, 962) neu belebt, woraus das »Zweikaiserproblem« entstand.

Während des 5. Jahrhunderts erwuchsen infolge des Gotenvertrags zunächst die *Reiche* der nach Westrom abgelenkten *Ostgermanen*. Waren sie in der ersten Phase noch getragen von den pionierhaft-reichsfeindlichen Kräften der Westgoten und Vandalen, die das Foedus je nach Opportunität abschüttelten und wiederaufnahmen, so entsprach es in der zweiten Phase dem progressiven Verfall der westlichen Reichsgewalt und der wachsenden Aufgeschlossenheit der Germanen für die römischen Kulturwerte, wenn die Burgunder und Ostgoten die von den westgotischen Protagonisten noch blutig erkämpfte Unabhängigkeit nun in konservativer Wahrung des staatsrechtlichen Zusammenhangs mit dem Imperium suchten. In Rom sahen die Germanen keinen Feind mehr, sondern eine mögliche Karriere, wie es besonders der Erfolg der Burgunder zeigen wird. Die germanischen Könige stiegen zu Herren der römischen Provinzen auf: nicht mehr als Usurpatoren, sondern als Föderaten, bekleidet mit römischen Ämtern; sie fungierten als Heermeister, Statthalter, ja sogar »Kaisermacher«, die sich jedoch in der Herrschaftsgewalt auch auf ihr autogenes germanisches Volkskönigtum stützten und somit aus einem doppelten Rechtstitel regierten. Expansion, Kulmination und Niedergang der Ostgermanenstaaten spielten sich noch durchaus in der Spätantike ab: nicht als Umbruch, sondern als Verlängerung der provinzialrömischen Reichsordnung und des Mittelmeerzusammenhangs unter germanischer Verwaltung. Von diesem spätrömisch-ostgermanischen Staatensystem, in dem sich die erste Symbiose römischen und germanischen Wesens vollzog, führte denn auch keine direkte Kontinuität zur mittelalterlichen Staatenordnung (F. Stroheker).

Schon im späteren 6. Jahrhundert bot der weströmische Orbis ein völlig verändertes Bild. Die Ostgermanenreiche erlebten aus inneren und äußeren Gründen einen raschen Untergang. Sie zerbrachen vor allem an dem religiösen und verfassungsrechtlichen Dualismus zwischen arianischer Herrenschicht und römischkatholischer Bevölkerung und wurden einesteils dem expansiven *Frankenreich* einverleibt (das tolosanische Westgotenreich 507, das Burgunderreich 532/4), andernteils fielen sie der *byzantinischen Reconquista* zum Opfer (die Vandalen 533/4, die Ostgoten 552). Unerreichbar für die beiden Exponenten von West und Ost schienen vorerst das spanische Westgotenreich, die britannische Inselwelt, wo seit dem 5. Jahrhundert die Angeln und

Sachsen ihre Reiche aufbauten, sowie der von Rom unberührt gebliebene mitteleuropäische Osten (Oder, Elbe, Saale, Böhmen), wohin die Slaven aus dem litauischen Raum den Ostgermanen nachgezogen waren, um auch die Bulgaren zwischen Donau und Balkan zu slavisieren: ein neuer, für Byzanz gefährlicher Machtblock.

Indes, bald begann der Wettkampf um das Erbe Westroms die Gewichte nochmals entscheidend zu ändern. Byzanz entglitt seine westliche Restaurationsbeute nach und nach wieder, indem 568 die *Langobarden* ihren Staat in Italien errichteten, im 7. Jahrhundert die *Araber* das vandalisch-byzantinische Afrika besetzten und 711 auch das von Byzanz vergeblich bedrängte westgotische Spanien eroberten. Der Arabersturm auf die Mittelmeerländer bewirkte endgültig die mit der germanischen Völkerwanderung begonnene Verlagerung des politischen Schwergewichts nach dem fränkischen Norden, auch wenn das nicht einen Kontinuitätsbruch im Sinne der Katastrophentheorie von H. Pirenne herbeiführte.

Erst etwa um 800 stabilisierte sich die Staatenkarte Europas. Das Langobardenreich und der langobardisch gewordene Exarchat von Ravenna, die letzte Bastion Ostroms in Italien, gerieten in die Klammer des *fränkisch-päpstlichen Bundes* (751/4); der Exarchat wurde dem Kirchenstaat »geschenkt« (Donatio Pippini, Constitutum Constantini), die Lombardei dem Frankenreich eingegliedert (774). Die Kaiserkrönung Karls d. Gr. 800 besiegelte schließlich die staatsrechtliche und kirchliche Emanzipation des lateinischen Westens von Byzanz, das Fiasko der oströmischen Reconquista. Das Imperium Romanum blieb hinfort geteilt einerseits zwischen den Erben Westroms und Germaniens, verkörpert durch die Universalgewalten Papsttum und fränkischdeutsches Kaisertum, anderseits zwischen Byzanz und der mohammedanischen Hemisphäre.

Welche Rolle spielten nun in diesem epochalen Neuordnungsprozeß die Burgunder und ihre beiden Reiche, deren erstes nur literarisch in der Nibelungensage fortlebt, deren zweites als einziger Ostgermanenstaat, darin vergleichbar nur der »Lombardei«, im Landschaftsnamen bis heute lebendig geblieben ist? Die *Frühgeschichte der Burgunder* ist von den schriftlichen Quellen nur spärlich überliefert, zumal sie nicht wie Goten, Franken oder Langobarden ihren Volkshistoriographen gefunden haben. Über weite Strecken ist man daher auf die Zusammenschau sporadischer historischer Notizen mit den Ergebnissen der Philologie und Ortsnamenkunde, der Archäologie sowie auf Rückschlüsse aus dem Stammesrecht und der späteren literarischen Tradition angewiesen. Sagenhaftes und Legendäres hat sich in so hohem Maße mit dem Historischen vermengt, daß in manchem die Sondierung bis heute hypothetisch bleibt. Das früheste ausdrückliche Zeugnis liefert Plinius d. Ä., der um 57 n. Chr. »Vandilii quorum pars Burgundiones ...« im Oder-Weichsel-Mündungsgebiet angetroffen hat. Tacitus kennt sie nicht. Aber der Geograph Ptolemäus plaziert die Burgunder noch um 150/170 zwischen mittlerer Oder und Weichsel. Sie waren dorthin vermutlich seit dem 3. Jahrhundert v. Chr. eingewandert, und zwar vom Ausgangspunkt oder über die von ihnen längere Zeit besiedelte Ostseeinsel *Bornholm*.

In schriftlichen Quellen begegnet das dänische Bornholm allerdings erst im angelsächsischen England des 9. Jahrhunderts als »Burgonderland«, seine Bewohner als »Burgendas«, die einem König unterstanden. Noch im 13. Jahrhundert hieß die Insel in isländischen Sagas Burgundarholm(r). Der Name hängt etymologisch zusammen mit altnord. borg (= hochliegend, Berg [Burg]), und holm (= Insel). Heute ist man allgemein der Ansicht, daß die Burgundiones des Plinius ihren Volksnamen von ihrer Heimatinsel mitgebracht haben, die von den nächsten Nachbarn (Schweden) vielleicht wegen der nördlichen felsigen Küstenansicht so bezeichnet wurde; der Inselname sei dann auf die Bewohner übertragen worden. Vielleicht ist aber auch der Volksname für die Insel übertragen worden, denn als Wortstamm steckt darin offensichtlich gund, gundja (= Kampf, Krieger, Recke), was die Varianten des burgundischen Königsnamens (Gunther, Gundioch, Gundomar, Gundobad etc.) sinnbildhaft erklärt. Oder enthält der Name das nordische Sinnfeld von bör (= Wind) und kundur (= Sohn) und würde demnach soviel bedeuten wie: Sohn des Windes — ähnlich den urverwandten Normannen, die sich selbst als Leute des Nordwinds, »homines boreales«, bezeichneten?

Fest steht jedenfalls die kulturelle Affinität der noch bis ins 2. Jahrhundert n. Chr. im westlichen Hinterpommern und im Warthe-Netze-Gebiet nachweisbaren Burgunder zur Bevölkerung von Bornholm, bestätigt durch die Analogie der archäologischen Fundgruppen. Die damals bereits hochstehende burgundische Kultur weist sich insbesondere durch die eigentümliche Sitte der Brandgrubenbestattung aus, die allerdings mit dem Betreten des Rheinlandes im 4. Jahrhundert der westgermanischen Skelettbestattung weicht.
Im Verband der vandilischen Völkergruppen waren die Burgunder immerhin bis sechs Jahrhunderte im nordostdeutschen Raum geblieben, ohne daß etwas über eine staatsähnliche Or-

ganisation überliefert wäre; die Funde lassen eine ländliche Wirtschaftsform erkennen. Wohl noch im 2. Jahrhundert zogen die Burgunder südwärts und sind in der Lausitz, in Brandenburg, auch in Ungarn und Rußland anzutreffen. Verschiedentlich im Völkerstrudel des europäischen Ostens aufgerieben — 245, so berichtet Jordanes, seien sie vom Gepidenkönig beinahe völlig vernichtet worden —, hat sich im 3. Jahrhundert dennoch eine wohl nicht unbedeutende Hauptgruppe von den anderen ostgermanischen Stämmen getrennt und nach Westen gewandt. Über Thüringen — dort archäologisch nicht mehr gesondert definierbar — konnten die Burgunder als Keil zwischen Franken und Alemannen Main aufwärts vordringen und das ehemalige Alemannengebiet besetzen, während jene um 260 das Dekumatenland überschwemmten. Gegen 280 kämpfte Kaiser Probus vermutlich am Lech u. a. gegen Burgunder. Die alemannische Nachbarschaft begleitet die Burgunder bis in die Spätzeit des Rhônereichs und hat der Forschung spezielle Probleme zur Entwicklung der burgundo-romanischen bzw. alemannisch-germanischen Sprach- und Kulturgrenze in der heutigen Schweiz aufgegeben (M. Beck). Genaueres hört man erst wieder für das 4. Jahrhundert, als die alemannische Feindschaft die Burgunder auf die Seite der Römer getrieben hatte: 359 unterstützten sie Kaiser Julian, 369/70 verhandelte Valentinian I. wegen Hilfstruppen mit ihnen. Einigen Zeugnissen zufolge müssen sie damals noch oder wieder ein große Macht gewesen sein; Hieronymus schätzt im Jahre 373 die Zahl auf 80 000 Krieger, was Orosius übernimmt: »Burgundionum quoque novorum hostium nomen, qui plus quam octoginta milia ut ferunt armatorum, ripae Rheni fluminis insederunt.«

Die Burgunder stießen also als kraftvolle, gefährliche Schar — »praevalida et perniciosa manus« — zum *Rhein* vor. Auch wenn sie an der großen Barbareninvasion von 406/7 wohl keinen tragenden Anteil hatten, so nutzten sie die Gelegenheit, um mit den Vandalen, Alanen, Sueben, die später nach Spanien weiterzogen, über den Rhein überzusetzen; seitdem verließen sie Gallien nicht mehr. Als sich Konstantin III. 407 in Britannien zum römischen Kaiser ausrufen ließ, schloß er auch Soldverträge mit Burgundern, die in linksrheinischen Städten einquartiert wurden. 411 sei, wie der ägyptische Geschichtsschreiber Olympiodor vermerkt, der gallische Usurpator Jovinus mit Hilfe des Alanenfürsten Goar und des Burgunders Gundachar (Guntarios) zum Kaiser ausgerufen worden. Olympiodor lokalisierte die Proklamation »en Mundiaco«, worunter sicherlich nicht ein unbekannter niederrheinischer Ort zu vermuten ist, sondern das oberrheinische Moguntiacum-Mainz: die erste und einzige nähere Ortsangabe. Gundachar wird ebenso wie etwa der Westgotenkönig Alarich betitelt als »phylarchos«, Stammesoberhaupt, während ein halbes Jahrhundert früher Ammianus Marcellinus die Burgunder am Main noch als von mehreren »hendinos« regiert bezeugt: sie scheinen also inzwischen zur monarchischen Verfassung übergegangen zu sein — ähnlich wie andere Stämme in Berührung mit den römischen Traditionen.

Nach dem Scheitern des Jovinus wurden die Burgunder von der legitimen kaiserlichen Gewalt unter Honorius als Föderaten angesiedelt. Zum Jahr 413 berichtet Prosper Tiro: »Luciano V. C. cons. *Burgundiones partem Galliae propinquam Rheno obtinuerunt.*« Das ist alles, was die Zeitgenossen über die *Begründung des ersten burgundischen* »Reiches« wissen. Die nächsten Nachrichten gruppieren sich erst wieder um dessen Ende 435/7. Aus der Zusammenschau der Überlieferung ergibt sich, daß Gundachar im Zuge einer Rebellion wohl in die belgische Provinz einbrach, aber von Aetius, dem damaligen Vertreter der weströmischen Militärmacht und letzten großen Verteidiger Galliens, geschlagen wurde. Der vereinbarte Friede war jedoch nicht von Dauer, wie Prosper Tiro zu 435/6 berichtet, und so sei König Gundachar mitsamt seinem Volk ausgelöscht worden — laut Prosper von den Hunnen: ». . . *illum (Gundicarium) chuni cum populo suo ab stirpe delevernut«.* Hingegen schreiben Hydiatus, der von 20 000 Mann Verlust spricht, und die *Chronica Gallica* die Vernichtungsschlacht ohne Erwähnung der Hunnen allein Aetius zu: »*universa paene gens cum rege per Aetium deleta«,* um dann zu 443 lakonisch zu vermerken: das Restvolk habe neue Sitze in der Sapaudia erhalten: »*Sapaudia Burgundionum reliquis datur cum indigenis dividenda«.* Das ist das einzige Zeugnis zur *zweiten* »Reichsgründung« an der Rhône.

Die Zwischenperiode am Rhein von 413 bis 435 bzw. 443 — die Zeit des Burgunderreiches der Sage — berühren lediglich zwei zeitnahe Autoren, allerdings mit zweifach schwerwiegender Aussage. Einmal erzählt Orosius, der um 417 schrieb, die auf Reichsgebiet (linksrheinisch) ansässigen Burgunder seien zum Katholizismus übergetreten, sie hätten den römischen Klerikern Gehorsam geleistet und dann mit ihnen nicht wie mit Untertanen gelebt — »non quasi cum subjectis Gallis« —, sondern wie christliche Brüder. Ähnliche Andeutungen macht der Kirchenhistoriker Sokrates zu 430, indes nicht über Burgunder in Gallien, sondern er spricht von einer kleinen barbarischen Gruppe von 3000

Schwertern, die jenseits des Rheins, also als »freie« Burgunder, ein friedliches Dasein führten; von den Hunnen hart bedrängt, hätten sie dann in einer Stadt Galliens beim Bischof Hilfe erbeten, worauf dieser sie getauft habe; von da an seien sie siegreich gegen die Hunnen gewesen, deren Oberhaupt Uptar (wohl Oktar, der Onkel Attilas) bei einer unmäßigen Orgie gestorben sei. Abgesehen von der offensichtlich tendenziös berichteten Konversion — darauf ist zurückzukommen — bezeugen beide Quellen zusammengenommen Burgunder beiderseits des Rheins.

Soweit die Daten bis zu den Anfängen des Rhônereichs. Sie geben allerhand Rätsel und *Probleme* auf, die sich namentlich auf *Wesen und Schicksal des Rheinreiches,* zum anderen auf dessen Zusammenhänge mit der Ansiedlung in der Sapaudia konzentrieren.

Zunächst ist festzustellen: Die Burgunder haben als einziges ostgermanisches Volk in Trennung von den verwandten Stämmen ihre Sitze im innergermanischen Raum gesucht und schließlich am Rhein, der römisch-germanischen Front, vorübergehend auch gefunden. Sie näherten sich dadurch politisch-kulturell den Westgermanen an. Anderseits hat die geopolitische Situation im Kampfgebiet zwischen Franken und Alemannen sie frühzeitig an die Seite der Römer getrieben. So errichteten sie ihre beiden »Reiche« in relativ gutem Verhältnis zu Rom, wenngleich dies 435 kurz getrübt wurde. Sie stiegen auf im Schutz des weströmischen Kaisertums, solange dies noch existierte, und später, wie zu zeigen sein wird, in Anlehnung an Ostrom. Bezeichnend für die enge Verbundenheit der Burgunder mit dem späten Imperium ist, daß schon zu Anfang des 5. Jahrhunderts in römischen Kreisen eine *Abstammungssage* kursierte, welche die Burgunder zu Abkömmlingen der Römer machte.

Das ist auch insofern interessant, als sie sich von den Herkunftssagen und vom »Snobismus« der anderen Stämme unterscheidet, die möglichst Anschluß an die ältesten Völker (Trojaner, Griechen, biblische Völker) suchten. Orosius führt den Volksnamen zurück auf Blutsvermischung, wie sie von »burgi«, den von Drusus und Tiberius angelegten Grenzkastellen, zwischen römischen Soldaten und besiegten Germanen ständig vorkam. Diese Version fand Eingang in das burgundische Geschichtsdenken und kehrt um die Wende zum 7. Jahrhundert wieder in der hagiographischen Vita S. Sigismundi, wo die Namensdeutung der Burgundiones oder »Burgundofarones« mit der Erinnerung an die skandinavische Herkunft verschmilzt. Daraus erklärt sich sowohl der später mißverständlich wiederkehrende Begriff von den Burgundofarones als Angehörigen des altburgundischen Burgadels wie auch noch im 10. Jahrhundert die zeitbedingt gehässige Version des Italieners Liudprand von Cremona, die Burgundiones würden deshalb so genannt, weil sie von den Römern aus den burgi ausgestoßen worden seien: »ob superbiam sunt expulsi«.

Immerhin sprechen Ursprung und Zähigkeit dieser von römischer und burgundischer Seite tradierten Deutungen dafür, wie selbstverständlich die Eingliederung in die spätrömische Reichspolitik und Zivilisation im beiderseitigen Bewußtsein verankert war. Und dennoch geschah das Unglaubliche, wenn die Quellen nicht übertreiben: Die Auslöschung dieser Halb-Römer durch die Römer und (oder?) Hunnen; seit G. Waitz lautet die Interpretation: durch hunnische Söldner im Dienste des Aetius. Hierzu muß erwähnt werden, daß Aetius, der als Geisel am hunnischen Hof freundschaftliche Beziehungen zum etwa gleichaltrigen Attila aufgenommen hatte, damals noch den Frieden Westroms mit der hunnischen Macht zu wahren vermochte; erst seit 441 hörten die hunnischen Rekrutierungen auf.

Es ist seltsam, daß die Zeitgenossen über Existenz und Katastrophe des Burgunderreichs am Rhein so wenig Präzises mitteilen. Handelte es sich nur um übliche Söldnereinquartierungen in den rheinischen civitates — oder waren die Burgunder unter ihrem König wirklich zu einer Art »Staat« herangereift, für dessen Bedeutung das Verständnis einfach noch fehlte? Wenn ja, wo lag sein Zentrum? Und waren gegebenenfalls die rechtsrheinischen Burgunder darin einbezogen? Wir würden über all dies völlig im dunkeln tappen und hinter den knappen Notizen kaum eine »Reichsgründung« vermuten, wenn nicht gerade dieses so vage und kurzlebige Rheinreich mit solcher Fülle an geschichtlichen Motiven in der mittelalterlichen Heldendichtung seinen Niederschlag gefunden hätte. Das Gedenken an das erste Burgunderreich hat den Untergang des zweiten, des historisch weitaus besser faßbaren Rhônereichs, zäh und dominierend durch Jahrhunderte überdauert, um — angereichert durch verschiedene Schichten historischer und legendärer Traditionen — im 12./13. Jahrhundert in den nordischen Sagen und vor allem im *Nibelungenlied* eine grandiose künstlerische Gestaltung zu finden. Trotz kompetenter Kritik daran, daß der Historiker allzu leichtfertig aus den zeit- und sachverschiedenen Überlieferungsgattungen »gleich ein ganzes burgundisches Königreich zimmert« und solchermaßen »aus Sölnerscharen mit kaum seßhaftem Charakter« einen »Staat« konstruiert (M. Beck), bleibt nicht daran zu rütteln, daß die im 19. Jahrhundert neu aufgegriffene Sage vom

Untergang des Reiches von Worms an die Fakten des 5. Jahrhunderts anschließt. Dem historiographisch schwach verbürgten Reich ist damit im Nachruhm eine Historizität verliehen, die zumindest für die außerordentliche burgundische Traditionskraft aussageschwer ist. Der historische Kern läßt sich in vergleichender Betrachtung in etwa herausschälen.

Was zunächst den Sitz des aus Historiographie und Sage bekannten Königs Gundachar angeht, so spricht zwar kein zeitnahes Zeugnis für *Worms* — eher für Mainz —, aber auch nicht dagegen. Das im Nibelungenlied auf beide Rheinufer sich erstreckende Reich hat eine gewisse Entsprechung in der unklaren Nachricht des Sokrates Ecclesiasticus über die von Hunnen bedrängten rechtsrheinischen Burgunder.

Übrigens hat schon W. Grimm Ortsnamen beiderseits des Rheins entdeckt, die das Gedächtnis der Burgunder bewahren, wie z. B. Burgunthart bei Heppenheim im Odenwald (urkundlich im 8. Jahrhundert bezeugt) oder Gunthersblum bei Worms. Burgundische Gräber wurden an der Achse Würzburg—Wiesbaden—Mainz identifiziert. Die Kontroverse — Worms oder Mainz, Speyer, Jülich? — bleibt aber wohl unlösbar.

Interessanter sind einige weitere Feststellungen. Die Motivüberschichtung muß schon früh eingesetzt haben, indem zunächst die Niederlage von 435/6 verkoppelt wurde mit dem legendären Ende des Hunnenchefs Uptar, vor allem aber mit den Geschehnissen von 451 auf den Katalaunischen Feldern, als unter den von Aetius gegen die *Hunnen Attilas* mobilisierten Föderaten die Burgunder einen neuerlichen Aderlaß erlebten. Daß die Verluste groß waren, geht auch aus der Lex Burgundionum (Art. 17) hervor, da sie alle vor jener Schlacht begonnenen Rechtshändel für hinfällig erklärt. Was den historischen Attila betrifft, so kann er — erst seit 445 Alleinherrscher — nicht hinter dem Hunnensieg von 436 gestanden haben; aber er hat seine Zeit so tief beeindruckt, daß er bald nach dem Tode 453 gleichsam als Topos des Schreckens für vieles verantwortlich gemacht wurde. Sicherlich hat nicht erst Paulus Diaconus im 8. Jahrhundert Attila als Bezwinger Gundachars am Rhein gesehen, sondern schon das 5. Jahrhundert. Und zweifellos ist auch das aus der nordischen Sagenwelt (Edda) ins Nibelungenlied eingeflossene Motiv der Verschwägerung zwischen Hunnen und Burgundern (Etzel und Krimhild/Gudrun) altes Überlieferungsgut.

Einen überraschenden Beitrag zur kurzfristigen kulturellen Berührung von Burgundern und Hunnen hat übrigens die Archäologie geliefert (J. Werner): Die hunnische Großmachtstellung und deren Einfluß auf einige in ihren Bannkreis geratene germanische Stämme zeichnet sich nämlich ab durch die dem europäischen Kulturkreis sonst fremde östliche *Sitte künstlicher Schädelverbildungen*, die wohl im Säuglingsalter vorgenommen wurden.

Grabfunde mit deformierten Schädeln sind für die Zeit des hunnischen Eindringens nach Mitteleuropa nachweisbar in Ungarn, auch bei einigen germanischen Gruppen an der mittleren Donau, bei den Thüringern, nicht bei den Alemannen und Franken, jedoch als isolierte Erscheinung in den burgundischen Grabfeldern am Genfer See und an der Rhône. Sie beschränken sich zeitlich auf die zweite Hälfte des 5. bis zum frühen 6. Jahrhundert und lassen daher auf eine Beziehung zu den Hunnen im früheren 5. Jahrhundert (am Rhein?) schließen.

Was endlich die *Königsverfassung* betrifft, so ist diese nicht nur durch die annalistischen Hinweise auf König Gundachar gesichert (phylarchus, rex), sondern auch durch das Andenken, das der Gesetzgeber Gundobad — gewiß nicht nur als legendäre Tradition — seinen Vorfahren widmet, deren Namen mit denen der Sage übereinstimmen:

»Wenn einige unserer Unfreien unter unseren Vorfahren königlichen Andenkens (apud regiae memoriae auctores nostros) Freigelassene gewesen sind, nämlich unter Gebecca, Gondomar, Gislahar Gundahar, unserem Vater und Oheim (patrem quoque nostrum et patruum), so sollen sie in der Freiheit verbleiben.«

Abgesehen davon, daß eine staatsrechtliche Kontinuität zwischen der alten und neuen Dynastie ausgesprochen ist (s. unten), erscheint hier ebenso wie in der Nibelungensage Gundachar (Gunther von Worms) als letzter König aus der sagenhaften Sippe Gibicas, der (altnord.) Gjukungen.

Um diesen historischen Kern haben sich im Laufe der Zeit, wohl hauptsächlich während der fränkischen Ära Burgunds, vielleicht im Anschluß an den Untergang des Teilreichs nach dem Tode König Gunthrams durch Angliederung an Austrien 595 (vgl. Kapitel 4), die weiteren Sagenmotive gerankt. Fränkisch beeinflußt ist sicher der Siegfried-Brunhilden-Kreis. Manches spricht dafür, daß die Verschmelzung im merowingischen Nordburgund des 6./7. Jahrhunderts vollzogen wurde solange dort die burgundische Volksüberlieferung noch lebendig war; genauer: als zur Zeit der berüchtigten Königin Brunhilde, ihrer erbitterten Rivalität mit Fredegund und ihres grausamen Endes der burgundische Adel als politisch-sozial tragende Widerstandsgruppe hervortrat. Vielleicht auch hat dem Sagen-Siegfried Brunhildes Gemahl Sigebert I. einige Züge geliehen, der von seinem Hofdichter Venantius Fortunatus als Inbegriff ritterlicher Tugend und Schönheit verherrlicht wurde. Andere Aspekte weisen auf Bezüge zur Geschichte der Ostgoten hin, zu denen ehedem die selbständigen Burgunder wie dann auch die Merowinger Beziehungen hatten, oder auch auf frankoburgundisch-baierische Zusammenhänge, die vielleicht für den Krimhilden-Stoff mitverantwortlich wurden (Attila verh. m. Hildico).

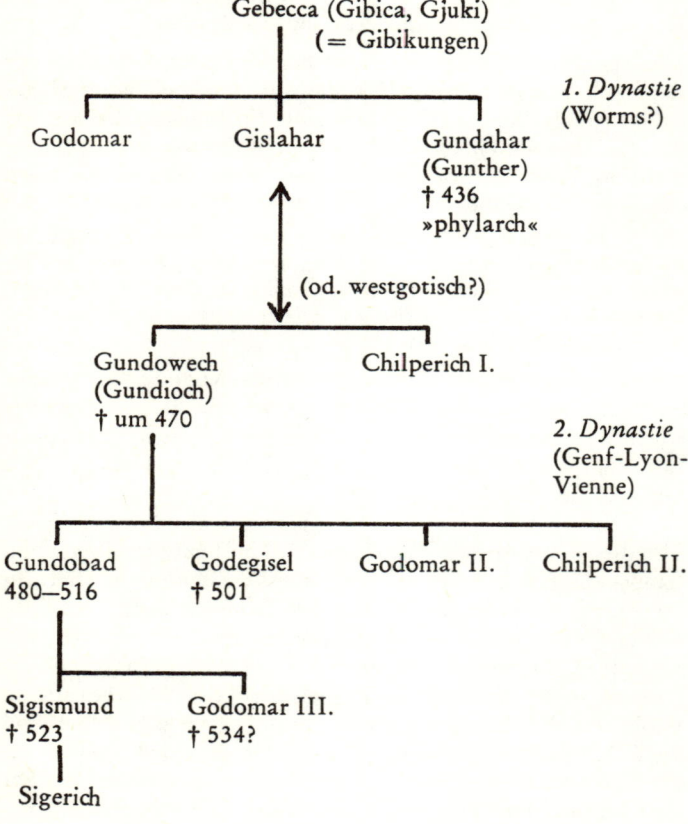

Gebecca (Gibica, Gjuki)
(= Gibikungen)

1. *Dynastie*
(Worms?)

Godomar   Gislahar   Gundahar
(Gunther)
† 436
»phylarch«

(od. westgotisch?)

Gundowech   Chilperich I.
(Gundioch)
† um 470

2. *Dynastie*
(Genf-Lyon-
Vienne)

Gundobad   Godegisel   Godomar II.   Chilperich II.
480—516   † 501

Sigismund   Godomar III.
† 523   † 534?

Sigerich

Die vielschichtige und vieldiskutierte, jedoch kaum eindeutig analysierbare Traditionsgeschichte des Nibelungen-Sagenkreises ist ein einzigartiges Zeugnis zwar nicht für die historische Erscheinungsform des Reiches von Worms, wohl aber für die außergewöhnliche *Kontinuitätskraft des burgundischen Eigenlebens und Geschichtsbewußtseins* sowie für eine nur schwer nachprüfbare Wechselwirkung — oder Analogie? — burgundischer und nordgermanisch-wikingischer Geisteskultur, was beides zur Kurzlebigkeit der beiden Reiche in seltsamer Paradoxie steht.

Der zweite Fragenkomplex konzentriert sich auf die *Begründung und Geschichte des Reiches an der Rhône*. Wenn man die von der *Chronica Gallica* zu 443 genannten »reliqui Burgundionum« auf die Überlebenden der Katastrophe von 435/6 bezieht, so besagt das, daß die geschlagene und demoralisierte Restschar nun die *Sapaudia,* eine hochwichtige Militärzone an der Peripherie des Römischen Reiches, zum Schutze für das Imperium als Siedlungsland erhielt. Vermutlich handelte es sich wohl nur um das Gebiet südlich des Genfer Sees bis zur oberen Isère, weder identisch mit der Sapaudia der Diokletianischen Reichsordnung noch auch mit dem weitaus größeren mittelalterlichen Paßstaat Savoyen.

Ausgangspunkt für diese restriktive Definition bildet u. a. die Interpretation zweier in der Notitia dignitatum, einem spätrömischen Ämtertraktat, genannten Administrationssitze, nämlich des »praefectus cohortis primae Fluviae: Sapaudia Cularone«, das ist Grenoble, und des »praefectus classis barcarium: Ebrodunum Sapaudiae«, womit wohl nicht der Alpenort Embrun gemeint ist, auch nicht Yverdon am Neuchâteler See, sondern Yvoire am Genfer See.

Die Ansiedlung erfolgte »cum indigenis dividenda«, also unter den für Föderaten vorbehältenen Bedingungen der Landteilung, wie wir sie auch aus den anderen Ostgermanenstaaten kennen. Ähnlich kennzeichnet Marius von Avenches die Okkupation von *Lyon* 456: »Eo anno Burgundiones partem Galliae occupaverunt terrasque cum Gallis senatorbius diviserunt.« Die beiden Marksteine der Machtausdehnung an der Rhône geschahen also offensichtlich nicht im Kampf, sondern nach vertraglichen Normen.
Wenn man bedenkt, daß die Burgunder von der Sapaudia aus, wo sie nach vergleichenden Berechnungen höchstens auf 25 000 Menschen (5000 Krieger) zu schätzen sind, bereits bis um 500 ihre Herrschaft auf die ganze Provincia Lugdunensis I, einen großen Teil der Maxima Sequanorum, die größere nördliche Hälfte der Viennensis, die Narbonensis II, die Alpes Graiae und

die Alpes maritimae nördlich der Durance ausdehnten, d. h. auf ein Gebiet mit etwa 32 civitates, und dies ohne Nachschubmöglichkeiten, so war das eine erstaunliche Leistung.

Stellen wir uns dazu nur vor, daß 25 000 Menschen über die heutige Schweiz verteilt eine Siedlungsdichte von durchschnittlich etwas mehr als 1 Einwohner auf je 2 qkm ergäben. Diese gewaltige Expansion läßt sich nicht aus einer Vermehrung der Volkszahl verstehen — das wäre biologisch unmöglich — sondern nur aus der *Struktur der Reichsbildung*, was mehr oder minder für alle Ostgermanenstaaten gilt.

Die Landnahme war grundverschieden von der der westgermanischen Stämme, die ihre Volkssubstanz rekrutieren konnten. Die Erforschung der burgundisch-alemannischen Grenze in der Schweiz hat daher von diesen verschiedenen Voraussetzungen auszugehen. Denn der Niederschlag burgundischer (und burgundo-romanischer) Kultur in Gräbern und Ortsnamen ergibt keine klaren Zusammenhänge mit der politischen Machtnahme; politischer Herrschaftsraum, Siedlungsstreuung und Kulturradius sind nicht eindeutig identisch. Für die Zeit, als das Zentrum der Herrschaft bereits in Lyon und Vienne lag, zeigt das archäologische und toponomastische Material eine quellenmäßig sonst nicht belegte stärkere Kulturausbreitung ins Waadtland, also weitab von der politischen Mitte des Reichs, während die historiographischen Quellen anderseits die Erfassung der Landschaft rhôneaufwärts ins Wallis hinein bezeugen (Agaunum), wo hinwiederum die Ausbeute an Grabfunden und Ortsnamen relativ karg ist. Die dynamische Expansion ist daher nur aus den politischen und rechtlichen Voraussetzungen zu begreifen. Bei der numerischen Volksschwäche war nicht so sehr die siedelnde Landnahme entscheidend, vielmehr die Besitzergreifung der civitates als der Träger von Herrschaft und Prestige. Der »Staat« gründete nicht auf Siedlungsdichte, sondern auf der militärischen Organisation und auf den Garnisonen, deren Machtposition mit dem Niedergang römischer Autorität wuchs.

Zum Verständnis der Reichsstruktur ist auszugehen von der Ansiedlungsweise: »terra cum indigenis — cum senatoribus — dividenda«. Nach dem Einquartierungssystem von 395, dem Notgesetz des endenden Römischen Reiches, konnte gemäß der sogenannten *hospitalitas* der mit Familie und Gefolge einquartierte hospes vom ansässigen Grundbesitzer, ausgenommen der Kirche, einen festgesetzten Teil des Besitzes und der Herrenrechte beanspruchen, meist ein Drittel, wofür der possessor seinerseits bestimmter öffentlicher Abgaben enthoben war und den Schutz durch die »Besatzung« genoß. Der Besitzer und der Ankömmling traten also in Hausgemeinschaft. Das hatte natürlich tiefgreifende Folgen für die Romanisierung der neuen Herrenschicht und für den wirtschaftlichen Aufbau der neuen Staaten. Aus der Lex Burgundionum (Art. 54) geht hervor, daß zur Zeit der Kodifizierung (um 500) der burgundische hospes zwei Drittel von Ackerland und Domänen, die Hälfte von Hof, Waldungen, Weiden und Gärten, ein Drittel der Hörigen erhielt; ungünstigerer Teilungsmodus war wohl vorausgegangen. Prinzipiell lag das System der hospitalitas durchaus im Interesse der römischen Bevölkerung, die des Heeresdienstes und der Verteidigung müde war. Bei der allgemeinen Rezession des Wirtschaftslebens durch die Abwanderung der Senatorenfamilien und Latifundienbesitzer besonders aus den Randgebieten des Reichs in die Städte war überdies das Land zum Teil schon verödet. Andererseits schien wohl auch die militärische Besetzung einer Stadt wie Lyon nicht unerwünscht, einesteils wegen des lastenden Steuerdrucks, andernteils weil die politischen Verhältnisse namentlich in Gallien den der Zentralgewalt längst entfremdeten Senatorenadel einschließlich der Kirche daran gewöhnt hatten, seine Sonderbestrebungen mit germanischer Waffenhilfe zu verwirklichen. Gallien war der Usurpatoren-reichste Reichsteil. So war es nicht verwunderlich, wenn man in jener unglücklichen Übergangsperiode den neu installierten Fremden zwar mit Mißtrauen in deren kulturelle Fähigkeit, aber doch mit konkreten politischen Hoffnungen entgegenkam.

Man braucht nur etwa die Schriften des wach beobachtenden Dichters Sidonius Apollinaris aus Lyon, seit 470 Bischof von Clermont, zu lesen, um Einblick in die geistige und politische Atmosphäre des damaligen Gallien, insonderheit der burgundischen Lugdunensis, zu gewinnen. Er hegte zwar resignierend-spöttisch Verachtung für die grobschlächtigen Barbarengestalten — allein schon deren Ausdünstung von Knoblauch und Zwiebeln und von ranziger Butter, mit der sie ihr Haar salbten, stoße den Römer ab, — scheute sich aber nicht, die burgundische Königsfamilie Chilperichs I. als die mildesten, humansten Barbaren, »clementiores barbaros«, unter denen Gallien bisher gelitten habe (Epistel V, 7) zu »rühmen«.

Die Beamtenaristokratie der spätrömischen Provinzen arrangierte sich ganz gut mit den germanischen Besatzern, die ja nicht mehr als kriegerische Invasoren, sondern als Schutzmacht kamen und die Belassung der herkömmlichen Verhältnisse besser garantierten als die hektisch um Rang und Leben kämpfenden Schattenkaiser und Usurpatoren.

So gelang es den Burgundern, ihr Reich im Zentrum des römischen Gallien aufzurichten, kurz bevor das weströmische Kaisertum erstarb, ehe die Westgoten Südgalliens unter König Eurich (466–484) in eine imperialistische Politik einlenkten und ehe die Franken unter Chlodwig (481–511) von Nordgallien her ihre Expansion starteten. Sie nutzten die Gunst der Stunde durch geschickte *Bündnispolitik.* Die Metropole Lyon stand dem Zugriff noch offen, während seit dem gewaltsamen Tod des Aetius 454 und dann seines Mörders, Kaiser Valentinians III. 455, die rapide Dekadenz des Kaisertums den germanischen Eroberern alle Chancen bot. Der rasche Wechsel von legitimen und illegitimen Kaisern und Statthaltern erforderte allerdings eine hohe Elastizität im jeweils rechtzeitigen Anschluß an den richtigen Mann. Das Lavieren der Burgunder zwischen den natürlichen Gegnern und Rivalen spricht für die intelligente Diplomatie ihrer Könige. Nachdem sie 451 unter den Verbündeten des Aetius gegen die Hunnen gekämpft hatten, unterstützten sie 455 die Kaiserausrufung des Avitus von Arles, der übrigens Schwiegervater und Onkel des Sidonius Apollinaris war. 456 intervenierten sie in kaiserlichem Auftrag zusammen mit den Westgoten in Spanien gegen die Sueben; dort begegnen erstmals wieder burgundische Könige, Gundowech und Chilperich, was bestätigt, daß die 443 in der Sapaudia angesiedelten Burgunder ihre Stammesverfassung behalten haben. Wenn man Gregor von Tours hier glauben darf, war die neue Dynastie westgotischer Abkunft. Bei ihrer Rückkehr nach Gallien bot die veränderte Situation — Avitus war abgesetzt worden und dann gestorben — den Burgundern Gelegenheit, Lyon zu besetzen, bevor die neuen Machthaber Rikimer und Majoran ans Ruder kamen.

Wie bereits erwähnt (S. 55), teilten die Burgunder das Land mit den Senatoren, die sie nach dem späteren Zeugnis der *Fredegar-Chronik* gerufen hatten, um dadurch die Last öffentlicher Abgaben abzuschütteln. Zu 457 wird berichtet, daß die Besetzung Galliens (Lyons) durch König Gundowech und sein Volk unter Zustimmung des Westgotenkönigs erfolgt sei.

Kaiser Majoran veranlaßte zwar die nochmalige Räumung Lyons, indem er den Burgundern anderweitig Land zugestand, vermutlich in der Maxima Sequanorum. Als aber dieser letzte legitime Kaiser, der Gallien betreten hat, 461 wiederum gewaltsam endete, konnten die Burgunder ihre Herrschaft über Lyon und in Mittelgallien ausdehnen, indem sie den engen Kontakt zum neuen Repräsentanten des anarchischen Westrom nutzten: zu dem allgewaltigen Patricius Rikimer, einem Schwager König Gundowechs. Seit 463 erscheint Gundowech in den Quellen (zuerst in einem Brief des Papstes Hilarius an den Bischof von Arles) als *magister militum Galliarum*, und noch 470 ist Chilperich als Nachfolger seines Bruders in derselben Funktion. Damit bot sich eine neue Basis künftiger legaler Machtentfaltung, denn der Burgunderkönig übte nun kraft Amtsgewalt imperiale Befugnisse aus, die zwar mit dem Untergang der weströmischen Kaisergewalt wieder erloschen, das herrscherliche Prestige jedoch gehoben hatten. Als Amtswalter für das Imperium spielten die burgundischen Könige also eine ähnliche Rolle, wie Odoaker und der Ostgote Theoderich. Auch Gundowechs ältester Sohn Gundobad, der Nachfolger Chilperichs, begann seine Laufbahn in römischen Diensten, nachdem ihn sein Onkel Rikimer nach Italien berufen hatte; Gundobad nahm nach dessen Ermordung 472 sogar die Patricius-Würde an und trat 473 im Usus der Zeit als Kaisermacher auf. Indes, »sein« Kaiser Glycerius wurde gestürzt, und so kehrte Gundobad nach Gallien zurück, um dort die Vorherrschaft über seine drei Brüder anzutreten. Immerhin konnte zwanzig Jahre später Gundobads Sohn, König Sigismund, in bedrängter Lage den oströmischen Kaiser unterwürfigstolz daran erinnern, daß seine Vorfahren stets Loyalität zum Imperium bewiesen hätten und nichts sie mehr geehrt habe, als die kaiserlichen Titel.

In der Tat haben diese Rechtstitel dem Königtum so viel Ansehen verliehen, daß um 467 der römische Präfekt in Arles — so erzählt Sidonius Apollinaris — den Plan hegen konnte, Gallien zwischen Westgoten und Burgundern »iure gentium« aufzuteilen: ein beredtes Zeugnis für die faktischen Machtverhältnisse im letzten Jahrzehnt des weströmischen Kaisertums.

Das Blatt wendete sich freilich, als die Eroberung der Westgoten 476 durch den Interessenwalter Roms, Odoaker, legitimiert wurde bzw. als mit der Besetzung der Provence der Zugang zum Mittelmeer abgeriegelt wurde. Überdies ließ Chlodwig 486 den letzten römischen Statthalter in Gallien Syagrius (Sohn des Aegidius) beseitigen, um schließlich seinerseits nach Süden vorzurücken. Burgund, das somit in eine bedrohliche Klammer zwischen Goten und Franken geraten war, mußte sich daher um so mehr durch Allianzen sichern: Das oströmische Kaisertum bot keinen effektiven Schutz mehr. So ließ sich Burgund 492/4 in die Familien- und Machtpolitik der beiden großen Exponenten und Antipoden eingliedern, deren Tauziehen um die Herrschaft in Gallien noch unentschieden war. Der Thronfolger Sigismund wurde der Tochter des Ostgotenkönigs Theoderichs d. Gr. Ariagne (Ostrogota), vermählt; Burgund gewann damit den Anschluß an Theoderichs großkonzipiertes germanisches Bündnissystem, das sich in der Folge als Rückhalt für das westgotische Königshaus gegen die Franken erwies. Gleichzeitig aber sympathisierte Burgund mit den Franken: Die Nichte Gundobads, Chrotechilde, heiratete Chlodwig. Wenn 507 die burgundischfränkische Allianz das Übergewicht erhielt und die Burgunder mit den Franken das Tolosanische Reich vernichteten (Schlacht bei Vouglié, Tod Alarichs II.), so entsprach das der Einsicht in den Erfolg des Stärkeren – und der Stärkere war Chlodwig. Kurz zuvor noch, 500, war Gundobad durch Verrat seines Bruders Godegisel von Chlodwig bei Dijon geschlagen worden. Das antigotische Bündnis mit dem gefährlicheren Feind, das sich auch in der Hinwendung der burgundischen Königsfamilie zum orthodoxen Christentum der Franken anzeigte (s. S. 65), war ein Meisterstück der Diplomatie Gundobads. Es schob den Untergang seines Reiches allerdings nur für zwei Jahrzehnte hinaus. Denn auf die Dauer war die fränkische Expansion nicht zu stoppen, zumal die ostgotische Stütze durch Theoderich († 526), der seit 507 für seinen unmündigen Enkel Amalrich Regent in der westgotischen Provence war, wegfiel.

Die Frage, ob ein antifränkisches burgundisch-gotisches Bündnis die Geschichte anders gestaltet hätte, bleibt müßige Spekulation. In den Franken siegten das orthodoxe römische Christentum und die westgermanische Volkskraft gegen die dualistische Ordnung und die Volksschwäche der arianisch-ostgermanischen Staaten.

Das burgundische *Königtum* hatte also auf Grund des Foedus mit Rom – dessen die Franken nicht mehr bedurften – sowie aus der doppelten Wurzel autogener Führungsgewalt (Heerbann) und abgeleiteter Amtsgewalt (magister militum) sein »Reich« vom Siedlungsraum der Sapaudia nach Gallien hinein ausgeweitet. Wenn 507 Theoderich in einem Brief an den rex Burgundionum Gundobad von der »Burgundia« spricht (Cassiodor, *Variae* I, 46), so ist damit nicht ein »Flächenstaat« gemeint, sondern der Herrschaftsraum mit seinen elastischen Grenzen. Für dieses Reich sind jeweils gleichzeitig mehrere Könige nachweisbar. Die staatsrechtlichen Verhältnisse sind zwar nicht restlos zu klären; jedoch ist aus der Existenz mehrerer Königsresidenzen vermutlich mit jeweils eigenen Hofhaltungen nicht unbedingt auf Anwendung des germanischen Teilungsprinzips zu schließen. Von den beiden Begründern des Rhônereichs residierte Gundowech, der offenbar die Vorherrschaft hatte, in *Lyon*, Chilperich I. in *Genf*. Nach Gundowechs Tod um 470 scheint

Chilperich in beiden Königssitzen residiert zu haben. Seit etwa 480 folgen die vier Söhne Gundowechs: der Älteste, Gundobad, in Lyon, der Zweite, Godegisel, in Genf, Godomar II. und Chilperich II. in *Vienne*, alle qualifiziert als »reges«, aber offensichtlich unter der Vorherrschaft Gundobads. Nach dem Tod Godegisels 501 regierte der ältere Sohn Gundobads († 516), Sigismund († 523), zunächst neben dem Vater in Genf, dann seit 516 als Alleinherrscher ohne Nebenkönig wohl auch in Lyon, und ebenso sein Bruder und Nachfolger Godomar III. († 534). Klar tritt die Bedeutung der Königsresidenzen Lyon und Genf hervor, wobei Lyon das Übergewicht, Genf und seiner Region hingegen die Priorität zukam.

Angesichts dieser Tatsache sowie auf Grund des archäologisch-philologischen Fundbildes, das auf burgundische Siedlungen vornehmlich in der Sapaudia, in der heutigen Westschweiz und in der späteren Freigrafschaft (Maxima Sequanorum) hindeutet, hat O. Perrin, der letzte Monograph der Burgunder, die These von »zwei Reichen Burgund« aufgestellt: einesteils die 443 und 457 zur Landteilung zugewiesenen Regionen (regiert von Genf) und anderenteils die kraft Amtsgewalt regierten Gebiete, welche erst unter Gundobad rechtlich-politisch miteinander verschmolzen.

Jedenfalls erreichte die Herrschaft ihre stärkste monarchische Intensivierung und der »Staat« seinen äußeren und inneren Höhepunkt unter *Gundobad* (480–516). So unterschiedlich seine Persönlichkeit in der Forschung beurteilt wird — als staatsmännisches Genie von beachtlichem politischem Weitblick oder aber als weichliche Natur ohne ausdauernde Kraft —, so bleibt sein Name verbunden mit der *burgundischen Volksgesetzgebung.* Ähnlich wie bei den anderen Stämmen darf sie als Kriterium für ein verselbständigtes Staatsbewußtsein gelten, auch wenn das Königtum unter fränkischem Druck die formelle Bindung an das Imperium (Ostrom) wieder belebte. Die *Lex Gundabada* — unter diesem Begriff wirkte sie ins Mittelalter hinein (noch im 9. Jahrhundert wurde sie von dem Publizisten Agobard von Lyon erbittert bekämpft) — ist unsere Hauptquelle für die Struktur des burgundischen Staatswesens.

Das Gesetzbuch ist überliefert in Gestalt von 88 bzw. (in anderen Handschriften) 105 Titeln. 7 Handschriften nennen Gundobad, 7 andere Sigismund als Schöpfer. Wahrscheinlich ist die erste Kodifikation und der Kerninhalt als Werk Gundobads aus dem letzten Jahrzehnt des 5. Jahrhunderts anzusetzen, entstanden kurz nach Erlaß des westgotischen Codex Eurici, und unter dessen Benutzung. Als Kronjurist war vermutlich Syagrius von Lyon, von Sidonius Apollinaris als »neuer Solon der Burgunder« gepriesen, maßgeblich an der Redaktion beteiligt. Unter Sigismund scheint dann um 517/8 eine Neufassung redigiert worden zu sein, in deren Gewand die Sammlung überliefert ist.

Daneben erließ Gundobad eine *Lex Romana Burgundionum* für den römischen Bevölkerungsteil; als erstes Gesetzbuch seiner Art sollte es der germanisch-römischen Ausgleichspolitik dienen. Es regte vielleicht die Lex Romana Visigothorum von 506 an, die ihrerseits dann als spätrömische Rechtsquelle ersten Ranges den Siegeszug in Gallien angetreten hat. Aber auch die Lex Gundobada weist starken romanischen Einschlag auf, womit sie ein typisches Produkt der Synthese von spätantikem Vulgärrecht und germanischer Rechtsübung darstellt.

Demgegenüber fallen aber auch die rein germanischen Elemente auf, wie z. B. das Eherecht, die Hausgemeinschaft zwischen Vater und Söhnen, die Hausgebundenheit der gesamten Eigentumsordnung. Die Verschmelzung der beiden Rechtsauffassungen läßt sich deutlich am Strafrecht verfolgen: Die nach germanischer Art gestaffelten Geldbußen gipfeln bei der Höchststrafe nicht in der germanischen Ächtung, sondern nähern sich dem römischen System peinlicher Strafen an. Ein einzigartiges Zeugnis germanischer Rechts- und Staatsordnung ist der *pactum*-Begriff, der geradezu als Zentrum der Gesetzesauffassung angesehen werden darf. In zwei Handschriften ist nämlich ein Vorspann überliefert, der die Unterzeichnung des Königs und die Unterschriften der Grafen trägt. König und Grafen, wobei letztere das Volk vertreten, verbürgen sich gegenseitig die Einhaltung des Rechts als pactio, als Vertrag.

»Unsere Satzungen (constitutiones) geruhten wir mitsamt den Grafen zu unterzeichnen, auf daß dieser Erlaß, nach unserem Vorbetracht mit aller Willen unterzeichnet, auch von Späteren eingehalten und in der Stetigkeit ewiger Erinnerung sich behaupte (etiam per posteros custodita perpetuae pactionis teneat firmitatem).«

Der Vertragscharakter der Stammesrechtsaufzeichnung als pactum zwischen König und Optimaten beleuchtet zugleich den aristokratischen Charakter des Volkskönigtums.

Der Inhalt der Lex macht einige Wesenszüge des Burgunder-Staates deutlich, die ihn von den anderen ostgermanischen Reichen abheben. Das Königtum versuchte prinzipiell, den germanisch-römischen Gegensatz auszugleichen, so daß der nationale Dualismus zwischen Römern und Burgundern nicht die krasse Form annahm wie in den beiden Gotenstaaten. Im übrigen kommt anders, als etwa in der Lex Visigothorum, der *Gedanke der Gleichberechtigung beider Völker* zu Wort. Das tritt nicht nur in der gleichen Festsetzung der Wergeldsätze und Bußgelder in Erscheinung, sondern in der wiederholt begegnenden Formulierung: »Burgundio aut Romanus una conditione teneatur.« Im Unterschied zu den anderen arianischen Staaten wurden Mischehen zwischen Burgundern und Römern erlaubt und Römer zum Heeresdienst zugelassen. Bei den Westgoten sind diese beiden Schranken der Rechtsvereinheitlichung offiziell erst unter Leovigild († 586) und Wamba (672/80) gefallen. Burgunder und Römer wurden gleichermaßen als Beamte herangezogen, auch für das so wichtige Grafenamt, das faktisch den römischen Provinzstatthalter, allerdings in kleineren Bezirken (civitates oder pagi), mit der für alle Germanenstaaten typischen Befugniserweiterung durch die Verbindung von Zivil- und Militärgewalt fortsetzte. In jeder civitas saß ein Graf — »vel Romanus comes vel Burgundio«; von 31 comites ist die Lex unterzeichnet, die allerdings vorwiegend burgundische Namen tragen. Insgesamt stellt die Lex Gundobada einen reifen Versuch dar, von germanischen Maximen her, aber in bewußter Überwindung des germanisch-römischen Dualismus einen Staat eigener Prägung aufzubauen. Das burgundische Recht erwies denn auch eine zähere Lebenskraft als seine ostgermanischen Schwestern.

Bündnispolitik und Staatsrecht der Burgunder waren also wesentlich ausgerichtet auf Ausgleich und Konfliktsvermeidung, geprägt vom Opportunismus und Lebenswillen eines kleineren Volkes zwischen politischen Großmächten. Ebenso trägt das *Verhältnis zu Christentum und Kirche* das Signum bewußter Entschärfung von Gegensätzen. Bezeichnend dafür ist allein schon, daß das burgundische Schwanken zwischen Arianismus und Orthodoxie, aus den Quellen nicht klar eruierbar, bis heute ein Forschungsproblem geblieben ist. Die erwähnten Aussagen des Orosius und Sokrates über die Bekehrung der Burgunder zum römischen Glauben sind zwar umstritten und auch nicht nachprüfbar, obwohl den Burgundern am Rhein das orthodoxe Christentum zweifellos näherstand als der Arianismus, mit dem sie höchstens beim Völkerschub von 406 durch die Vandalen kurz in Berührung gekommen sein könnten. Auch die Haltung der ersten beiden faßbaren Vertreter der neuen Königsdynastie — Gundowechs freundlicher Verkehr mit dem Papst, Chilperichs Förderung der Juraklöster, das ausgezeichnete Verhältnis der Könige mit Bischof Patiens von Lyon (449—494) — könnte für ein Andauern des katholischen Bekenntnisses sprechen. Gleichzeitig pflegten die Burgunder allerdings Beziehungen zu den

arianischen Westgoten sowie zu dem Patricius Rikimer, über-
zeugtem Arianer. Spätestens um 156/63 wären sie demnach
zum Arianismus übergetreten.

Die burgundische Konfession wäre kein Problem und auch nicht
der Diskussion wert, wenn nicht die zeitgenössischen und späteren Quellen zur Geschichte des Rhônereiches die arianische Tradition des Königshauses als Politicum stark betont hätten; wenn
nicht gerade in jener Epoche der christologischen Kontroversen,
welche auf den Konzilien von Nicaea (325) und Chalcedon (451)
die kirchenpolitischen und geistigen Entwicklungen des Westens
so tiefgreifend bestimmten, die Lex Gothica den Ostgermanen
gleichsam als nationaler Rückhalt ihrer Staaten und ihres Volkstums gedient hätte — und dies um so mehr, als sich der römische
Episkopat immer mehr in die Rolle des legitimen Erben des
Imperium hineinlebte. Der Widerstreit von Arianismus und
orthodoxem Christentum war nicht nur ein religiöses, dogmati-
sches Problem; der konfessionelle Dualismus in den neuen germanischen Reichen wurde vielmehr zu einem eminent schwer-
wiegenden politischen und staatsrechtlichen Phänomen.

Für Gregor von Tours, der vom Aspekt fränkischer Apologetik im
späteren 6. Jahrhundert schrieb, war es indiskutable Tatsache, daß die
Burgunder König Gundowechs — »aus dem Geschlecht Athanarichs,
des Verfolgers« und seiner Nachfolger — dem Arianismus anhingen,
wie die Goten, und daß sie deshalb von den rechtgläubigen Franken
besiegt wurden, weil sie in der Irrlehre verharrten. Er bezeugt allerdings auch die burgundische Toleranz und Humanität. Die politisierte
Frömmigkeit jener Tage und die historiographische Erbauungstendenz
mag uns primitiv anmuten, gehört aber grundlegend zum Verständnis
frühmittelalterlicher Lebenshaltung. Der Zeitgenosse König Gundobads, Bischof Avitus von Vienne, eine der markantesten Persönlichkeiten in Gallien um 500, weiß ebenfalls nichts von einer katholischen
Tradition des Königshauses; er hätte sie zweifellos propagandistisch
ausgespielt. Mahnte er doch im Gegenteil Gundobad beschwörend, von
der »antiqua consuetudo parentum«, der häretischen Sitte seiner Väter,
zu lassen, denn die Heilige Schrift lehre, daß jene Reiche, die sich in
Feindschaft gegen Gott konstituieren, häufig der Vernichtung anheim-
fallen; der Friede mit Gott aber garantiere auch den Frieden mit den
anderen, und die Feinde (die Franken) könnten dann keine Übermacht mehr besitzen.

Andererseits ist gerade Avitus, der nächste Berater Gundobads
und Sigismunds, in der ungehinderten Entfaltung missionarisch-
politischer Wirksamkeit hervorragender Kronzeuge für die Toleranz des burgundischen Arianismus, für die mit dem Katholizismus sympathisierende Haltung des Königshauses, aber auch

64

für die hohe politische Aktualität der konfessionellen Frage. In den Briefen des Avitus – einen Höhepunkt bildet das Glückwunschschreiben zur Taufe Clodwigs 496/7 – wird die enge Zusammenarbeit von Königtum und gallorömischem Episkopat und gleichzeitig das persönliche Ringen in Religionsgesprächen zwischen Avitus und Gundobad lebendig vor Augen geführt. Obwohl Gundobad den Schritt zur offiziellen Konversion nicht vollzog, weil er nicht einsah, wie Gregor von Tours argumentiert, daß er der Schwäche der Menge nachgeben solle, und weil er sich weigerte, seinen heimlichen Wunsch offen zu bekennen, so war es doch ein Sieg des Avitus und der politischen Lage, wenn zur Regierungszeit Gundobads die römische Orthodoxie Eingang in die königliche Familie fand. Chrotechilde, die Nichte Gundobads und Gemahlin Chlodwigs, und einige weitere weibliche Mitglieder der Dynastie waren in den neunziger Jahren katholisch. Während das Königtum noch offiziell die Tür zum arianischen Bündnissystem Theoderichs offenhielt, neigte es sich inoffiziell der im Bund mit dem Episkopat aufsteigenden fränkischen Macht zu, die mit der Taufe Chlodwigs eklatant die Erbschaft des weströmischen Kaisertums anstrebte. Die Taufen der beiden Thronfolger Sigismund und Godomar III. um 502/7 erfolgten offensichtlich im Zusammenhang mit der burgundisch-fränkischen Allianz, die zur Waffengenossenschaft von 507 führte; und ebenso standen die Konversionen der Kinder Sigismunds um 516/17 im Bann der fränkischen Gefahr, ohne daß das jedoch eine Konversion des Gesamtvolks nach sich gezogen hätte, etwa in Parallele zur kirchen- und staatsrechtlichen Neuordnung des Westgotenreichs im späteren 6. Jahrhundert.

Was bedeutete dieser Sachverhalt für das institutionelle Verhältnis von Staat und Kirche? Der Arianismus verbürgte die Kirchenhoheit des Königtums über die arianische Landeskirche, während die römische Kirche vom Königtum nahezu unabhängig blieb, offenbar bis zum Ende des Reiches. Das Königtum griff weder in die Bischofswahlen ein noch nahm es Einfluß auf die Synoden, wahrscheinlich auch nicht auf das einzige quellenmäßig belegte Reichskonzil von Epao 517. Burgundischer Staatsapparat und römische Kirche standen sich als selbständige Institutionen in gegenseitiger Achtung gegenüber. Der königlichen Ausgleichspolitik haftete nichts vom Absolutismus der westgotischen oder vandalischen Staatsentwicklung (Religionsverfolgung, Mischehenverbot) an. Andererseits gingen die Maßnahmen des katholischen Königs Sigismund, der ja immer noch Herr eines arianischen Staatswesens war, nicht über schwache Ansätze von

Arianerfeindlichkeit hinaus und bewirkten keine Ausbildung eines Staatskirchentums theokratischer Prägung. Allerdings, der rasche Niedergang ließ seinem Reich auch keine Zeit mehr zur Entfaltung.

Insgesamt darf man feststellen: Das Burgunderreich entwickelte sich durchaus eigenständig im Rahmen der ostgermanischen Staatenwelt. Es ist auch nicht primär an seiner dualistischen Struktur zugrunde gegangen, sondern an der politischen Konstellation in Gallien. Es ist immerhin aufschlußreich, daß dieser arianische Staat, der laut Gregor von Tours an seiner Häresie gescheitert sei, faktisch zu einer Keimzelle für die Romanisierung und Christianisierung des germanischen Königsgedankens geworden ist. Mit der *Legendenbildung um den Untergang des Rhônereichs und um König Sigismund* hat die Burgundia der Nachwelt den ersten als heilig verehrten germanischen König geliefert; und in der Strahlkraft des Patroziniums von Agaunum hat sich — zwar anders als in der Nibelungensage — ein weiteres Mal die ungewöhnliche Zähigkeit burgundischer Traditionskraft bestätigt.

Hier ein illustrativer lokalhistorischer Beitrag zur abendländischen Frömmigkeitsgeschichte: Der Dom von Freising hat zwei Schutzpatrone, den fränkisch-baierischen Missionsbischof Korbinian und merkwürdigerweise König Sigismund von Burgund. Es befindet sich dort ein Tafelgemälde von Hans Wertinger aus dem Jahre 1498, das in 16 Szenen die Legende Sigismunds schildert, so wie sie der fränkische Histograph Gregor einst erzählte. Im Mittelpunkt stehen zwei Fakten: die Stiftung des Klosters *Agaunum* (St. Maurice d'Agaune) und der Tod Sigismunds im Kampf gegen die Franken. Der Legende nach habe Sigismund das Kloster auf göttliche Offenbarung hin gestiftet, und zwar als Buße für den Mord an seinem Sohn Sigerich, dem Enkel Theoderichs. Tatsächlich hat dieser historisch verbürgte Mord die burgundisch-ostgotischen Beziehungen erheblich getrübt. »Die Reue ergriff den Vater zu spät. Er ging zu den heiligen Männern von Agaunum, verharrte dort in Weinen und Fasten ... als er einen immerwährenden Chorgesang, ein psalterium assiduum, eingerichtet hatte, kehrte er nach Lyon zurück. Aber die Rache Gottes folgte ihm auf den Fersen.« Dieser erstere Legendenkern basiert auf dem historischen Faktum zwar nicht der Gründung, aber der Innovation der älteren Basilika am Grabe des Hl. Mauritius und der thebaischen Martyrer; die Einweihungsfeier erfolgte 515 unter Beisein des Bischofs Avitus von Vienne, dessen Festpredigt noch erhalten ist. Die Stiftung der laus perennis von Agaunum stand wohl unter oströmischem Einfluß, ein Zeugnis für die politisch-religiöse Anlehnung an das Imperium. Als erstes Institut dieser Art im Abendland wurde es bald Prototyp für ähnliche liturgische Einrichtungen in Gallien, wie z. B. in St. Bénigne zu Dijon, in St. Marcel zu Chalon und in St. Denis. Noch heute wahren in St. Maurice Augustinerchorherren die Tradition des Chorgebets und der Sigismundverehrung.

Was den zweiten Legendenkern betrifft, so erzählt Gregor von Tours den *Krieg der Franken gegen Burgund* als Rache der Chrotechilde für den Mord Gundobads an ihren Eltern (Chilperich II. und Gemahlin): legendäre Version der innerburgundischen Spannungen und der Vorherrschaftspolitik Gundobads, um so das fränkische Vorgehen zu rechtfertigen. Sigismund wurde mit Frau und Söhnen von Chlodomer gefangen und bei Orléans eingekerkert, dann getötet und in einen Brunnen geworfen. Der Freisinger Bilderzyklus berichtet die weitere Geschichte, wie sie sich seit dem 6. Jahrhundert in der Legendentradition ausgestaltet hat: Die Leichen lagen mehrere Jahre in dem Brunnen, bis der Abt von St. Maurice d'Agaune Kunde davon erhielt, daß um den Brunnen geheimnisvolle Lichter brennen, und ein Engel ihm zu verstehen gibt, daß die Seelen der Getöteten im Himmel weilen. Der Abt überführt die Gebeine Sigismunds mit Erlaubnis des Frankenkönigs nach Agaunum. Von der feierlichen Reliquien-Translation berichtet als älteste Quelle die schon genannte *Passio Sancti Sigismundi*. Bekanntlich war vor Ausbildung des kirchlichen Kanonisationsprozesses die ‚translatio‘ und die literarische Gattung des Translationsberichts die offiziöse Form kirchlicher Heiligkeitsbestätigung. Der Kult breitete sich zunächst von zwei Zentren aus: von St. Maurice d'Agaune und von St. Mesmin de Micy bei Orléans, nahe von Péravy-la-Colombe, wo Sigismund 524 den Tod gefunden hatte.

Bei der noch im 6. Jahrhundert wurzelnden Sigismundlegende handelt es sich um einen der ersten germanischen Könige und Laien, für die eine liturgische Verehrung nachweisbar ist; es folgen König Gunthram († 593) des fränkischen Burgund, der Northumbrier-König Oswald († 642) und der fränkische König Dagobert II. († 679). An diese »heiligen Könige« (R. Folz, E. Ewig) knüpfen sich im wesentlichen die Verchristlichung des germanischen Königtums und die Entstehung eines germanisch-christlichen Herrscherideals sowie einer neuen Staatsethik, die auf den Tugenden pietas und humilitas aufbaute und das Ideal der Zusammenarbeit von Staat und Kirche unter Anerkennung der übergeordneten Autorität der Kirche propagierte. Der historische Sigismund wurde zum Paten der mittelalterlichen Fürstenspiegel, weil er im Existenzkampf Burgunds eine Gesinnung bewies, die vom Einfluß des gallorömischen Episkopats, von politischer Loyalität gegenüber dem oströmischen Kaiser und von der Not gegenüber den Franken geprägt war; dagegen griffen letztere zur Legende, um die Vernichtung des »arianischen« Burgund trotz der Orthodoxie Sigismunds zu legi-

timieren: ein bezeichnendes Kapitel aus der Frühgeschichte
abendländischen Staatsdenkens im Mittelalter.

Wie aber kam Sigismund als Patron nach Freising? Zwar ist Sigismund kein »Nationalheiliger« geworden, weil er in der fränkischen
Ära Burgunds hinter den fränkischen Heiligen Martin von Tours, Remigius und Dionysius zurückstehen mußte. Im Mittelalter stand die
Sigismundverehrung im Schatten des Mauritiuskultes von Agaunum,
der seine politische Renaissance unter den Ottonen erlebte. Das Sigis-
mund-Patrozinium blieb lange auf den liturgischen Raum beschränkt.
Erst mit Kaiser Karl IV. kam die Verehrung des Burgunders aus aktuellem Anlaß zu neuer Blüte: 1365 auf der Rückreise von der Krönung
in Arles machte Karl in St. Maurice Station und nahm von dort Reliquien der Heiligen Mauritius und Sigismund mit für den St. Veits-
dom in Prag. Im Ausklang deutscher Burgundpolitik wurde auch ein
Sohn Karls IV. auf den Namen des Heiligen getauft, der spätere Kaiser Sigismund. Vermutlich im Zusammenhang des damals wiederbelebten Sigismundkults stand die Ausstrahlung nach Freising hin, wo seit
1367 ein Sigismund-Altar bezeugt ist. Bekanntlich haben dann die
Habsburger im 16. Jahrhundert als vorübergehende Erben der burgundischen Erblande Sigismund eingereiht in die Galerie ihrer heiligen
und seligen Vorfahren.

Nibelungensage und Sigismund-Verehrung bestätigen also das
Fortleben burgundischen Selbstbewußtseins nach der Eingliederung ins Frankenreich, ähnlich wie die archäologische Gleich-
artigkeit der Grabkultur vor und nach 534 auf eine gleichmäßige
Weiterentwicklung der Bevölkerungsverhältnisse und des kulturellen Eigenlebens unter merowingischer Herrschaft hindeu-
ten.

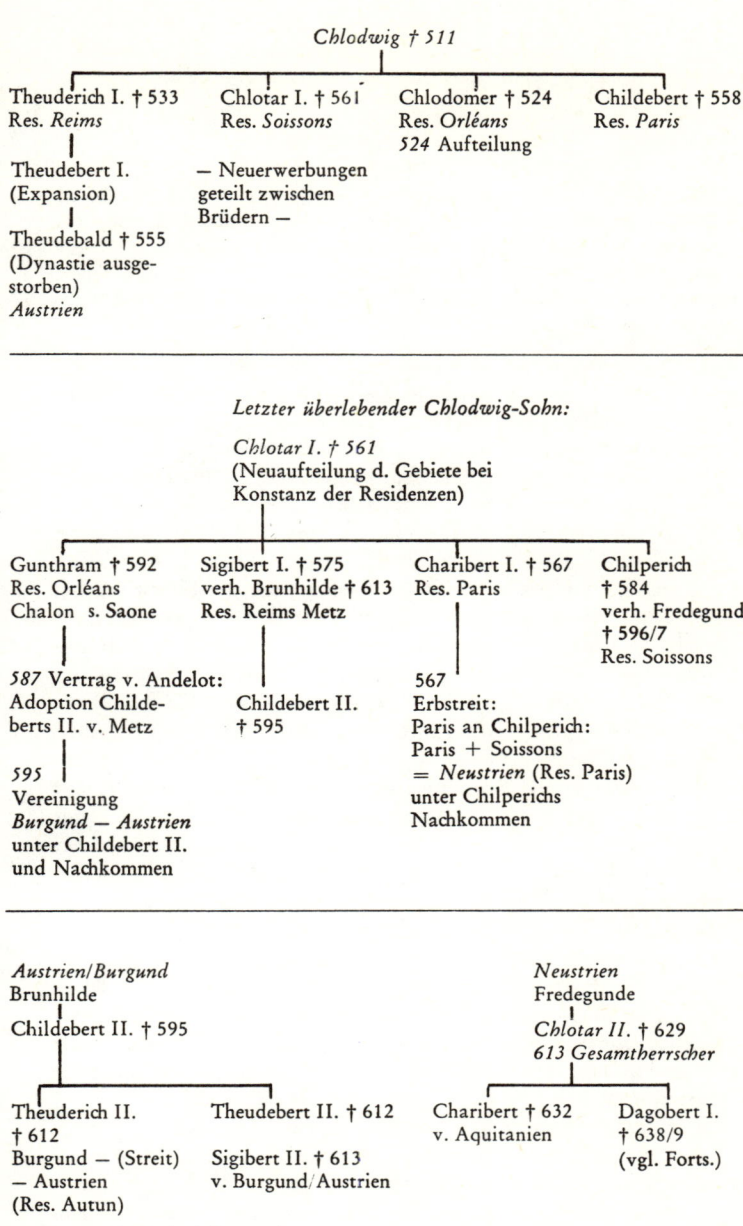

Chlodwig † 511

Theuderich I. † 533	Chlotar I. † 561	Chlodomer † 524	Childebert † 558
Res. *Reims*	Res. *Soissons*	Res. *Orléans*	Res. *Paris*
		524 Aufteilung	
Theudebert I.	— Neuerwerbungen		
(Expansion)	geteilt zwischen		
	Brüdern —		
Theudebald † 555			
(Dynastie ausge-			
storben)			
Austrien			

Letzter überlebender Chlodwig-Sohn:

Chlotar I. † 561
(Neuaufteilung d. Gebiete bei
Konstanz der Residenzen)

Gunthram † 592	Sigibert I. † 575	Charibert I. † 567	Chilperich
Res. Orléans	verh. Brunhilde † 613	Res. Paris	† 584
Chalon s. Saone	Res. Reims Metz		verh. Fredegunde
			† 596/7
			Res. Soissons
587 Vertrag v. Andelot:		567	
Adoption Childe-	Childebert II.	Erbstreit:	
berts II. v. Metz	† 595	Paris an Chilperich:	
		Paris + Soissons	
595		= *Neustrien* (Res. Paris)	
Vereinigung		unter Chilperichs	
Burgund — Austrien		Nachkommen	
unter Childebert II.			
und Nachkommen			

Austrien/Burgund		*Neustrien*	
Brunhilde		Fredegunde	
Childebert II. † 595		*Chlotar II.* † 629	
		613 Gesamtherrscher	
Theuderich II.	Theudebert II. † 612	Charibert † 632	Dagobert I.
† 612		v. Aquitanien	† 638/9
Burgund — (Streit)	Sigibert II. † 613		(vgl. Forts.)
— Austrien	v. Burgund/Austrien		
(Res. Autun)			

613 Ende d. Dynastie

69

4. Burgund im Frankenreich der Merowinger (534—687).

»Chlotahar und Childebert zogen gegen Burgund, belagerten Autun und nahmen, als sie Godomar in die Flucht geschlagen hatten, das ganze Reich — cunctam Burgundiam — in Besitz«, so berichtet Gregor von Tours; »... die Frankenkönige Childebert, Chlotahar und Theudebert eroberten Burgund ... und teilten sich das Reich«, so Marius von Avenches 534.

Hatten sich die Westgoten nach der Niederlage von 507 auf die geographisch isolierte Iberische Halbinsel zurückziehen können, so fiel bei Autun — dort wo einst die Gallier ihre Selbständigkeit gegen Cäsar verloren hatten — die Entscheidung über die Zukunft Galliens zugunsten der fränkischen Vormacht. Das Schicksal des letzten Königs aus der Dynastie Gundowechs, Godomar, der nach Sigismunds Tod nochmals eine Reichsreorganisation unternommen hatte (13 Zusatz-Kapitel zur Lex Gundobada), ist ungewiß. Endete er in einem Kerker oder als Flüchtling bei den Westgoten oder im vandalischen Afrika, wie verschiedene Quellen mutmaßen? Jedenfalls wurde das regnum Burgundiae — anders als 413/443 — unter Aufhebung der Stammesverfassung dem Reichsverband des Siegers einverleibt. Denn die fränkische Landnahme vollzog sich nicht mehr nach dem spätrömischen Gesetz des foedus und der hospitalitas, sondern nach freiem Kriegsrecht, das den Eroberer mit einem Schlag zum Herrn und Eigentümer des besetzten Landes machte. Zwar hat auch der Begründer der fränkischen Großmacht, Chlodwig, noch in der Tradition der ostgermanischen Staatengründer formelle Beziehungen zum oströmischen Kaisertum unterhalten und sich mit kaiserlichen Titeln (Konsul, Augustus) bedenken lassen; sein Enkel Theudebert ließ sich vom Kaiser sogar adoptieren. Doch waren es nur noch Ehrentitel ohne verfassungsrechtliche Relevanz. Die Franken eröffneten eine neue Epoche eigenständiger staatlich-politischer Existenzform des lateinischen Westens, die sich nicht mehr als Fortsetzung des spätantiken Reichssystems begreifen läßt.

Vergegenwärtigt man sich die Bevölkerungsschwäche und politische Anpassungsfähigkeit der Burgunder gegenüber den ihnen wechselweise verbündeten Feinden (Imperium und Kirche, Goten und Franken), bedenkt man anderseits die Tatsache, daß es beim Ausgang der merowingischen Ära dennoch wieder eine von den anderen Reichsteilen sich abhebende Burgundia gab, so legt das die Frage nahe nach den Kontinuitäts- oder Restaurationskräften im fränkischen Reichsverband. Es geht im folgenden nicht zuerst um eine chronologische Darstellung all dessen, was seit 534 auf burgundischem Boden geschah, sondern um die grundsätzliche Frage: Welchen Faktoren verdankte es Burgund, seinen Landesnamen und damit wohl auch etwas von seiner Wesenheit zu bewahren? Dazu bedarf es eines Einblicks in die fränkische Reichsorganisation, die an der Geschichte Burgunds exemplarisch greifbar wird.

Die Eingliederung Burgunds bewirkte zunächst die Auflösung seiner staatlichen Einheit, der eroberte Komplex wurde dem Prinzip der *fränkischen Herrschaftsteilung* unterworfen. 534 lebten von den vier Söhnen Chlodwigs, die sich 511 in das Reichserbe geteilt hatten, noch zwei, Childebert und Chlotar I., sowie deren Neffe Theudebert. Jeder hatte seinen Anteil am Reichsgutland zwischen Rhein und Loire und an Aquitanien. Und jedem sollte bei Abrundung des Eroberungslandes nun auch etwas zustehen vom Beutereichtum der burgundischen civitates. Die fränkischen Teilungen erfolgten, wie Gregor von Tours wiederholt vermerkt, »aequa lantia« (zu gleichen Speerteilen = Rechten), und diese werden nicht primär nach der Ausdehnung, sondern nach der Gleichwertigkeit der Reichsgutkomplexe festgelegt, die möglichst nicht zerrissen wurden, ohne daß dabei jedoch die römischen Provinzgrenzen, ethnische, staatliche oder geographische Einheiten eine sichtbare Rolle gespielt hätten. Die dazueroberten Länder wurden dann in jeweiliger geographischer Anlehnung an die zentralfränkischen Reichsgebiete verteilt.
Den Norden Burgunds mit Nevers, Langres, Chalon s. Saône, Avenches, Windisch, Besançon, Autun, Sitten erhielt Theudebert von Metz; das Zentralgebiet mit Mâcon, Lyon und Genf fiel an Childebert von Paris und Orléans; der Anteil Chlotars war wahrscheinlich der Süden von Vienne und Grenoble bis zur Durance. Als 537 auch die Provence und zugleich das restliche Alemannien von den Ostgoten vertraglich abgetreten wurde, bekam Theudebert die alemannischen Gebiete, die Provence mit Arles fiel an Childebert und wurde also mit dem Kernland des alten Burgund wiedervereint. 558 schließlich trat der einzig überlebende Chlotar I. († 561) wieder die Gesamtherrschaft an.

In der ersten Generation unter fränkischem Regime war also der burgundische Raum auf mehrere Könige verteilt. Die Städte Genf, Lyon und Vienne verloren ihren Residenzcharakter gegenüber den fränkischen Metropolen Paris, Soissons, Orléans und Reims bzw. Metz, die alle im Kernland nördlich der Loire lagen. Burgund wurde nun vom Norden her regiert, was auch seine kulturellen Konsequenzen zeitigte (vgl. Kapitel 10). Dennoch bewirkte die Teilung Burgunds wohl kaum mehr als eine Aufgliederung hinsichtlich der unmittelbaren Herrschaftszugehörigkeit und der Heerfolgepflicht; 539 kämpften mehrere Tausend Burgunder im Auftrag Theudeberts in Italien, wo gerade der Endkampf zwischen den Ostgoten und den Truppen Justinians tobte.

Die bei den Franken seit 511 geübte Gepflogenheit der Herrschaftsteilung, die wohl gemeingermanischer Wurzel entstammte, aber allein von den Franken jahrhundertelang beibehalten wurde, versteht sich aus verschiedenen sakralen und rechtlichen Traditionen, die ursprünglich nicht auf »Reichsteilung« zielten, sondern im Gegenteil die Einheit im Rahmen des corpus fratrum wahren sollten: Auf diese Weise sollte einem Rückfall in das Gaukönigtum vorgebeugt werden. Politische Voraussetzungen hierfür waren: 1. der Übergang zur Seßhaftigkeit, womit sich die monarchische Stammesleitung anstelle des Heerführertums durchsetzen konnte; 2. das Vorhandensein einer starken Königssippe, welche gemäß der Vorstellung vom Geblütsheil die Kraft zur erblichen Dynastiebildung bewies; und 3. eine gewisse Großräumigkeit des Herrschaftsgebiets, die es beim Fehlen entwickelter staatlicher Institutionen notwendig machte, den Reichszusammenhalt unter der Königsfamilie sozusagen funktional zu regeln, ohne dabei den Volkszusammenhang zu gefährden. Zur sakralen kam die rechtliche Wurzel des germanischen Hauserbrechts, welche das regnum gleichsam als Eigenbesitz der Dynastie begriff. So konnte das Reich jederzeit nach Perioden der Teilung ohne Neuorganisation wieder in einer Hand zusammengefaßt werden; den Teilungen von 511, 561 und 639 standen die Gesamtherrschaften Chlotars I. 558–561, Chlotars II. 613–629 und Dagoberts I. 629–639 gegenüber, und später die Vor- oder Alleinherrschaften der karolingischen Hausmeier und Könige.

Wenn also Burgund in diese Funktionsstruktur einbezogen und 534 »zerstückelt« wurde, so dürfen wir uns das nicht vorstellen als eigentliche administrativ-territoriale Aufteilung, durch welche die gemeinsamen landschaftlichen Traditionen unterbrochen worden wären, zumindest nicht in jener Frühzeit der noch lebendigen Machteinheit des jungen Eroberungsstaates. Erst mit Abschluß der ersten Expansionswelle und mit der notwendig intensiveren Durchorganisation des Großraums begann sich seit dem späteren 6. Jahrhundert die Teilungspraxis in Richtung einer konstanten inneren Gliederung des Reichs auszuwirken. Durch dynastisches Schicksal und Rivalität, Gewöhnung und institutionelle Ausformung konsolidierten sich die Herrschaftskomplexe allmählich zu »Teilreichen« mit eigenen politischen Bestrebungen, indem sich die Personenverbände und vor allem deren adelige Führungsschichten auch nach dem Tod ihres Königs und nach Auflösung oder Neuangliederung des Reichsteils weiterhin als Sondergruppen empfanden. Dazu kam, daß die landschaftliche Gliederung — ursprünglich ungewollt — mit ethnischen Gruppierungen der vorwiegend germanischen oder romanischen Volksgebiete korrespondierte und so die spätere Ost-West-Teilung des regnum Francorum vorbereitete.

Entscheidend für die Geschichte Burgunds wurde die *Reichsteilung von 561* beim Tode Chlotars I. Die Situation gestaltete sich ähnlich wie nach 511: Die anfängliche Vierteilung wurde 567 nach dem Tod Chariberts von Paris reduziert auf drei Könige. In gewisser Anknüpfung an die Maßnahmen von 511 erhielt Sigebert das Ostreich mit Metz und Reims, wofür schon Gregor von Tours den Namen *Austrien* (Auster) gebraucht. Das Reich Chariberts wurde vereinigt mit den Kerngebieten des Reichs von Soissons, wofür seit ca. 640 in Quellen des burgundischen und austrasischen Raums der Begriff *Neustrien* (Neuster) auftaucht (vielleicht = ni-wister in Analogie zu ne-austrii, »Westreich« in Abhebung von »Ostreich«); die Neustrier selbst allerdings nannten sich lieber Franci und ihr Land Francia; dieser Name ist ja denn auch speziell am Schwerpunkt Neustriens, am späteren ducatus Franciae haftengeblieben. Außerdem gab es 561 noch einen dritten Reichsteil, der in früheren Teilungen keine Entsprechung hatte und auf den der überlieferte Name *Burgund* übertragen wurde. König Gunthram nämlich — wohl nur zufällig zeigt gerade sein Name burgundisches Idiom — erhielt einen neuen zusammengesetzten weiten Herrschaftsbereich in Mittel- und Südgallien, der mehrere ursprünglich getrennte Landstriche mit der Gesamtdomäne des alten Burgund zu einer neuen Einheit zusammenschloß; das Reich von Orléans mit Troyes, Auxerre und Sens, einen Teil Aquitaniens mit Bourges, den größeren Teil der Provence mit Arles und der Hälfte der Diözese Marseille und dazu das Rhône-Saône-Becken. Hier konnte also die ehemalige Einheit des regnum Burgundiae in erweiterter Gestalt wiederaufleben. Auch die Provence, einigemale geteilt, um jedem Teilherrscher einen Zugang zum Mittelmeer zu garantieren, fand bald ihre Einheit wieder.

Wenngleich nach dem Tod Gunthrams 592 Burgund seine Selbständigkeit wieder verlor und im folgenden Jahrhundert seine Orientierung wiederholt wechselte, so blieb es doch forthin ungeteilt, und der Name blieb an seinen Kernlandschaften hängen, letzten Endes zäher als an Neustrien und Austrien. Denn im 7. Jahrhundert erfolgten nicht mehr jeweils völlige Neuaufteilungen; vielmehr waren die bis um rund 600 ausgegliederten Reichsteile zu regionalen Größen geworden, die im dynastischen Kampf der Familienzweige und Generationen zunehmend ihr Gewicht geltend machten und um die Vorherrschaft rangen. Gegenüber der Benennung nach Königen oder Residenzen traten die neuen Ländernamen in den Vordergrund, gewissermaßen als Ausdruck einer staatlichen Objektivierung. Gleichzeitig begann man königliches Eigengut (fundi rei privatae) und Reichsgut (fiscus) zu unterscheiden: vage Ankündigung eines zwar noch längst nicht »transpersonalen«, aber doch entpersönlichten Staatsbewußtseins. Namentlich am Geschick Burgunds wird das deutlich: indem Burgund die Qualifikation als Teilreich trotz des Verlustes seiner Selbständigkeit unter einem eigenen König vorerst wahrte und es selbst noch im karolingischen Einheitsreich, in dem ihm nicht einmal mehr die Sonderstellung eines (Stammes-)Herzogtums wie Bayern oder auch Aquitanien zukam, als Begriff fortexistierte.

Beim Tod Gunthrams fiel Burgund 587 zunächst auf Grund des denkwürdigen Vertrags von Andelot, den Gregor von Tours überliefert, an Childebert II. von Metz und wurde vorübergehend mit Austrien verbunden, dem als politischer Antipol das vereinigte Reich von Paris-Soissons (= Neustrien) gegenüberstand. 613 jedoch, beim Aussterben der austro-burgundischen Königsdynastie, kam Burgund an das damals führende Neustrien; die Zugehörigkeit wurde im Erbvertrag von 639 erhärtet. Von nun an teilte Burgund das Schicksal Neustriens, dessen Führungsanspruch jedoch überholt wurde durch die aufsteigende Macht Austriens. *687 siegte der austrische Hausmeier Pippin d. M. bei Tertry* über den neustro-burgundischen Kollegen Berchar und damit war die Zukunft des Frankenreichs unter Leitung der Pippiniden (Arnulfinger) oder Karolinger gesichert.

Der das 7. Jahrhundert bestimmende Gegensatz der Reiche von Burgund-Neustrien einerseits, Austrien andererseits, hatte seine politischen und kulturellen Folgen. Er baute zwar nicht von vornherein auf einem Dualismus von Romanen und Germanen auf; bei den Auseinandersetzungen zwischen Königtum und Adel waren naturgemäß jedoch zivilisatorische, geographische und wirtschaftliche Gründe mit im Spiel, wenn das romanisierte spätmerowingische Königtum seine Stütze vorwiegend im römisch-monistisch vorgeprägten Teil des Reichs, in Burgund und in Neustrien fand, während die opponierende Aristokratie ihre Kraftquellen aus den bodenständigen burgundischen Adelstraditionen, dann aber zunehmend aus den germanischen Ausbaugebieten Austriens bezog. Dies gilt um so mehr, als seit dem Chlotar II. abgerungenen adelsfreundlichen Edikt von 614, dem ersten »Immunitätsprivileg« des Mittelalters, das für die Ämter (Grafen) geforderte Indigenat nunmehr die Verwurzelung in Grund und Boden und damit die Feudalisierung und Erblichkeit entscheidend förderte. Grund und Boden aber waren die entscheidenden Faktoren im fränkischen Herrschaftsbau, da der König seine Gefolgsleute mit Land (precariae) entlohnte, der Landbesitz also eigentlicher Träger der Wehrkraft war. Überdies hat die Kontinuität der Reichsteile seit 561 zum progressiven Romanisierungsprozeß in den neustro-burgundischen Gebieten beigetragen, die von der direkten Zufuhr germanischer Elemente abgeschnitten blieben, während von Austrien her anderseits die Regermanisierung einsetzte.

Immerhin bezeichnend für die allmähliche Wiederausgliederung ist, daß das für die Zeit um 700 philologisch erschlossene Grundwort für »deutsch«, »theodisk«, zur sprachlichen Stammesabhebung gegenüber den welschen Franken (walhisk) gedient hat (L. Weisgerber).

Die politische Geschichte des Merowingerreichs gliedert sich also vom Aspekt der Herrschaftsteilung in vier Abschnitte:

1. die Periode der kriegerischen Expansion,
2. die Zeit der Vorherrschaft Burgunds unter König Gunthram 561—592,
3. die kurze, aber dramatische Ära der Vereinigung von Austrien und Burgund in Rivalität zu Neustrien 592—613,
4. die Epoche der aufsteigenden Macht Austriens gegen das vereinigte Neustrien-Burgund seit 613, besonders seit der letzten merowingischen Teilung von 639 bis zum Sieg der Pippiniden 687.

Politische Konstellation und romanisch-germanische Differenzierung wiesen dabei Burgund zeitweise eine führende Rolle zu, in der sich jedoch bereits die künftige Abhängigkeit der Rhône-Lande vom Zentralland Neustrien-Franzien abzeichnet.

Wenn es also seit 561 ein merowingisches regnum Burgundiae gab, so stellt sich die Frage nach dem *verfassungsrechtlichen Rahmen*, der als Rückhalt für die Wahrung oder Neubelebung burgundischer Sonderexistenz dienen konnte. Die burgundische Königssippe fand 534 ihr Ende, aber keine Quelle berichtet über gravierende Veränderungen der Rechtsordnung. Die Franken scheinen den unterworfenen Völkern ihre »nationalen« Kriterien belassen zu haben, als welche die Quellen immer wieder anführen: genus, mores, lingua, leges (= Abstammung, Gewohnheiten, Sprache und geschriebenes Recht). Von Charibert I. und Childerich II. ist überliefert, daß sie 561 und 673 ihrem Volk die Aufrechterhaltung der provinzialen Rechte und Gewohnheiten verbürgen mußten. Von fundamentaler Bedeutung für die Struktur des Frankenreiches war vor allem die Bewahrung der *Volksrechte* der eingegliederten regna. Der dadurch bedingte Rechtspluralismus beruhte auf einer dem modernen, territorial gebundenen Staats- und Gesetzescharakter durchaus fremden Norm: dem Personalitätsprinzip; d. h. die Verbindlichkeit des Stammesrechtes erstreckt sich nicht auf ein umgrenztes Gebiet, sondern auf den zugehörigen Personenkreis, indem jeder Reichsbewohner, wo auch immer er sich befand, nach der *lex originis*, dem Recht seiner Herkunft, lebte. Ausdrücklich formuliert diesen Grundsatz die Lex Ribuaria (Art. 31,3), das unter Einfluß der Lex Salica im 7. Jahrhundert aufgezeichnete Stammesrecht der Rheinfranken, das in der Karolingerzeit vorherrschend wurde:

»...daß Franken, Burgunder und Alemannen oder von welchem Stamme auch immer der ist, der vor Gericht belangt wird, derart antworten, wie das Gesetz des Ortes es vorschreibt, an dem sie geboren wurden.«

Lediglich fremde Rechte, die nicht aus Niederlassungen auf dem Boden des Romanum Imperium oder Germaniens erwachsen waren, wie die der Juden und Slawen, fanden keine Anerkennung; diese bedurften des besonderen Königsschutzes. Die Römer hingegen sowie auch Klerus und Kirche (ausgenommen die Eigenkirchen) unterstanden dem Römischen Recht. Bei Rechtshändeln zwischen Parteien verschiedener Herkunft wurde in der Regel nach dem Stammesrecht des Verletzten verfahren. Nur langsam vermochte sich das Bestreben des Königtums nach Vereinheitlichung unter fränkischem Recht durchzusetzen, und zwar auf dem Wege der Verwaltungspraxis königlicher Beamter sowie durch das die Volksrechte überwölbende Königsrecht. Der Dualismus zwischen Volksrecht und Königsrecht im Frankenreich einschließlich des Geltungsbereichs der späteren karolingischen Kapitularien ist noch nicht restlos geklärt.

Es liegt jedenfalls auf der Hand, welch starke Klammer dieses personalgebundene Rechtswesen für das stammliche Selbstbewußtsein sein mußte, namentlich bei Wiederherstellung der staatlichen Einheit. Ja man darf sagen, die Lex Gundobada hat im merowingischen Burgund eine stärkere Entfaltung als Rückhalt gegenüber den Franken erlebt als vorher in der selbständigen Zeit gegenüber der römischen Wirtsbevölkerung. Als im 9. Jahrhundert Agobard von Lyon um der Reichseinheit willen die Rechtszersplitterung bekämpfte, polemisierte er speziell gegen die Lex Gundobada, die immerhin in Gallien die Hauptkonkurrenz des fränkischen Rechts war und noch im 11. Jahrhundert mancherorts, so in der Diözese Vienne, als geltend bezeugt ist. Nichtsdestoweniger erlangte die Rechtsordnung der Unterworfenen keine Gleichberechtigung mit dem fränkischen Herrenvolk, die Anerkennung der Volksrechte keine Gleichstellung mit der Lex Salica. Die Franken verzichteten auf den Erlaß eigener Gesetze für die fremdstämmigen Untertanen (etwa nach dem Vorgang der Lex Romana Burgundionum), weil kein Bedürfnis nach »nationaler« Trennung bestand; im Gegenteil, es sollten ja der faktischen und rechtlichen Fränkisierung die Wege geebnet werden. Mit der Voraussetzung möglicher Blutsvermischung und mit der alle umfassenden Wehrpflicht im Sinne der Landfolge stand es daher nicht in Widerspruch, wenn die Lex Salica den »homo francus«, der in der Regel der »ingenuus«, der Freie war, rechtlich abhebt gegenüber dem Romanus und auch gegenüber dem fremdstämmigen germanischen »homo barbarus«, welch letzterer jedoch dem Franken gleichgestellt werden konnte, wenn er nach salischem Recht lebte (Art. 43,1).

Die zahlenmäßig breiteste Unterworfenenschicht im gotischen und burgundischen Gallien waren die Romanen. Es ist deshalb nicht verwunderlich, daß die Lex Salica dem Romanus besondere Beachtung schenkt. Trägt doch der Inhalt der Stammesrechte insgesamt nicht den Charakter theoretischer Perfektion, sondern positivistischer Erfahrung aus konkreten Vorfällen. Die umstrittene mindere Rechtsstellung des Romanen (Wergeldstaffelung) ist wohl nicht allein aus der Geburt zu verstehen, sondern aus der von den Franken übernommenen, ihrer eigenen ähnlichen Sozialgliederung der Römer (frei, unfrei, halbfrei), deren Gros sich aus dem nicht freien, steuerzahlenden städtischen Mittelstand zusammensetzte; beim Überwiegen der romanischen Bevölkerung Galliens brachten es die realen Verhältnisse mit sich, daß der Römer eben meist der Unfreie war gegenüber dem Franken. Das schloß nicht aus, daß auch ein Römer dem Königsgefolge als »puer regis« (Königsunfreier) oder sogar als königlicher Tischgenosse angehören konnte (Lex Salica 43,6) und damit in eine höhere, wenngleich nicht in die der Franken vorbehaltene oberste Wergeldklasse einrückte. In der Staatswirklichkeit behaupteten dennoch die zahlenmäßig dominierenden Römer die wichtigsten Beamtenstellen unter den sozial-politisch dominierenden Franken.

Die Rechtskodifikation zeigt, wie grundlegend es zur Struktur des fränkischen Eroberereiches gehörte — im Wesensunterschied zu den Ostgermanenstaaten —, daß die »nationalen« Unterschiede zwar nicht geleugnet, aber überschichtet wurden durch das *Dienstverhältnis zum fränkischen König,* der sich so eine neuartige »Untertanen-Gesellschaft« schuf. Nicht nur fränkische Geburt, sondern primär die Königsnähe hob die Stellung des einzelnen. Auf dem Wege über Königsdienst und Treue erfolgte die Angleichung der Unterworfenen an den Status des Reichsfranken — ein langwieriger Prozeß, der mit einer qualitativen Veränderung von Herrschertum, Regierungsgewalt und Untertanenvolk Hand in Hand ging.

Trotz dieser Tendenz zur Rechts- und Volksausgleichung durch Fränkisierung enthielt die *administrative Organisation* manche Faktoren für die Entfaltung von Sonderstaatlichkeit. Allein schon die Anknüpfung an die vorhandenen Einrichtungen konservierte die vorgegebenen Verwaltungsunterschiede der Reichsteile. Die Verfassungsdifferenzierung — etwa zwischen dem fränkisch-romanischen Nordgallien, dem stark romanisierten Mittel- und Südgallien und dem germanischen Osten — blieb bis weit ins Mittelalter hinein spürbar. Speziell das alte Burgunderreich hatte dem römisch-germanischen Ausgleich so stark vorgearbeitet, daß die romano-burgundische Solidarität einer allzu raschen fränkischen Nivellierung um so zäher standhalten konnte, während die ostgotische Provence auch gegen das engere Burgund ihre Eigenart bewahrte. Im übrigen waren die fränkischen Institutionen erst im Ausbau begriffen und zu wenig ausgereift, um die einheimischen Kräfte schon im ersten Anlauf zu überspielen; bildete doch das Merowingerreich noch eine experimentelle erste Stufe fränkischer Organisation, der dann erst in der zweiten, karolingischen Etappe die Bewährung fränkisch-germanischer Institutionen folgte.

Keine Quelle berichtet, daß bei Einverleibung der Ostgermanenreiche die Merowinger etwa gewaltsam die bisherigen Amtsträger beseitigt hätten, wenngleich die Beamten künftig vom fränkischen König bestellt wurden. Den Namen nach zu schließen — für Details versagen die Quellen weithin — rekrutierte sich die Verwaltung Burgunds vorwiegend aus dem gallorömischen Adel, selten aus Burgundern, aber zunehmend auch aus Franken. Das entsprach dem Bevölkerungsschnitt, aber auch der einzig möglichen Raumbewältigung, da die römische Administration, namentlich in der Kirchenorganisation, als tragfähiges Gerüst die Völkerwanderung relativ unverletzt überdauert hatte. Die Ämterbesetzung, nur theoretisch Vorbehalt des Königs, geriet zunächst in das freie Spiel eines oft harten Ringens um die Macht, in dem allerdings das fränkische Herrenelement letztlich siegte. Das burgundische Selbstbewußtsein blieb dabei keineswegs immer nur an burgundische Blutsherkunft gebunden; auch die bodenverwurzelten Romanen und später die Franken traten u. U. als Exponenten des burgundischen Patriotismus hervor.

Tragende untere Verwaltungszelle war die *Grafschaft* (comitatus, auch pagus). Nur teilweise merowingische Neuschöpfung, übernahm sie im romanischen Gebiet die herkömmliche Verwaltungseinheit der civitas, an deren Spitze ein vom König ernannter Graf stand: die von Gregor von Tours bezeugten »Stadtgrafen« als Übergangserscheinung zur karolingischen Neuformierung der staatstragenden Amtsgrafen. Die für Burgund im 6. Jahrhundert belegten sechs Grafen trugen römische Namen.

Bedeutsamer für die Entfaltung lokaler Gewalten wurde der *Dukat* (ducatus), allerdings keine einheitliche Institution des Gesamtreiches, deren Ursprünge dunkel sind. In manchen Gegenden werden »Herzöge« in übergräflichen Funktionen mit stark militärischem Charakter faßbar, welche — anfangs wohl königlich eingesetzte Amtsträger — mit dem Niedergang der merowingischen Zentralgewalt häufig zu Repräsentanten des Unabhängigkeitsstrebens wurden: im germanischen Osten zu einer Art von Stammesherzögen, im Westen zu Regionalgewalten. In Burgund trugen solche Dukate teils zur Kräftigung landschaftlicher Sonderentwicklungen, teils auch zur Lockerung der Teilreicheinheit bei. So gab es einen ducatus oder pagus Ultraioranus unter wechselnder burgundischer oder fränkischer Leitung, der sich als eine der Wurzeln des späteren transjuranischen Hochburgund erwies. Im Norden dehnte sich auf Kosten Burgunds der ducatus Campaniae aus, den um 700 ein Sohn Pippins d. M., Drogo, innehatte. Ein dux Burgundionum residierte in Lyon und stand mit dem Bischof in Konflikt, anderseits konnte nach 680 das Bistum Auxerre seine Machtstellung so sehr erweitern, daß der Bischof, wie die Bischofsgesten sagen, beinahe in den Besitz des ganzen ducatus Burgundiae gelangt wäre. Einfluß, Umfang und Besetzung der Dukate waren durchaus dynamischer Art.

Starkes Gewicht errang der *Patriziat,* eine spezifisch burgundisch-provençalische Erscheinung, die offenbar an ältere Traditionen anknüpfte. Die patricius-Würde war im spätrömischen Reich bekanntlich ein kaiserlich verliehener hoher Rang, mit dem eine Art Reichsstatthalterschaft verbunden war, wie bei Odoakar, Rikimer, Theoderich und regelmäßig beim Exarchen von Ravenna; die Burgunder Gundobad und Sigismund führten sie als Ehrentitel in Verbindung mit dem Militärmagistrat. Der merowingische Patriziat, nach Ursprung und staatsrechtlicher Funktion nicht klar definierbar, beinhaltete jedenfalls eine nicht unwirksame Regierungsgewalt wechselnden Ausmaßes, vielleicht in Fortführung der burgundischen magistri militum und des ostgotischen praefectus.

Das Amt trat in drei Arten in Erscheinung (R. Buchner).

a) Der »ältere burgundische Zentralpatriziat«, 561 als bestehende Institution bezeugt, scheint zunächst eine übergräfliche und überherzogliche Stellung gewesen zu sein. Im späteren 6. Jahrhundert tritt z. B. der patricius Celsus als Führer des gesamtburgundischen Reichsheeres auf, offenbar aber auch mit richterlichen Befugnissen ausgestattet. Vier solche patricii sind dem Namen nach bekannt. 581 wurde der ältere Patriziat von König Gunthram kassiert, sicherlich wegen der allzu ausbaufähigen Position.

b) Bald taucht ein neuer, königlich eingesetzter patricius auf, der »jüngere burgundische Provinzialpatriziat«, eine Art Statthalter mit umgrenztem Amtsbezirk, der dennoch bald wieder eine beträchtliche innerstaatliche Macht darstellte, so daß er in Rivalität zu den Hausmeiern treten konnte. Als Amtsinhaber begegnen vorwiegend römische Namen. Zu Anfang des 7. Jahrhunderts in den erbitterten Kämpfen um die Königin Brunhilde (s. unten) tritt jedoch ein burgundischer patricius Aletheus hervor mit dem kühnen Plan einer Erneuerung des altburgundischen Königtums: ein Beweis für die potentielle Machtfülle des Amtes.

c) Als dritte Form ist der »provençalische Patriziat« anzusprechen, vermutlich anschließend an die römisch-ostgotische Präfekturverfassung, die mit der Trennung von Militär- und Zivilgewalt eine auch sonst nachwirksame andere Verfassungsstruktur als im übrigen Gallien aufwies. Hier wurde der patricius-Titel zugleich mit dem Statthalteramt des »praefectus« oder »rector Provinciae« verliehen, der als höchster Beamter neben dem Grafen wohl auch weitgreifende zivile Funktionen hatte.

Zur stärksten Stütze sonderstaatlicher Entwicklung aber wurde das *Hausmeieramt* (maior domus regis, praepositus palatii, rector palatii). Ursprünglich ein Hofamt, das sich aus der Aufsicht über den königlichen Hofhaushalt herausbildete, wuchs mit den Reichsteilungen, königlichen Familienzwisten und zunehmenden Verwaltungsanforderungen der Einfluß des Hausmeiers über die Hofsphäre hinaus zum wichtigsten Reichsamt. Seit der Konsolidierung der drei Teilreiche hatte jedes seinen eigenen Hausmeier – und damit getrennte Verwaltungen. Als leitender Beamter und als Führer der Königsgefolgschaft (Antrustionen) stieg er bald zum Vertreter der Teilreichs- und Herrschaftsinteressen schlechthin auf, gegebenenfalls auch als Adelsführer gegen das Königtum. Symptomatisch für die Bedeutung des Amtes ist, daß König Chlotar II. bei der Vereinigung Neustriens mit Burgund 613 dem burgundischen Majordomus Warnachar, einem Franken, zunächst Unabsetzbarkeit zusichern mußte; nach dessen Tod 626 gab er dem burgundischen Verzicht auf das Amt nach, um 660 jedoch rebellierten die Burgunder gegen die Allgewalt des neustrischen Hausmeiers (s. unten). Die Führung der Reichspolitik ging schließlich über auf den Hausmeier Austriens, wo die Pippiniden das bereits erbliche Amt so intensiv mit Macht und territorialer Herrschaft zu verbinden wußten, daß Karl Martell als Hausmeier 741 eine »Reichsteilung« vornehmen konnte und daß das Amt zur Ausgangsbasis für das karolingische Königtum wurde.

Insgesamt erwies sich also der institutionelle Staatsapparat in den Teilreichen als Instrument machtpolitischer Ambitionen im Spannungsfeld der Rivalität zwischen Königtum, Adelsopposition und lokalen Interessen, die sich wechselseitig verbündeten und dabei vorübergehend der Sonderstaatlichkeit Burgunds, letzten Endes aber dem fränkischen Grundbesitz- und Dienstadel Austriens als neu aufsteigender Führungsschicht zugute kamen.

Der *Anteil Burgunds an den innerpolitischen Entwicklungen* sei an drei Höhepunkten der merowingischen Geschichte exemplifiziert, die zugleich den Strukturwandel des fränkischen Reichs und insonderheit des burgundischen Staatswesens deutlich machen.

Unter König *Gunthram* (561–592), seit dem Tod seiner Brüder Charibert von Paris († 567), Sigibert von Metz († 575) und

Chilperich von Soissons-Paris († 584) Senior des Königshauses, fiel Burgund die unbestrittene Vorherrschaft zu. Das kam u. a. zum Ausdruck in den zahlreichen burgundischen Kirchensynoden (Lyon, Mâcon etc.), denen nur ein austrisches und zwei neustrische Konzilien gegenüberstanden. Obwohl es sich hier nicht um gesamtfränkische Reichssynoden handelte, wirkten sie sich doch auf das gesamte Frankenreich aus, was wesentlich zur Verherrlichung Gunthrams beitrug.

Die ernste Herrschaftskrise, die 585 durch ein mit oströmischen Anhängern aus Aquitanien-Burgund vorbereitetes Komplott eines Prätendenten — er führte symbolhaft den Burgunder-Namen Gundowald — ausgelöst wurde, konnte ohne weiteres niedergeschlagen werden. Gunthrams Politik, die sich auf einen ausgesuchten römischen Beamtenstab stützen konnte und zunächst von Orléans, dann von der günstiger gelegenen Residenz Chalon aus geführt wurde, war ausgesprochen fränkisch-zentralistisch: gewiß ein machtpolitischer Höhepunkt der Geltung Burgunds, jedoch nicht im Sinne altburgundischer Renaissance, wie M. Chaume es sehen wollte. Man könnte die Verhältnisse jener Epoche in etwa mit moderner staatlicher Kulturpolitik gegenüber volklichen Minderheiten vergleichen. Das zurückgedrängte burgundische Element mag sich gerade unter Gunthram neu solidarisiert haben, denn nach seinem Tode trat es mit aller Vehemenz wieder auf den Plan.

Die Situation zwischen 592 und 613 ließ die angesammelten Spannungen in einer Weise zum Ausbruch kommen, daß das Frankenreich eine grundlegende Umgestaltung erfuhr. Auslösendes Moment war ein Familienzwist, wie er eigentlich nur im Heldenepos adäquat geschildert werden kann. Als Sigibert von Metz starb, gingen seine Ansprüche auf seine Witwe *Brunhilde*, eine Westgotin, und einen minderjährigen Sohn Childebert (II.) über. Chilperich von Soissons, der im Streit um das Charibert-Erbe das Reich von Paris mit dem seinigen vereinigt hatte (Neustrien), hinterließ als Erben seinerseits seine zweite Gemahlin Fredegunde sowie ein wenige Monate altes Söhnchen, Chlotar (II.). Auf Fredegunde aber lastete die Schuld an der Ermordung der ersten Gemahlin Chilperichs, Galaswintha, einer Schwester der Brunhilde, so daß der austrisch-neustrische Gegensatz zusätzlich emotional belastet war. König Gunthram — selbst söhnelos — hatte die Rivalität noch diplomatisch auszugleichen vermocht, indem er den kleinen Chlotar unter seinen Schutz stellte und den unmündigen Childebert durch Adoption als Erben im Falle seines kinderlosen Todes einsetzte (Vertrag von

Andelot 587). Childebert II. erbte denn auch Burgund, das er mit Austrien vereinigte — ein schwerer Dorn im Auge Neustriens —, indes starb er bereits 595. So kam es, daß die Reichsherrschaft zunächst auf den beiden geschworenen Todfeindinnen Brunhilde und Fredegunde ruhte — zwei Frauen ungewöhnlichen Formats, deren Ringen sich vor dem Hintergrund germanischer Blutrache zu tragischer Größe erhob — und nach dem Tod Fredegundes 596/7 auf Brunhilde allein, die nun noch für 16 Jahre das Geschehen buchstäblich in Atem hielt.

In Brunhilde verbanden sich westgotisch-römisches Staatsdenken und rastlose Energie mit urgermanischer Mentalität zu einer überragenden Persönlichkeit, deren Einsatz nun über das Persönliche hinaus nicht mehr nur um das Charibert-Erbe ging, sondern um die Vormacht ihrer Dynastie und des von Brunhilde verkörperten Herrschaftsstils. Es war ein Existenzkampf des romanisierten Königtums stark zentralistischer Prägung gegen die andersgearteten Prinzipien der mündig gewordenen Aristokratie, was gleichzeitig einen Verteidigungskampf burgundischer Optimaten gegen das fränkische Regiment auslöste. Der Kulturpolitik Brunhildes haftete in stärkerem Maße noch als der Gunthrams ein römisch restaurativer Zug an (die »chaussées Brunheaut« im Umkreis von Autun erinnern noch heute an die Erneuerung der alten Römerstraßen). Diese Politik kam zwar der Kirche in gewisser Weise entgegen, schürte aber bei Burgundern und Franken den Unwillen. Das aktuelle Anliegen der Königin, für das sie bis zum letzten Atemzug kämpfte, war die Anerkennung ihrer beiden Enkel Theuderich II. in Austrien und Theudebert II. in Burgund; zu letzterem zog sie sich nach Autun zurück, um von dort — vergeblich — die gesamtfränkischen Belange zu kontrollieren. Als beide Enkel 612 vorzeitig starben, brach der angestaute Haß der austrasischen und burgundischen Widerstandskräfte und der Kampf des zurückgesetzten neustrischen Königtums gegen die alternde Königin und ihr System los. Noch machte sie den Versuch, ihren elfjährigen Urenkel Sigibert II. in Metz zu proklamieren, dann erlag sie der Opposition. An den Fredegunde-Sohn Chlotar II. ausgeliefert, nahm Brunhilde samt ihrer Sippe ein grauenhaftes Ende: Man ließ sie am Schweif eines wilden Pferdes zu Tode schleifen — gleichsam als verspätete Rache der Fredegunde.

Den Ausschlag für diese Wendung hatte der Verrat des *Aletheus* mit seinen *Burgundofaronen* gegeben, jenes burgundischen patricius, der den kühnen Plan hegte — so berichtet die Fredegar-Chronik — das Königtum an sich zu reißen; Chlotar sollte sterben, Aletheus aber, »eo quod esset regio genere de Burgundionibus«, von königlicher burgundischer Abkunft, sollte als künftiger Gemahl der Königswitwe an Stelle Chlotars die Herrschaft übernehmen. Aletheus' isoliertes Unternehmen scheiterte allerdings; nach dem Untergang der verratenen Brunhilde wurde er im Auftrag Chlotars hingerichtet.

Die Thronbesteigung Chlotars II. 613, der vom austrischen Adel gerufen und doch gedemütigt wurde, indem man ihm als Preis das Pariser Edikt von 614 abrang, war im Grunde kein Sieg des Königtums von Neustrien, sondern ein Triumph des Adels gegen die autoritäre Königsgewalt und zugleich ein Sieg des von Chlotar im Bund mit der austrischen Adelsfronde verkörperten Frankentums gegen die burgundischen Sonderansprüche. Als Reaktion auf die romano-burgundische Vorherrschaft seit 561 besiegelte der politische Wechsel von 613 den Rückzug des romanischen und des burgundischen Elements zugunsten fränkischer Staatsdurchsetzung, als deren Protagonisten damals die Ahnherren der Karolinger, Pippin d. Ä. und Bischof Arnulf von Metz auf den Plan traten.

Die burgundische Eigenstaatlichkeit war damit zwar noch nicht völlig beseitigt. In der Folge änderten sich jedoch die Grundlagen der Mächtegruppierung. Die herkunftsbestimmte Parteinahme und der bisher dominierende burgundisch-fränkische Gegensatz hörten auf, letzte Triebfeder zu sein. Die nächste burgundische Erhebung zeigt eklatant den politischen Strukturwandel. Diesmal richtete sich der Kampf gegen den 656 zum Oberhaupt der drei Reiche aufsteigenden neustrischen Hausmeier *Ebroin*, der die Kraftlosigkeit des spätmerowingischen Schattenkönigtums zur Befriedigung eigener Zwecke nutzte. Den Widerstand gegen ihn — man deklarierte ihn als letzten »burgundischen Freiheitskampf« — inszenierte Bischof *Leodegar von Autun* an der Spitze des verbitterten geistlichen und weltlichen Adels in Burgund. Leodegar vertrat mit den Interessen der burgundischen Selbständigkeit aber nicht mehr so sehr deren Volkstum, als vielmehr den Unabhängigkeitswillen der Teilreichs-Aristokratie gegen die in neuer Form erwachten bürokratisch-zentralistischen Bestrebungen des allgewaltigen Hausmeiers. Im übrigen stammten Leodegar und sein ihm verbündeter Bruder Graf Warin aus fränkischem Geschlecht (vielleicht mit den Burgundofaronen verschwägert). Sein Bistum hatte er derselben neustrischen Königin Bathildis zu verdanken, die wohl auch die Bestellung Ebroins zum Hausmeier betrieben hatte, Leodegar be-

rief sich nicht, wo vorher Aletheus, auf das genus Burgundionum, sondern er kämpfte im Namen einer Staatsauffassung (Absetzbarkeit und Wechsel der Ämter), die gegen die Realitäten verstieß. Es ist kennzeichnend für den noch unentschiedenen, aber auf die Spitze getriebenen Wettstreit zwischen den dynastischen und aristokratischen Kräften, daß beide — Leodegar und Ebroin — scheiterten, und dies zur nämlichen Zeit, da auch der erste Staatsstreich der Pippiniden, des Hausmeiers Grimoald 661 mißlang. Leodegar kerkerte Ebroin vorübergehend im Kloster Luxeuil ein; dafür bereitete Ebroin nach seiner Befreiung Leodegar und Warin 676 einen martervollen Tod. Ebroin wurde dann seinerseits von austrischen Parteigängern ermordet (681), und 687 verlor sein Nachfolger die Schlacht von Tertry.
Im Frankenreich der Karolinger setzte sich der Raumgewinn des austrischen Verwaltungsadels systematisch fort, wobei Angehörige des burgundisch-fränkischen Hochadels wiederholt in den Bruderkämpfen des neuen Herrscherhauses eine Rolle spielten. Das regnum Burgundiae aber verlor für fast zwei Jahrhunderte seine Eigenständigkeit, um sich erst wieder beim Auflösungsprozeß des karolingischen Universalreiches in neuartigen staatlichen Gebilden zu manifestieren.

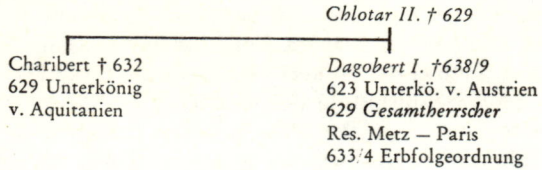

Chlotar II. † 629

Charibert † 632
629 Unterkönig
v. Aquitanien

Dagobert I. †638/9
623 Unterkö. v. Austrien
629 Gesamtherrscher
Res. Metz — Paris
633/4 Erbfolgeordnung

639 Reichsteilung:

Austrien

Neustrien/Burgund

Sigibert III. † 656
633/4 Unterkö. v.
Austrien

Chlodwig II. † 657
verh. Bathildis
Hausm. Ebroin

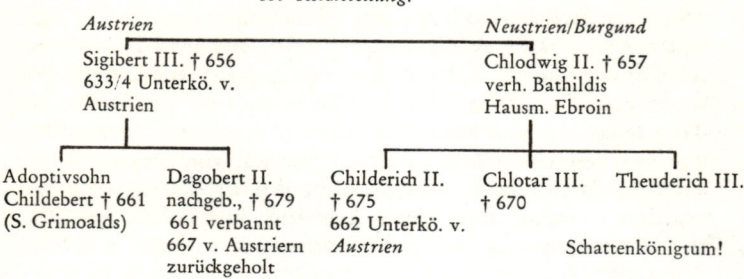

Adoptivsohn
Childebert † 661
(S. Grimoalds)

Dagobert II.
nachgeb., † 679
661 verbannt
667 v. Austriern
zurückgeholt

Childerich II.
† 675
662 Unterkö. v.
Austrien

Chlotar III.
† 670

Theuderich III.

Schattenkönigtum!

Pippin d. Ä. † 640
(613 austr. Adelsopposition)
639 Hausm. in Metz

Bi Arnulf v. Metz

Grimoald I. † 661

Childebert † 661
Adoptivsohn
Sigiberts III.

Begga verh. Ansegisel

Pippin d. M. † 714 Res. Metz — Köln
687 Sieg v. Tertry
688 Hausmeier — princeps, dux

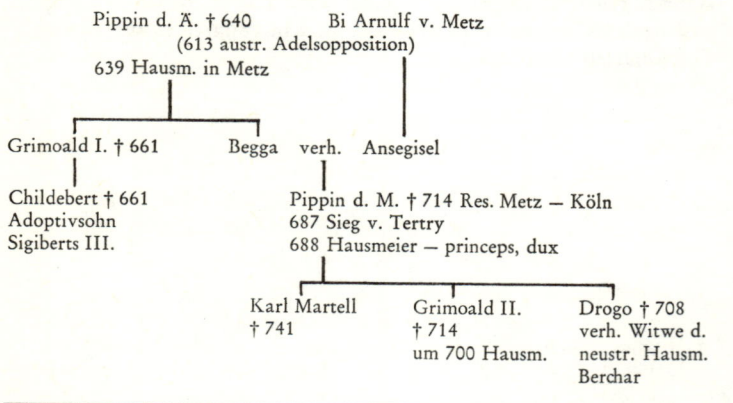

Karl Martell
† 741

Grimoald II.
† 714
um 700 Hausm.

Drogo † 708
verh. Witwe d.
neustr. Hausm.
Berchar

Karl Martell † 741

Karlmann † 754
747 Rücktritt
Austrien + Alem.,
Thüringen

Pippin † 768
751 *König*
erh. 741 *Neustrien*
+ Burgund, Prov.

Grifo † 753
(ausgeschlossen)

768 Reichsteilung:

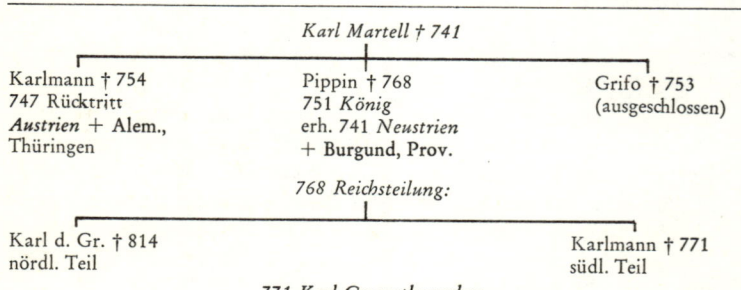

Karl d. Gr. † 814
nördl. Teil

Karlmann † 771
südl. Teil

771 Karl Gesamtherrscher

86

5. Burgund im Frankenreich der Karolinger. Die Entstehung der Königreiche »Niederburgund« (879) und »Hochburgund« (888).

Die Herrschaft der karolingischen Hausmeier-Dynastie — 687 entschieden, 751 als Königtum legitimiert, 800 zur Kaiserwürde erhoben — bewirkte eine grundlegende Neuordnung des fränkischen Reichs. Die verstärkte verfassungspolitische Verankerung der Regierung im austrasischen Reichsteil aus inneren und äußeren Gründen besiegelte die Verlagerung des Lebenszentrums aus der romanisch-urbanen Kulturwelt in den vorwiegend agrarisch geprägten germanischen Raum. Das wird allein schon deutlich in der Entstehung neuer Machtzentren an der Nord- und Ost-grenze des regnum Francorum im Übergang zu Landpfalzen sowie in der Ostwanderung der bevorzugten austrasischen Residenzen oder Königspfalzen von Reims und Metz an den Nieder- und Mittelrhein, nach Köln in den alten Sitz der Rheinfranken (Pippin d. M.), nach Nimwegen und Ingelheim und vor allem nach Aachen, der »Kaiserpfalz« Karls d. Gr., um sich später fortzusetzen im Aufstieg der nach Osten gewandten Wirtschafts- und Missionszentren wie Regensburg und Magdeburg. Doch behielt auch die alte cathedra regni Paris mit der von Dagobert I. dotierten Königsabtei St. Denis ihre Bedeutung, zwar nicht mehr als zentralfränkische Reichsresidenz, aber als westlicher Vorort neben Reims und Soissons.

Zu St. Denis ließen sich in bewußter Anknüpfung an merowingische Tradition Karl Martell (†741) und König Pippin (†768) beerdigen; dort stieg 754 Papst Stephan II. ab, um den in Soissons gewählten Pippin und seine Söhne zu Königen zu salben. Seit dem erneuten Auseinanderfall der ost- und westfränkischen Reichshälfte im 9. Jahrhundert rückte St. Denis vollends auf zur Metropole des westfränkischen Königtums und Karlskultes, gewissermaßen als Gegenpol zum ostfränkisch-deutschen Aachen.

Der vorübergehende Vorsprung des Ostreichs fand auch im Geistesleben seinen Niederschlag: Die erste Überlieferungsgruppe der offiziösen Reichsannalen, die wohl mit der Stabilisierung der Pippiniden-Vorherrschaft einsetzen, weist auf die Entstehungsräume Köln und Trier, Gorze und Metz, Elsaß und Schwaben hin, während der westfränkische Zweig von St. Denis und Reims erst im 9. Jahrhundert aufholte.

Die *frühkarolingische Epoche* leitete eine in mehrfacher Hinsicht folgenschwere neue Ära außenpolitischer und innerstaatlicher fränkischer Expansion ein, wodurch die Position Burgunds im Reichsgefüge maßgeblich betroffen wurde. Einesteils traten im 8. Jahrhundert *außenpolitische Aufgaben* an das Frankenreich heran, welche die Blickrichtung der Initiativen neu orientierten. Die Niederwerfung der noch nicht botmäßigen oder wiedererstarkten germanischen Stämme — Bayern, Friesen, Sachsen — engagierte Politik und missionarische Kirchenpolitik erhöht für den Osten, womit die austrasische Peripherie zur Aktionsmitte wurde. Hatte das merowingische Zeitalter die römische Rheingrenze zunächst wiederhergestellt, so wiederholte sich — nun mit Erfolg — die einst gescheiterte römische Offensive; der Rhein begann in der Funktion der Nord-Süd-Verbindung die Rhône abzulösen. Andererseits machten die Vorgänge im Süden und Südwesten eine Anlehnung Burgunds an die nordfränkische Zentralgewalt notwendig. Denn die *Araber* versuchten seit der Einnahme von Cordoba und Toledo 711 nach Gallien hinein auszugreifen; 720 besetzten sie Narbonne, unternahmen Streifzüge nach Aquitanien und über die Provence ins mittlere Rhônetal, so daß Burgund höchste Gefahrenzone war, bis Karl Martell durch die Schlacht bei Poitiers 732 den Arabervorstoß stoppte; allerdings konnte Narbonne erst 751 (oder 759) zurückerobert und damit der provençalisch-burgundische Raum befriedet werden.

Gleichzeitig aber stand die Landschaft in einem anderen militärischen Kraftfeld: Sie diente als Flankensicherung gegen die aufständischen *Aquitanier*, die König Pippin in acht Feldzügen 760 bis 768 bezwingen konnte. Dabei wurde *Vienne,* das am Ostufer der Rhône strategisch günstiger gelegen war, als das westlich orientierte Lyon, zum militärischen Hauptstützpunkt; seit 753 trug der Gouverneur der ehemaligen Provincia Lugdunensis den Titel eines Grafen von Vienne (vgl. später Dauphiné). Weiterhin eröffnete die Reichspolitik aufs neue Beziehungen nach *Italien* hin, das während der spätmerowingischen Ära weitgehend aus dem Gesichtsfeld entrückt war. Das von den Langobarden bedrängte Papsttum wandte sich hilfesuchend an die neofränkische Macht, zuerst an Karl Martell, dann an Pippin, der seinerseits zur Durchführung der missionspolitischen Eingliederung des germanischen Ostens des kirchlichen Placet bedurfte (Bonifatius). Diese wechselseitige Kontaktaufnahme von weltgeschichtlicher Tragweite führte bekanntlich zu der Königserhebung Pippins, der Pippinischen Schenkung und dem Schutzversprechen von 751/4 sowie zu der fränkischen Eroberung des Langobardenreichs 774 — alles Symptome für die Emanzipation des Westens von Byzanz. Die erneute Ausweitung des fränkischen Einflußbereichs nach Süden hatte naturgemäß eine Reaktivierung des ostburgundischen Raums (der Sapaudia und des pagus transjurensis) mit den Westalpenpässen zur Folge.

Dies war um so bedeutsamer, als auch der globale *Umschwung der Handels- und Verkehrswege und des Wirtschaftlebens* im 8. Jahrhundert die Situation Südgalliens entscheidend berührte. Auch wenn der Welthandel durch die Mohammedanisierung des Mittelmeers nicht völlig zum Erliegen kam, wie die bezwingend-konstruktive Katastrophentheorie von H. Pirenne nahelegte, so läßt sich doch eine Umstellung des Wirtschaftslebens im Frankenreich beobachten; sie war vorwiegend auf ein Zusammentreffen verschiedener Faktoren zurückzuführen, welche die Provence und die burgundische Gallia Lugdunensis vorübergehend sozusagen in einen toten Winkel drängten — bis die Messen der Champagne die burgundischen Zufahrtswege wiederbelebten. Seit der Antike hatte die *Provence* mit den Mittelmeerhäfen Marseille und Nizza die tragende Rolle für den Verkehr zwischen Nordwesteuropa und Gallien wie auch Spanien mit Rom und dem Orient gespielt; der Seeweg von der provençalischen Küste nach dem Tiberhafen Porto oder über Genua-Ravenna nach Konstantinopel und zur Levante hin war beliebter — weil für den Handel bequemer — als der Landweg über die Alpen nach Italien, zumal für das Merowingerreich die direkte Verbindung zum Osten hin aktueller war als über das langobardisch blockierte Oberitalien. Marseille als Verteilerzentrum stand jahrhundertelang im Mittelpunkt des Welthandels und der politischen Orientkontakte des fränkischen Westens. Die merowingischen Zollprivilegien beleuchten, welche Bedeutung der orientalischen Öleinfuhr für Nahrungs- und Brennstoffzwecke zukam.

Um nur zwei Beispiele zu nennen: Dagobert I. schenkte dem Kloster St. Denis 100 solidi aus seinen Zolleinkünften in Marseille, wovon die Beamten Öl für das Kloster kaufen sollten. Ein Diplom Chilperichs II. von 716 bestätigt dem Kloster Corbie neben anderen Waren jährlich 10 000 Pfund Öl aus dem Zoll von Fos.

Die jährliche Öleinfuhr Galliens im 7./8. Jahrhundert ist auf mindestens 200 000 römische Pfund oder ca. 90 Tonnen zu schätzen. Die Ausfuhr aus dem Frankenreich nach Süden und Osten wurde noch vorwiegend vom gewerbsmäßigen Sklavenhandel beherrscht, der erst gegen Ende des 10. Jahrhunderts in Gallien und im 12. Jahrhundert in Britannien erlosch. Der florierende Fernhandel Südgalliens beruhte noch bis ins 8. Jahrhundert auf Geldwirtschaft.

All das aber änderte sich offenkundig im Laufe des 8. Jahrhunderts: Die Quellen berichten nicht mehr von direktem Seehandel mit dem Orient, die Zollschenkungen werden nicht mehr erneuert, es scheinen keine Marseiller Münzen mehr im Umlauf gewesen zu sein; vielmehr befand sich die Naturalwirtschaft der Germanen im Vormarsch. Im übrigen erwies sich die Lombardei allmählich als Drehscheibe des Verkehrs nach Indien. Für den Seeweg zum Orient hin erhielt Commacchio an der Pomündung Gewicht, bis seit dem 9. Jahrhundert Venedig zur Monopolstellung aufstieg. Gleichzeitig aber entstanden im Norden durch den Aufschwung des friesischen Nordseehandels neue Emporien an der Rheinmündung und längs der Küste, wie z. B. Dorestad und Xanten oder das dänische Haithabu, welche dem Gesichtskreis der karolingischen Macht an Rhein, Maas und Mosel näherstanden als das ferne Marseille; außerdem erschlossen sie dem Reich neue Handelswege und -möglichkeiten, wobei die Elbestadt Magdeburg zum Durchgangstor nach der Donau und nach dem Osten hin wurde.

Das Zusammenwirken von Handelsumschwung, politischem Orientierungswechsel und austrasisch-fränkischer Staatskolonisation veränderte also die politisch-wirtschaftliche Situation des burgundischen Raums weitgehend. War er früher geographisches Zentrum und Vermittler romanischer Zivilisation an das merowingische Königtum, so wurde Mittelgallien-Burgund als Durchgangszone zum aquitanischen und spanischen Südwesten jetzt das erste »Opfer« der *karolingischen Verwaltungsexpansion,* um dann im erweiterten neufränkischen Reich zur Nebenlandschaft abzusinken. Die frühkarolingische Verfassungpolitik erstrebte zunächst systematisch die Ausschaltung jedes herrscherlichen Sonderwillens im neustro-burgundischen Teilreich. Solange Burgund noch im Einzugsfeld der arabisch-aquitanischen Gefahr lag, wurde es als erster Bezirk des nicht-austrasischen Gallien vom fränkischen Dienstadel erfaßt. Damit machte sich zum erstenmal in Südgallien germanischer Einfluß geltend.

»Der princeps Karl (Martell) durchwaltete das regnum Burgundiae mit kraftvoller Hand und gab die Regionen jenes Reichs in die Verfügung seiner bewährtesten treuen Herzöge (duces) zur Regentschaft« berichten die *Metzer Annalen* zu 733; ähnlich bestätigt der Fortsetzer des sogenannten *Fredegar* die konsequente Unterstellung der Gallia

Lugdunensis unter fränkische »leudes«, um dort den »gentes rebelles« zu widerstehen.

Eine Erhebung in Lyon, letzte Reaktion des burgundischen Partikularismus, vermochte Karl um 736 rasch zu beschwichtigen. Die Eingliederung der Provence mit Arles erfolgte durch Einsetzung von Herzögen und Grafen. Als letzter patricius der Provence wird ein Getreuer Karls, Abbo, genannt.

Der Fränkisierung Burgunds kam es zugute, daß die merowingischen Dukate sich hier nicht zur Macht von Stammesherzogtümern oder Unterkönigtümern wie in Aquitanien oder wie in Alemannien und Bayern ausgebildet hatten. Der pagus ultrajoranus, im 7. Jahrhundert wohl eine Art Grenzwacht gegen die Alemannen, der jedoch inzwischen an Eigengewicht verloren hatte, erlebte die unsensationelle Umwandlung zum karolingischen Militärbezirk. Und die einzig namhafte innerburgundische Territorialherrschaft der Bischöfe von Auxerre über den »ducatus Burgundiae« wurde von Karl Martell kurzerhand beschnitten: Beim Tode Bischof Savarichs um 720 veranlaßte er die Teilung des Erbes und nahm dessen Nachfolger Hainmar 735 wegen Konspirationsverdacht gefangen; letzterer wurde auf der Flucht getötet.

Solche Maßnahmen sind Ausdruck der zielbewußten karlischen Innenpolitik, die durch Einziehen und »Säkularisierung« des namentlich in Gallien angewachsenen Kirchenguts eine Sanierung der Staatsgewalt bezweckte. Die Ausbreitung der zentralfränkischen Administration förderte zugleich die Vereinheitlichung und Regermanisierung des fränkischen Staatsbewußtseins. Es handelt sich dabei nicht um eine Zäsur im revolutionären Sinn, nicht um gewaltsame austrasische Überwindung der bodenständigen romano-fränkischen oder romano-burgundischen Führungsschichten. Jüngere prosopographische Studien haben gezeigt, daß die zweihundertjährige Assimilation von einheimischem Landesadel und zugewanderten fränkischen Elementen ein neues »Reichsfrankentum« haben organisch reifen lassen, so daß dieses nun in karolingischen Diensten den lateinisch-römisch geprägten merowingischen Staat germanisieren konnte.

Auch die *karolingischen Reichsteilungen* fügen sich zwanglos in die neue zentralistische Reichskonzeption. Sie bewirkten zunächst eine rückläufige Bewegung gegenüber den merowingischen Teilreichstendenzen. Zwar lebten bei der Erbteilung Karl Martells 741 die beiden Teilreiche Neustro-Burgund und Austrien in der Ost-West-Gliederung nochmals kurz auf, bis Pippin die Alleinherrschaft übernahm (747 Rücktritt Karlmanns); die nächste Teilung 768 jedoch, die wiederum nur wenige Jahre bis zur Gesamtherrschaft Karls währte, negierte bereits die traditionellen innerfränkischen Grenzen, die dann in der Universalmonarchie Karls d. Gr. und Ludwigs d. Fr. weiterhin nivelliert wurden. Die Wiederaufnahme des Teilungsprinzips ging von den gewandelten geopolitischen und verfassungsrechtlichen Voraussetzungen aus, wie sie sich durch die Angliederung neuer Reichslande und durch den Einheitsgedanken des Imperium entwikkelt hatten.

In der unausgeführten Reichsdisposition von 806 erhalten Austria und Neustria eine neue Bedeutung: nicht mehr als gleichberechtigte »Reichsteile«, sondern als fränkische Nebenländer, welche die Reichsmitte, die Francia (media), flankieren; Austrien hatte sich nach Osten hin auf die Provinzen der bonifatianischen Kirchenorganisation (ohne Thüringen) verschoben, Neustrien fixierte sich auf das Land zwischen Seine und Loire (E. Ewig).

In den Teilungen des 9. Jahrhunderts wurde die alte politische Einheit Burgunds nicht mehr respektiert; man trug in ihnen vielmehr neuen Staatsnotwendigkeiten Rechnung und teilte stets neu auf, auch wenn der historische Begriff »Burgundia« – in seiner genauen Begrenzung schwer zu definieren – als geographische Bezeichnung fortlebte.

Die Verfügung von 806 sah eine Dreiteilung vor. Die Ordinatio Imperii von 817, an der sich bekanntlich bald durch die Ansprüche für den nachgeborenen Karl d. Kahlen die Bruderkämpfe entzündeten, vereinigte Nordburgund (Autun, Avallon, Nevers) mit Aquitanien als Teilerbe. 829 sollte ein Teil Burgunds, wohl der pagus ultrajoranus, zusammen mit Alemannien an Karl fallen. 831 wurden Pippin und Karl mit Gebieten Burgunds ausgestattet. 839 erhielt Karl Genf, Lyon, Chalon, Langres und Toul, Lothar »das andere burgundische Land«. Und in den Teilungsverträgen nach 843 setzte sich die Zergliederung fort.

Die frühkarolingische Epoche und die Universalmonarchie haben also das regnum Burgundiae zur fränkischen Reichsprovinz umgeprägt und in eine passive Nebenrolle gedrängt: Burgund erschien »ein Körper ohne Kopf, wenn nicht ohne Seele« (B. Bligny), allenfalls ohne partikularistisches Profil; jedenfalls nicht mehr als Organismus im Sinne eines »territorialisierten Volkstums«. Aber eine gewisse Kontinuität regionaler Komplexe ist doch unverkennbar. Denn ein Jahrhundert nach dem Tod des Militärorganisators Karl Martell, beim Tode Kaiser Ludwigs d. Fr. († 841), sind *vier burgundische Verwaltungssprengel* faßbar, die im Kern den einstigen Militärbezirken entsprechen: die

Grafschaften Provence mit Arles und Vienne-Lyon, die juranische oder transjuranische Grafschaft mit Besançon und die Mark um Chalon s. Saône; sie wurden zu Keimzellen erneuter Sonderbestrebungen, sobald die Auflösung des fränkischen Großreichs dazu die Möglichkeit bot.

Entsprechend dem auf der Dualität von Königtum und Adel beruhenden Verfassungsbau des Reichs wiederholte sich in der *spätkarolingischen Epoche* im Grunde dasselbe, wie in der spätmerowingischen Periode: der Aufstieg königsnaher führender Geschlechter kraft Dienst und Grundbesitz bis zur Usurpation des unter der alt gewordenen stirps regia geschwächten Königtums, allerdings mit anderem Ergebnis. Sie konnten nicht, wie die frühen Karolinger, die verbrauchte Dynastie mit einem Staatsstreich beseitigen; und sie vermochten es auch nicht mehr, die inzwischen verselbständigten Reichsteile wieder zusammenzufügen. Seit dem Vertrag von Verdun 843 gab es ein ostfränkisches und ein westfränkisches Reich, aus denen das sich allmählich durchsetzende Unteilbarkeitsprinzip eigenständige Staaten konsolidierte, sowie eine umkämpfte Mittelzone, in der sich ebenfalls die Teilungsprodukte relativ zäh hielten.

Am Ende des jahrzehntelangen Ringens der Bruderreiche und ihrer Satelliten stand zu Ausgang des 9. Jahrhunderts nicht, wie 751, eine neu gekrönte junge monarchische Macht, die das ganze regnum Francorum wieder zusammenfaßte, sondern die gewachsene Zweiheit der Verbände Gallia und Germania im wetteifernden Werben um die verselbständigten regna der Mitte, Italien, Burgund und Lothringen. Gerade diese »Kleinreiche« aber bestimmten in ihrem Selbständigkeitsstreben die Gestaltung des künftigen Europa. Denn hier im Raum unentschiedenster Machtverhältnisse fanden in der Krisenzeit der spätkarolingischen Dynastie die noch im alten »Kaiserreich« groß gewordenen reichsadeligen Grafenfamilien das geeignete Konjunkturfeld zur Entfaltung ihrer königgleichen Ansprüche. Es waren teils profilierte Männer mit Ehrgeiz und Aktivität, Besitz und politischem Instinkt, die in skrupellosem Parteiwechsel zwischen West und Ost nur auf den rechten Moment warteten. Mit Hilfe des jungen Lehensrechts, jenes neuen Instruments für Macht und Einfluß, aber auch dank ihrer erblich gewordenen kumulierten Benefizien und Ämter sowie ihrer persönlichen und verwandtschaftlichen Beziehungen zum karolingischen Haus wurden sie zum entscheidenden Faktor. Im burgundischen Raum wirkten drei Adelsgeschlechter: die schon aus merowingischer Zeit bekannten Wariniden (Nachkommen Leodegars und Warins) im

Gebiet von Autun, denen jedoch in ihrem seit 843 westfränkischen Aktionsbereich der Bourgogne eine überherzogliche Stellung versagt blieb, und die erfolgreicheren Bosoniden und Welfen, welche sich Königskronen — erstere sogar die Kaiserkrone — erwarben.

Die Dekomposition des Großreichs vollzog sich stufenweise in realpolitischer Ignorierung der »unteilbaren Größe« des Imperiums, dessen Schicksal 843 mit dem Mittelreich Lothars I. gekoppelt wurde. Es klingt fast wie eine Ironie des Schicksals, daß gerade derjenige Reichsteil, an dem die Kaiserkrone hing, durch die *Erbteilung Lothars I.* von 855 die Aufgliederung des Reichsgefüges fortsetzte, während Ost- und Westfranzien sich zu stabilisieren begannen. Im Testamentsvollzug von 855 lag der Niedergang der Kaiserautorität, aber auch die Geburt neuer partikularistischer Staatsgebilde begründet, deren Wiedereingliederung auch in den folgenden Jahrhunderten nicht mehr restlos gelang. Dem Ältesten, Ludwig II., sprach Lothar *Italien* mit der Kaiserkrone zu; Lothar II. erhielt das nach ihm benannte *Lothringen* mit Einschluß Jura-Burgunds; und der Jüngste, Karl, bekam das *regnum Provinciae* mit den Dukaten Lyon-Vienne. Zwar wechselten die drei Erbländer in den folgenden Jahren noch wiederholt Gestalt und Zugehörigkeit, doch die künftigen regna der Mitte waren in den Konturen festgelegt. Aus dem Erbe Karls erstand 879 das Königreich »Niederburgund«, aus dem Erbe Lothars II. 888 das Königreich »Hochburgund« und 895 daneben das kurzlebige Unterkönigtum Lothringen; das Königreich Italien wurde 888 von Berengar von Friaul erneuert: alles »Usurpationen«, deren Geschichte jeweils die gesamtpolitische Lage enthüllt.

Im folgenden sei zunächst die Entstehung von Nieder- und Hochburgund umrissen, um dann das erregende Tauziehen in und um die beiden Burgunds im Kraftfeld deutscher, französischer, italienischer und kaiserlicher Politik zu verfolgen.

Merkwürdigerweise hat sich kein künftiger Herrscher im Rhôneland ausdrücklich auf das *regnum Provinciae* des unglücklichen, regierungsunfähigen Kaisersohnes Karl berufen, obwohl dort ein Regent waltete, der einen nicht alltäglichen Nachruhm erhalten sollte: *Girart von Vienne* († 877). Er entstammte einer seit dem 8. Jahrhundert aufgestiegenen Familie, war unter Ludwig d. Fr. Graf von Paris, erwarb sich dann im Dienst des ihm verschwägerten Lothar I. als Graf im Dukat Lyon-Vienne so hohe Gunst, daß ihm die Erziehung des kranken Königs Karl und 855 die Verwaltung des neuen Unterkönigtums anvertraut wurden. Als schon vor Karls Tod (863) das Rennen um die Beute einsetzte, vermochte es Girart dank militärischer Tüchtigkeit, die er bereits im Kampf gegen Sarazenen und Normannen unter Beweis gestellt hatte, dank Diplomatie und Entschlossenheit die Usurpationsversuche Karls d. Kahlen von Westfranzien zurückweisen, zunächst für Lothar II. († 869), bis dann im Vertrag von Mersen 870 doch Vienne-Lyon (sowie Besançon) und 875 beim Tod Ludwigs II. die südliche Provence an Westfranzien fielen. Das bedeutete das Ende der Karriere Girarts. Diese Persönlichkeit von nicht weniger, aber auch nicht mehr Profil als seine reichsadeligen Zeitgenossen, dieser Exponent des hochstrebenden politischen Mittelstandes, der sein unruhiges Dasein zwischen Chance und Risiko verbrachte, erfuhr in der populären Phantasie der folgenden Jahrhunderte allerdings eine glanzvolle Metamorphose zum ritterlichen Idol der altfranzösischen Heldenepik, der *Chansons de geste*, bis hinein ins Zeitalter des höfischen Romans.

In mehreren Varianten, deren Literaturgeschichte vom 10. zum 15. Jahrhundert reicht, erscheint Girart in dreifacher Version — Girart de Vienne, de Fraite, de Roussillon — als Verkörperung mittelalterlichen Rittertums, gezeichnet von Tapferkeit, Seelengröße und Stolz, Typ des Großvasallen und feudalen Helden, der sich im Gegenspiel zum Königtum zum Vorkämpfer politischer Autonomie der burgundisch-provençalischen Regionen erhebt.

Überdies hat Girart — auf anderen literarischen Wegen — Eingang in die Legendentradition der von ihm 859 gestifteten Abtei Vezelay gefunden: als diese nämlich im späten 11. Jahrhundert ihr Prestige als weitberühmtes Wallfahrtszentrum zu Ehren der Hl. Maria Magdalena gefährdet sah durch die Rivalität des provençalischen Klosters St. Maximin bei Aix, das sich rühmte, den Sarkophag mit dem echten Leichnam der Heiligen zu besitzen. In dem dreihundertjährigen Reliquienstreit zwischen Bourgogne und Provence — ein Musterbeispiel mittelalterlicher Wallfahrtspolitik — wehrte sich Vezelay mit der Translationslegende, ein Mönch Badilo habe einst um 749 (!) im Auftrag des frommen Grafen Girart heimlich den völlig unversehrten Leichnam Magdalenas von St. Maximin nach Vezelay überführt. Noch Literatur und Historienmalerei der Ära des Valois-Herzogtums im 15. Jahrhundert erinnern sich der Verdienste Girarts um Vezelay und den Magdalenenkult.

So sehr Girart die Geschichtsdichtung anregte — gleichsam als Symbol für die Erlebnisfülle des frühmittelalterlichen Feudalismus —, so auffallend ignorierte anderseits der unmittelbare Nachfolger die historische Sonderherrschaft Karls und Girarts.

Boso von Vienne, 870 von Karl d. Kahlen zum comes Viennensis bestellt, schuf sich auf gleichem Boden 879 ein eigenes Königtum neuer Ordnung. (Vgl. Tafel S. 104)

Boso gehörte zu den bestgehaßten, aber auch tüchtigsten Vertretern der karolingischen Reichsaristokratie: beispielhafter noch als sein Vorgänger für Aufstiegsmöglichkeiten und Ämterskala, die jene Zeit den Ehrgeizigsten zu bieten hatte. Basis seiner Laufbahn, wenngleich nicht Rechtstitel seiner Usurpation, war die mehrfache Versippung mit den Karolingern. Lothringischer und fränkisch-italienischer Herkunft, stand Boso mütterlicherseits in doppelter genealogischer Beziehung zu Lothar II. Wichtiger wurde seine eigene wohlgezielte Verwandtschaftspolitik. Die früheste Bezeugung steht im Zusammenhang der Vermählung seiner Schwester Richilde mit Karl d. Kahlen 869; seitdem genoß Boso die Gunst seines königlichen und bald kaiserlichen Schwagers — ein Start wohl auch für seinen Bruder Richard d. Gerechten von Autun, der um 880 als erster eigentlicher »dux Burgundiae« in der seit 843 westfränkischen Bourgogne erscheint und dessen Sohn Rudolf 923 als Gegenkönig Karls III. d. Einfältigen eine repräsentable Rolle in den westfränkischen Thronkämpfen spielen sollte. Die Bande zur westfränkischen Dynastie knüpfte Boso noch enger durch Verlobung seiner Tochter mit dem Enkel Karls d. Kahlen, Karlmann. Zweite Stufe für Bosos Karriere — und Grundlage für das »Geblütskapital« seines Sohnes Ludwig (s. unten) in einer Ära, die noch in legitimistischem Denken lebte — war 875 seine Heirat mit der Tochter Kaiser Ludwigs II., Irmingard, die früher dem byzantinischen Kaiser verlobt gewesen war; nicht zuletzt sie mag Boso in seinen nach königlichem Rang hungernden Ambitionen angestachelt haben.

Welch fürstliches Selbstbewußtsein diese Verbindung verlieh, verrät die ausgefallene Intitulation einer Schenkungsurkunde von 878: »Ego Boso, Dei gratia id quod sum, necnon coniux mea Hirmingardis proles imperialis...« (= Ich, der ich von Gottes Gnaden bin, was ich bin, und Irmgard... aus kaiserlicher Abkunft...): gegenüber dem vorherigen schlichten comes-Titel eine recht anmaßende Formel, welche die Verlegenheit zeigt, die staatsrechtliche Stellung eines »noch-nicht-Königs« zu umschreiben.

Immerhin hatte Boso als Hofbeamter eine Reihe illustrer Titel und Ämter durchlaufen: vom comes Viennensis über den camerarius, magister ostiariorum, missus regni Aquitaniae, archiminister sacri palatii, missus Italiae und missus imperialis bis zum

96

dux Italiae atque Provintiae, als welchen ihn Karl nach Erlangung der Kaiserwürde 876/7 sogar gekrönt hat. Es ist übrigens das früheste sicher bezeugte Beispiel einer singulär gebliebenen Herzogskrönung. Im Unterschied zu den sonst im 9. Jahrhundert rechtlich nicht genau abgrenzbaren Ehrentiteln für hochadelige Träger meist militärischer Führungspositionen, wie der Stammesherzöge im ostfränkischen Bereich, bezeichnete Bosos Herzogtum eine Art spätkarolingisches Amtsherzogtum, »Reichsherzogtum« oder Missat mit vizeköniglichen Statthalterbefugnissen: zweifellos eines der höchsten Ämter Westfranziens. Dazu kam aber noch ein weiteres Prestige, das Boso der politischen Konstellation zwischen Imperium und Sacerdotium verdankte und das ihn kurzfristig in die vorderste Reihe der Potentaten rückte. Das Papsttum hatte zwar die Krise der karolingischen Dynastie nach dem Tod Kaiser Ludwigs II. (875) für die Steigerung der kirchlichen Autorität zu nutzen gewußt. Die Kaisererhebung des westfränkischen Königs 876 — »a Deo vocatus, a papa electus et postulatus« — unter Übergehung der Erbtradition des älteren (ostfränkischen) Karolingerzweiges war ein Triumph der apostolischen Verfügungsgewalt über die potestas saecularis im Sinne des damals wirksamen Vorstellungskreises der »Konstantinischen Schenkung« (Constitutum Constantini) vom Papst-Kaiser. Nichtsdestoweniger geriet das von Sarazenen bedrängte Papsttum nach Karls Tod 877 erneut in schwere Verlegenheit, einen für die kaiserliche Defensor-Aufgabe geeigneten Prätendenten zu finden. Bis zur Kaiserkrönung Karls III. d. Dicken 881 verhandelte Papst Johannes VIII. mit fünf Kandidaten — darunter auch mit Boso, indem er ihn, den er »gloriosum principem« nennt, durch Adoption zum geistlichen Sohn erhöhte im Hinblick darauf, ihn bald zu größeren Würden befördert zu sehen — »ad maiores exelsioresque gradus«. Abgesehen davon, daß die päpstliche Adoption als Kaiser-Designation seitdem ins Kaiserkrönungszeremoniell einging und eine Wurzel bildete für den späteren päpstlichen Anspruch auf Approbation der deutschen Königswahl — welch glanzvolle Aussichten eröffneten sich damit für Boso, erstmals für einen Nicht-Karolinger!

Indes, Boso hat die Kaiserwürde nicht erlangt. Erst nach dem Fiasko Karls III. d. Dicken († 888), des letzten Karolingers, der das gesamtfränkische Reich 885 nochmals vereinigte, geriet der leer gewordene Kaisertitel auch in die Hände von Kleinfürsten (891 Wido von Spoleto). Boso jedoch gelang es als erstem, trotz fehlenden königlichen Geblüts, für sich ein Königtum vom regnum Francorum abzuspalten. Am *15. Oktober 879* wurde er auf einer *Bischofssynode zu Mantaille* (ehemalige Königspfalz Karls d. J. zwischen Vienne und Valence) von vorwiegend geistlichen Großen zum König gewählt und drei Tage später in der Kathedrale von Lyon unter Vorsitz des residierenden Metropoliten gesalbt und gekrönt. Der Wahlvorgang ist uns im Detail bekannt durch die überlieferten Synodalakten. Die angewandten Rechtsformen – in enger Anlehnung an die kanonische Bischofswahl – und die angeführten Rechtstitel Bosos (seine Karriere) begründeten mangels der Geblütseignung die Legitimation überaus geschickt aus dem kirchlichen Idoneitätsgedanken: Der Gewaltakt wurde drapiert mit kirchenrechtlichem Gewand.

Der Zeitpunkt erklärt sich aus der politischen Chance, die sich aus dem Tod des Westfrankenkönigs Ludwigs II. d. Stammlers († April 879) ergab, dessen beide minderjährigen Söhne von einer Widerstandspartei mit juristisch-legitimistischer Spitzfindigkeit als Bastarde angefochten wurden. Boso deklarierte sich – einen Monat nach der Königssalbung seines präsumptiven Schwiegersohnes Karlmann – als Rechtsnachfolger Ludwigs d. Stammlers. Als Name für das neukonstruierte Königreich, das einen direkten Bezug zum karolingischen regnum Provinciae wohlweislich mied (auch die Kanzlei Bosos weist keine Kontinuität zur Kanzlei Karls v. d. Provence auf), bot sich »regnum Burgundiae« an, allerdings in den Synodalakten nicht offiziell so benannt; die erzählenden Quellen verraten im Wechsel der Termini Unsicherheit; der geläufige Begriff »Niederburgund« ist lediglich eine forscherliche Analogiebildung zur späteren welfischen »Burgundia superior«.

Die »freie« Wahl von Mantaille war also ein meisterlich ausgeklügeltes Manöver der Macht und der Provokation. Es rief denn auch die gesamtfränkische Opposition auf den Plan, und auch das Papsttum distanzierte sich von dem »tyrannus et perturbator regni«. Bereits 887 starb Boso allseits bedrängt, aber in Behauptung seiner Königswürde; er wurde in Vienne beigesetzt. Dennoch hatte Bosos Reich Bestand. Es wurde 890 unter seinem Sohn *Ludwig v. d. Provence* – dem späteren Kaiser Ludwig III. d. Blinden – erneuert, allerdings unter völlig veränderten staatsrechtlichen und politischen Voraussetzungen. Denn schwerwiegende Ereignisse trennten die *Königswahl in Valence 890* vom Staatsstreich von 879: Dazwischen lagen einerseits der Vertrag von Ribémont 880, der dasselbe regnum Burgundiae zusammen mit Besançon, das 870 über Girarts Kopf hinweg von Westfranzien okkupiert worden war, nun über Bosos Kopf hin-

weg Ostfranzien zugesprochen hatte; anderseits Gesamtherrschaft, Absetzung und Tod Karls III. d. Dicken, der Regierungsantritt seines illegitimen Neffen Arnulf in Ostfranzien und dessen Übergewicht im Gesamtreich angesichts der westfränkischen
Thronwirren. Ludwig war 890 zwar noch ein Knabe, für den
kaum Idoneität ins Feld geführt werden konnte; und er blieb
zeitlebens ein schwacher Herrscher, aber eben dank seiner voll-
bürtigen Abstammung eine wichtige Figur im politischen Schach-
spiel des niedergehenden Imperium. Das Protokoll des Wahlakts
in Form einer Notariatsurkunde wirft ein bezeichnendes Licht
auf die gewandelte Situation Niederburgunds, das nun zurück-
kehrte zum karolingisch vorbelasteten Begriff »regnum Provinciae«.

Die auch diesmal von kirchlichen Kreisen — wohl auf Initiative
der Kaisertochter Irmingard und ihrer Mutter, der Kaiserin-
witwe Angilberga — betriebene Wahl glich in keiner Weise mehr
einem Staatsstreich. Im Gegenteil, der Rechtsgrund war eine offizielle Sanktionierung der Unterstellung des burgundischen Königtums unter ostfränkische Oberhoheit. Nicht so sehr der
Bosonide als vielmehr der Kaiserenkel stand daher im Mittelpunkt des Geschehens. In Rückkehr zum erbcharismatischen
Thronrecht der älteren Karolingerlinie, deren einziger legitimer
Sproß, wenngleich nur aus weiblicher Linie, damals Ludwig war,
konnten die Wähler von Valence sich überdies auf eine doppelte
staatsrechtliche Legitimierung Ludwigs stützen. Kaiser Karl III.
hatte kurz vor seiner Resignation 887 den kleinen Ludwig
adoptiert und unter seinen Schutz gestellt; in Valence begriff
man jenen der päpstlichen Adoption parallelen kaiserlichen
Rechtsakt als Konzession der Königswürde.

Daß jedoch in der Umgebung der beiden Kaiserwitwen die Hoffnungen weitergingen, bezeugt ein literarisches Dokument, das vermutlich
zwischen 888 und 890 entstanden ist, die sogenannte *Visio Karoli*.
Dieser legendäre Visionsbericht programmatischen Inhalts verheißt
Ludwig die ungeminderte Reichsgewalt, »totum imperium Romanorum«.

Der damit proklamierte Erbanspruch des älteren Karolinger-
hauses und die Wiederherstellung der Reichseinheit unter Ludwig blieben allerdings utopisch, auch wenn Ludwig tatsächlich
901 den Kaisertitel erwerben konnte; 905 durch seinen Rivalen
Berengar von Friaul (915 Kaiser, † 924) geblendet, trug Ludwig III. den Titel noch durch sein Schattendasein († um 928)
als letzter imperator augustus aus karolingischem Geblüt. —
Der andere 890 angeführte Wahlrechtstitel markiert hingegen

die restriktive realpolitische Konstellation: König Arnulf ließ Ludwig durch zwei Legaten mit einem Zepter investieren. Ähnlich hat Arnulf ja auch gegenüber den »reguli« Berengar von Italien, Odo von Westfranzien und Rudolf von Hochburgund die verlorengegangene kaiserliche Gesamtherrschaft wenigstens in Form lehensrechtlicher Oberhoheit zu retten versucht. Für Burgund ist es nachhaltig gelungen. Die staatsrechtliche Erneuerung des regnum Provinciae kennzeichnet den Beginn der Angliederung Burgunds an das ostfränkische Reich.

Im Unterschied zum Alleingang Bosos befand sich Rudolf bei Begründung des Königreichs *Hochburgund* 888 sozusagen in guter Gesellschaft. Nach dem Tod Kaiser Karls III., während Arnulf noch mit der Regierungstätigkeit zögerte, »wuchsen in Europa oder im Reich seines Oheims Karl viele Kleinkönige — reguli — empor« *(Fuldaer Annalen).*

»Die Reiche, welche der Herrschaft Karls unterstanden haben, fallen auseinander, indem sie die Bande zerreißen, die sie einten, und ein jedes dieser regna schickt sich an, ohne den natürlichen Herrn — naturalem dominum — abzuwarten, aus seinen eigenen Reihen — de suis visceribus — einen König zu kreieren« (Regino v. Prüm).

Diese reguli — der Robertiner Odo von Franzien, Berengar von Friaul und 889 Wido von Spoleto in Italien, Rudolf in Burgund, Ramnulf in Aquitanien — verkörperten ebenso wie die Bosoniden die gereifte, institutionalisierte, weitverzweigte Schicht der Reichsaristokratie, die jede Chance nutzte, um ihren Anspruch durch das nomen regis zu krönen. So versuchten sie beim Regierungsantritt des ersten Bastards auf dem Thron in Abkehr von dem längst überholten Universalismus endgültig »die Kruste der Legitimität und des Erbrechts aufzusprengen« (P. E. Schramm) und in ihren jeweiligen Hoheitsbereichen die königliche Rechtsnachfolge anzutreten.

Die Laufbahn *Rudolf I. von Burgund* († 911) war zwar weniger sensationell als die seines Vorbilds Boso, indes war seine Dynastiebildung dauerhafter: die Rudolfinger regierten immerhin bis ins 11. Jahrhundert: Rudolf II. († 937), Konrad († 993) und Rudolf III. († 1032). Und Rudolfs Genealogie war nicht minder ruhmvoll, obwohl er ebensowenig wie Boso karolingisches Blut in den Adern hatte. Aus dem Geschlecht der Welfen, das die Geschicke des Reiches seit Ludwig d. Frommen in Ost und West maßgeblich mitgestaltet hatte, war Rudolf beiden karolingischen Häusern verwandt. Sein Großvater Konrad d. Ä. war der Bruder der Kaiserin Judith, die ihrerseits als zweite

Gemahlin Ludwigs d. Fr. Stammutter der westfränkischen Karolinger wurde; deren Schwester Hemma, die andere Großtante Rudolfs, war als Frau Ludwigs d. Deutschen die Mutter Kaiser Karls III. Das politische Schicksal trennte seit 859 die ostfränkischen und westfränkisch-burgundischen Welfen. Die Vorväter Rudolfs waren mit Judith nach Westfranzien gekommen; sein Vater Konrad d. J., Graf von Auxerre, mußte jedoch den Robertinern weichen und stieg dann auf in Diensten Lothars II. Nach Burgund kamen die Welfen als Rivalen der Bosoniden. Nachdem nämlich Lothar 859 das obere Rhônetal an Ludwig II. abgetreten hatte, wurde Konrad von letzterem mit der Vertreibung des allzu mächtig gewordenen Grafen und Abtes Hukbert von St. Maurice d'Agaune beauftragt, des Onkels von Boso; um 864 rückte er dann selbst in dessen Stellung als Laienabt ein und wurde mit der Verwaltung des »ducatus inter Jurum et montem Jovis«, des alten transjuranischen Dukats, betraut. Nach Konrads Tod erbte die Ämter und Benefizien dessen Sohn Rudolf, der sich zum König ausrufen ließ. Ebensowenig wie Niederburgund erhielt sein Königtum einen technisch fixierten Namen. In den Quellen begegnet Rudolf als »rex Burgundionum«, »rex Iurensium« oder auch »Alemannorum«; er selbst zeichnete einfach »rex«. »Burgundia superior« war lediglich geographische Lagebezeichnung.

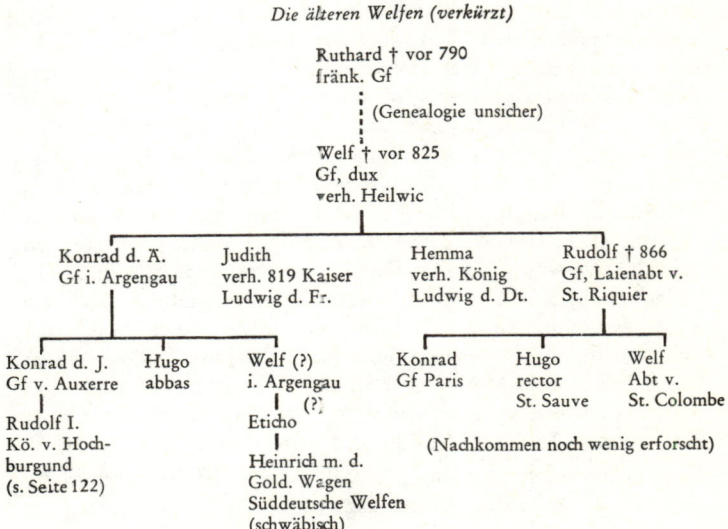

Die älteren Welfen (verkürzt)

101

Die Königserhebung Rudolfs im Januar 888 im welfischen Hauskloster St. Maurice d'Agaune ist chronikalisch nur spärlich überliefert. Man könnte auch sagen, die Usurpation bedurfte keines so raffinierten schriftlichen Instruments zur Rechtfertigung mehr wie der Staatsstreich Bosos. Und sie scheint sich in weitaus einfacheren Formen abgespielt zu haben als der nach Westfranzien hin orientierte Rechtsakt von 879. Denn dort hatte der Bund des Episkopats unter Führung des Reimser Erzbischofs Hinkmar mit dem Königtum Karls d. Kahlen, dessen Thronrecht ja erst hatte erkämpft werden müssen, früh zur Ausbildung von kirchlichen Krönungsordines geführt, deren sich auch Boso bedient hatte. Die zeitgenössischen *Annalen von Fulda* und von *Lausanne* sagen zu 888 über das Faktum hinaus nichts Wesentliches aus: »Ruodulfus vero filius Chuonradi superiorem Burgundiam apud se statuit regaliter retenere«, »Rodulfus rex fuit ordinatus«. Lediglich der zwei Jahrzehnte später schreibende *Regino von Prüm* läßt darüber hinaus vermuten, daß Rudolf seine Erhebung selbst inszeniert und sich selbst gekrönt hat: unter Beiziehung weltlicher und geistlicher Primaten »coronam sibi imposuit regemque appellari iussit«. Auf eine Herrscherweihe scheint er verzichtet und sich gemäß damals noch ostfränkischer Sitte mit Akklamation und Huldigung begnügt zu haben. Wenn allerdings die *Annalen von St. Vaast* von einer »benedictio in regem« sprechen, die in *Toul* stattgefunden habe, so handelte es sich wohl um eine zweite Königsproklamation, vielleicht nach dem 869 in Metz zur Bestätigung Karls d. Kahlen angewandten westfränkischen Modus. Rudolfs expansive Absichten in den lothringischen Großraum hinein sind auch sonst bezeugt. Er schickte Legaten »per universam regnum Lotharii«, wie Regino erzählt, und »stimmte durch Zureden und Versprechungen die Herzen der Bischöfe und Edlen zu seinen Gunsten«; das war die damals übliche Art der Herrschaftserweiterung. Dabei mag er an eine Wiederherstellung des größeren lotharischen Mittelreichs, wenn nicht Lothars I. dann zumindest Lothars II., gedacht haben. In einem undatierten Diplom stellte Rudolf sich selbstbewußt in die karolingische Nachfolge, indem er sich auf »gloriosissimos antecessores nostros Lotharium, Ludovicum et Carolum« berief: Meinte er Lothar II., Ludwig III. d. J. und Karl III., wie man meist annahm, oder doch die glanzvolleren Kaisernamen Lothars I., Ludwigs II. und Karls III.?

Die Machtausdehnung Rudolfs stieß auf den Widerstand König Arnulfs, der daraufhin Güter der Kirche von Toul konfiszierte, »weil Bischof Arnaldus sich verräterisch einem anderen Prätendenten soziiert habe«; hegte doch Arnulf selbst lothringische Pläne, die wenig später im Sonderkönigtum seines Sohnes Zwentibold Ausdruck fanden. Rudolf konnte Lothringen nicht behalten. Anderseits aber konnten Arnulf und Zwentibold im Bündnis mit Niederburgund und Herzog Richard von der Bourgogne Rudolf nicht bezwingen; sie konnten ihn weder aus dem Doubsgebiet vertreiben, dessen Kirchenprovinz Besançon vorher zu Niederburgund gehört hatte — 888 erscheint Erzbischof Theoderich als Kanzler, 893 als Erzkanzler Hochburgunds —, noch vermochte Arnulf 894 vom Süden her den Welfen aus dem Sattel zu heben, weil er, wie Regino vermerkt, durch die Bergnatur seines Landes geschützt war. Die vom Fuldaer Annalisten erwähnte Anwesenheit Rudolfs Ende 888 auf dem Regensburger Hoftag hatte zwar wohl die formelle Anerkennung des neuen Königtums seitens des Ostfrankenherrschers als hegemonialem Oberherrn bestätigt; sie war aber sicher nur notgedrungen erfolgt und nicht im Sinne einer Abgrenzung der Herrschaftssphären. Immerhin wahrte Rudolf seine Stellung so weit, daß beim Tode sein regnum in der heutigen Westschweiz, erweitert um das Doubsgebiet, ungehindert an seinen Sohn überging: »Rodulfus rex obiit filiusque eius rex nomine patris elevatus.«

Zur nämlichen Zeit, als die Königreiche Burgund begründet wurden, formierte sich jenseits der 843 festgelegten Saône-Grenze der *ducatus Burgundiae*, das Lehensherzogtum *Bourgogne*. Dort lösten sich zunächst mehrere Grafen- und Herzogfamilien ab: die Wariniden, seit ca. 880 die Bosoniden, vertreten durch Bosos Bruder Richard d. Gerechten, und ab 956 deren Rivalen, die Robertiner oder Kapetinger. Seit 1032 blieb das Herzogtum schließlich fest in der Hand der jüngeren Kapetingerlinie.

Um 900 gab es also *drei benachbarte Herrschaftskomplexe mit dem Namen Burgund:* zwei als karolingische Nachfolgestaaten konstituierte Königreiche auf dem Boden des einstigen Lotharreiches und das westfränkische Herzogtum. Die Regenten — Bosoniden und Welfen — obwohl verschwägert, rivalisierten miteinander, zumal beide auch in die Italienpolitik verstrickt wurden. Hochburgund hat als Staat keine große Wirkung entfaltet; sein Plus aber war seine geographische Lage, denn der Kontrolle der Westalpenpässe kam im Hinblick auf die beginnende ostfränkische Vormachtpolitik höhere Bedeutung zu als dem unteren Rhônetal Niederburgunds. Hochburgund konnte trotz seiner Schwäche das nach dem Tode Ludwigs III. 928 nicht mehr erneuerte regnum Provinciae angliedern und noch über drei Generationen gegenüber dem Einfluß Ostfranziens, ja dank diesem Einfluß, behaupten. Die Vereinigung der beiden regna Burgundiae war zeitlich und sachlich eng verzahnt mit dem Ende des karolingischen Kaisertums, mit den Anfängen des »deutschen Reichs« und einer deutschen Italien- und Kaiserpolitik im Zeitalter der sächsischen Herrscher.

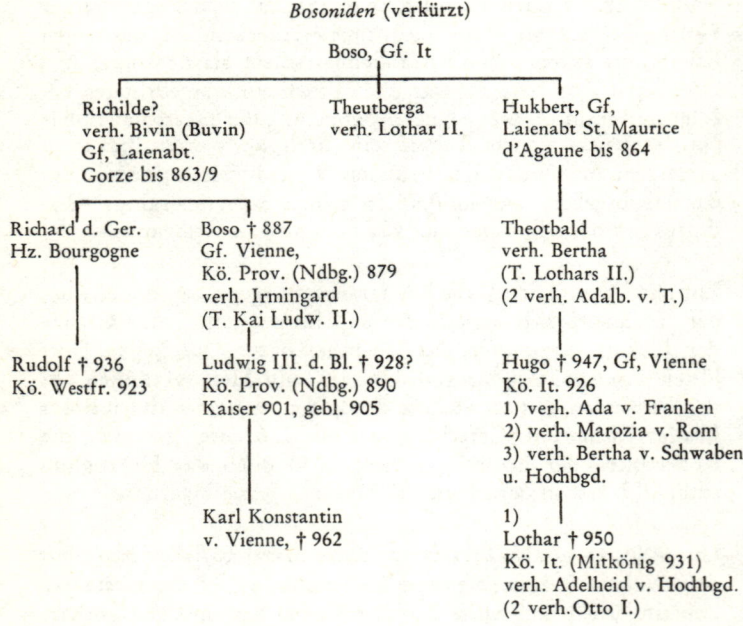

Bosoniden (verkürzt)

Boso, Gf. It

Richilde?
verh. Bivin (Buvin)
Gf, Laienabt.
Gorze bis 863/9

Theutberga
verh. Lothar II.

Hukbert, Gf,
Laienabt St. Maurice
d'Agaune bis 864

Richard d. Ger.
Hz. Bourgogne

Boso † 887
Gf. Vienne,
Kö. Prov. (Ndbg.) 879
verh. Irmingard
(T. Kai Ludw. II.)

Theotbald
verh. Bertha
(T. Lothars II.)
(2 verh. Adalb. v. T.)

Rudolf † 936
Kö. Westfr. 923

Ludwig III. d. Bl. † 928?
Kö. Prov. (Ndbg.) 890
Kaiser 901, gebl. 905

Hugo † 947, Gf, Vienne
Kö. It. 926
1) verh. Ada v. Franken
2) verh. Marozia v. Rom
3) verh. Bertha v. Schwaben
u. Hochbgd.

Karl Konstantin
v. Vienne, † 962

1)
Lothar † 950
Kö. It. (Mitkönig 931)
verh. Adelheid v. Hochbgd.
(2 verh. Otto I.)

6. Burgund, Italien und die deutsche Reichspolitik im Zeitalter der Ottonen und ersten Salier bis zur Angliederung Burgunds an das Imperium (1032/8)

Die spätkarolingische Ära hatte die Desintegration des Imperium vollendet und der Entstehung »nationaler« (Frankreich, Deutschland), gentiler (Stammesherzogtümer) und regionaler (Lothringen, Burgund, Italien) Staatsgebilde Raum gegeben. Der ottonischen Epoche blieb es vorbehalten, auf der Basis der gewandelten politischen und verfassungsrechtlichen Verhältnisse die Reintegration der abgefallenen Glieder vorzubereiten. Im Bereich des Notwendigen und Möglichen lag nicht die Wiedervereinigung der quasi-nationalen Einheiten Ost- und Westfranzien, wohl aber die Wiedereingliederung der gentilen und regionalen »regna«. Kaiser Arnulf hatte noch die Voraussetzungen dafür geschaffen, daß diese Aufgabe im Mittelraum dem Ostfrankenreich zufiel. Sie wurde wirksam weitergeführt von den ersten beiden sächsischen Herrschern Heinrich I. und Otto I.; und die Früchte ernteten die beiden ersten Salier Konrad II. und Heinrich III., unter denen die imperiale Trias Deutschland-Italien-Burgund verwirklicht wurde.

Die Zeitspanne vom Tod Arnulfs 899 bis zur Kaiserkrönung Ottos I. 962 gehört scheinbar zu den politisch verworrensten Perioden der mittelalterlichen Geschichte, eröffnete aber nichtsdestoweniger höchst wichtige Perspektiven für die Neugliederung Europas. Denn damals vollzog sich ein Epochenwandel von tragendem Ausmaß, dessen wichtigste Ereignisse schlagwortartig folgendermaßen zusammengefaßt werden können: Niedergang der beiden Universalgewalten bis in die Tiefen der Anarchie und »Pornokratie« und Wiederaufstieg bis zur Autorität Ottos I.; Konsolidierung der beiden 843 gegründeten Staaten Deutschland und Frankreich; Aussterben der ostfränkischen Karolinger mit Ludwig IV. d. Kind 911, während die westfränkischen Karolinger ihr Thronrecht bis 987 noch mühsam behaupten konnten; Stabilisierung des deutschen Königtums unter Führung des dem Frankenreich zuletzt eingegliederten sächsischen Stammes, der in Abwehr der Ungarn- und Slawennot zum Hüter im Osten wurde; Aufstieg des liudolfingischen Königtums zur hegemonialen Vormacht in Europa. Die Entscheidungen für den Neuaufbau der abendländischen Ordnung fielen dabei nicht primär in Deutschland oder Frankreich, sondern in Italien, Burgund und Lothringen, auf dem Boden des alten Lotharreiches, an dem noch die universalen Traditionen hafteten und in dem der verführerische geopolitische Schlüssel für das Tor zur Vorherrschaft in Europa lag.

Das werdende deutsche Reich konnte sich nicht mit einem isolierten Status der Selbstbeschränkung im Raum der Germania begnügen. Seine Vergangenheit war zu stark mit imperialen Funktionen vorbelastet, seine südlichen Stämme (Baiern, Schwaben) waren kulturell-politisch mit der Lombardei verklammert und daher vom sächsischen Norden her nur durch eine übergreifende königliche Italienpolitik zu binden, und schließlich hätte ein Verzicht auf die historische Tradition zugleich den Verzicht auf eine autarke Existenz neben Frankreich bedeutet.

Es soll hier nicht die alte Diskussion um Irrweg oder Notwendigkeit der deutschen Kaiserpolitik des Mittelalters wieder aufgenommen werden. Uns mag die Feststellung genügen, daß die Rückwendung des stetig nach Osten gewanderten Herrschaftszentrums nach dem Süden und Südwesten eine Rückwendung zu den geschichtlichen Existenzgrundlagen war: im Grunde die notwendige Konsequenz aus der erreichten Grenzsituation. Der offene Osten war eine zu fremde und buchstäblich täglich drohende Gefahr, um ihm in germanischer Isolierung ohne Rückhalt in der »abendländischen Mitte« widerstehen zu können. Diesen Rückhalt aber konnte vorerst nur die christlich-politische Ordnung bieten, die ihr Zentrum in Rom hatte. Knüpfte die ottonische Herrschaft auch zunächst an die romfreie fränkisch-hegemoniale »Aachener Kaseridee« an, die ja nur der eine Aspekt des Imperiums Karl d. Gr. gewesen war, so wäre auf die Dauer einem Aachener Kaisertum mit dem Blick über Magdeburg nach dem Osten hin die Geltung und Kraft versagt geblieben. Es war gewissermaßen eine geschichtsimmanente Logik europäischer Daseinsform, wenn der fränkisch-römische Bund von 751, der sich seinerzeit für die Eingliederung der bedrohlichen Stämme im germanischen Osten bewährt hatte, nun im fortgeschrittenen Stadium des 10. Jahrhunderts durch das gegenüber dem slavischen und asiatischen Osten stark exponierte sächsische Königtum wiederholt wurde.

Die Wiedergeburt des abendländischen Kaisertums vollzog sich durch die erneute Verbindung von Aachen mit Rom, und zwar auf dem vorgezeichneten Weg über die regna des einstigen Lotharreiches: vom lothringischen Raum über Burgund nach Italien. Verfassungsrechtliche Brücke zum Imperium waren seit dem

9. Jahrhundert die Lombardenkrone sowie die päpstliche Salbung in Rom; geopolitische Brücke zum italienischen Königtum war Burgund, und das um so mehr, als es auch eigene Initiativen der Italienpolitik entfaltete. Erhebliche geistige Antriebe für die Erneuerung der Kaiseridee römischer Prägung kamen auch aus lothringischen Kreisen, wie jüngere Untersuchungen zur ottonischen Kanzlei erwiesen haben (K. U. Jäschke).

Alle diese Faktoren — ottonische Burgundpolitik wie burgundische Eigenpolitik, die geopolitische Situation des mitteldeutschen Herrscherhauses, seine außenpolitischen Aufgaben im Osten, seine innerpolitischen Aufgaben im gentilen Reichsgefüge, dessen Süden südwärts orientiert war — müssen zusammen gesehen werden, um die Struktur des mittelalterlichen Europa und die zentripetale Mittlerfunktion der Teile des ehemaligen Lotharreiches (Aachen, St. Maurice d'Agaune, Rom) zu verstehen.

Die Namen und Regierungszeiten der *Könige von Italien* und gegebenenfalls ihre Kaisererhebungen von 888 bis 962 markieren die Stationen des Epochenwechsels:

888—924 Berengar I. von Friaul, mütterlicherseits Enkel Kaiser Ludwigs d. Fr., 915 Kaiser

889—894 Wido von Spoleto, 891 Kaiser

889—898 Widos Sohn Lambert von Spoleto, 992 Mitkaiser

895—899 Arnulf, König von Ostfranzien, 896 Kaiser

seit 900 Ludwig III. d. Blinde, König von Niederburgund, mütterlicherseits Enkel Kaiser Ludwigs II., † um 928

921—926 Rudolf II., König von Hochburgund, † 937

seit 926 Hugo von Vienne, Regent in Niederburgund, † 947

931–950 Hugos Sohn Lothar (verh. m. Adelheid von Burgund)

933/4 Eberhard von Bayern

seit 950 Berengar II. von Ivrea, † 966

seit 960 Berengars Sohn Adalbert, verläßt 969 Italien

seit 951 Otto I., König von Deutschland (verh. m. Adelheid von Burgund-Italien), 962 Kaiser

Die Daten beleuchten die Vakanz des Kaisertums zwischen dem Tod der beiden letzten Träger aus karolingischem Geblüt, Berengars I. († 924) und Ludwigs III. († 928), und der Kaiserkrönung Ottos I. 962; im selben Jahr starb übrigens Ludwigs III. Sohn Karl Konstantin, Graf von Vienne, der nur noch im Namen das kaiserliche Programm seiner Vorfahren verkündete. Die Daten weisen jedoch keine Vakanz des italienischen Königtums aus. Es liegt auf der Hand, daß in dem kaiserlosen Menschenalter jene Männer, die sich um die italienische Krone bewarben, damit zweifellos weitergehende Ambitionen verbanden. Ja man darf sagen, in derselben Zeit, da im werdenden deutschen Reich zunächst die königliche Autorität über die Stämme wiederhergestellt werden mußte, hielten jene Kleinkönige bald rivalisierend, bald verbündet die Kaiserfrage in Bann und drohten, den bisher nur lose in die deutsche Einflußsphäre gezogenen Süden und Südwesten wieder abzuspalten und mit Italien zusammenzuschließen.

Im Mittelpunkt jenes Kräftespiels stand zwei Jahrzehnte lang als Schlüsselfigur *Hugo von Vienne* († 947), Antipode nahezu aller seiner Nachbarn, eine nach Profil und Genealogie faszinierende Persönlichkeit, deren Biographie erst noch geschrieben werden muß. Auf dem Hintergrund seiner Machtpolitik entfalteten sich die im folgenden geschilderten Ereigniskomplexe, welche die Entstehung des deutschen Reiches und seiner Kaiserpolitik fundamental mitbestimmten: die Frage des schwäbischen Herzogtums, der deutsch-burgundische Lanzenhandel, der italienisch-burgundische Vertrag über die Vereinigung der burgundischen Königreiche, das Dreikönigstreffen von Ivois, das die deutsch-burgundisch-französischen Interessensphären absteckte, und das deutsche Protektorat über Burgund als Auftakt der deutschen Kaiserpolitik. (Zu Hugo vgl. Tafel S. 104)

Schon die Königswahl *Heinrichs I.* 919, die einen Nord-Süd-Dualismus der »deutschen« Stämme provozierte, wies das werdende Reich hinsichtlich seiner Südwest- und Westpolitik in die Bahnen Arnulfs. Denn der Wahl waren Baiern, Schwaben und Lothringen ferngeblieben. Der Einfügung dieser drei Potenzen galt daher die erste Aktivität. Herzog Burchard von Schwaben ließ sich bald gewinnen, da er — im Rücken bedroht durch die hochburgundische Ausdehnungspolitik zum Bodensee hin — dem Druck nicht standhalten konnte. Schwieriger war die Überwindung der baierischen Opposition; wenn den *Salzburger Annalen* zu glauben und die betreffende verderbte Textstelle richtig interpretiert ist, hat Herzog Arnulf ein regelrechtes Gegenkönigtum »in regno Teutonicorum« konstituiert, doch 921 fügte er sich. Wegen Lothringen kam es noch im gleichen Jahr zwischen Heinrich I. und dem Westfrankenkönig Karl III. d. Einfältigen zum Bonner Vertrag, der als gegenseitige »völkerrechtliche« Anerkennung des »rex Francorum occidentalium« und des »rex Francorum orientalium« angesehen werden darf. 925 begaben sich die Lothringer anläßlich der westfränkischen Thronwirren und der Intervention Heinrichs unter die deutsche Oberhoheit, um dann durch Otto I. dem Kölner Erzbischof und königlichen Bruder Brun als »dux Lotharingiae« unterstellt zu werden: ein wichtiger Schritt auf dem Weg der Wiederangliederung karolingischer Reichsteile unter deutscher Hegemonie.

Diese ersten Erfolge Heinrichs I. versprachen indes noch keine Befriedung der peripheren Reichslandschaften, vielmehr zogen diese das Reich zwangsläufig in den Sog des Südwestens.

Das wird zunächst greifbar an der *schwäbisch-burgundischen Frage*. Die anfänglichen Querelen zwischen Rudolf II. von Hochburgund und Burchard von Schwaben, die letzteren 919 zur Anerkennung des deutschen Königs trieben, wurden nämlich durch Rudolfs Initiative folgenschwer beseitigt: 921/2 heiratete Rudolf die Tochter Burchards, Berta; ihre Person sollte noch eine bedeutsame Rolle spielen, da sie nach Rudolfs Tod zum Instrument niederburgundischer Herrschaftspläne wurde.

Die burgundisch-schwäbische Allianz von 921/2 hatte nun aber triftige Gründe in den Machtverhältnissen des Nachbarraums. In Niederburgund regierte damals Hugo von Vienne für den blinden König-Kaiser Ludwig. Als Enkel des einst von den Welfen vertriebenen Hukbert (vgl. Kapitel 5) war Hugo ein Vetter Ludwigs d. Blinden wie auch des 923 zum Thron gelangten westfränkischen Königs Rudolf. Außerdem war Hugo durch seine Mutter Berta von Lothringen, Witwe des Markgrafen Adalbert von Tuszien, den mächtigen Tuskulanern verbunden. Eine verschlagene, gewalttätige Natur, setzte Hugo als Markgraf von Arles, Graf von Vienne und Regent des regnum Provinciae alles daran, um einerseits den Sohn Ludwigs III., Karl Konstantin, als präsumptiven Kaiserkandidaten nicht hochkommen zu lassen, um anderseits in ererbter Rivalität gegen Hochburgund seine niederburgundische Stellung allseitig auszubauen. In Italien kam ihm allerdings der Hochburgunder zuvor, denn die oberitalienische Aufstandsbewegung 921 gegen Kaiser Berengar richtete ihre Blicke auf den traditionellen Gegner Berengars — Rudolf I. war schon 889 für Wido von Spoleto gegen Berengar eingetreten. Überdies waren die Rudolfinger in Italien begütert, und der Besitz ihrer Hausabtei St. Maurice reichte ins Aostatal hinüber. 921/2 zog eine Gesandtschaft italienischer Großer, darunter Graf Samson, über die Alpen und bot König Rudolf die Krone an, wobei vermutlich eine Heilige Lanze als Investitursymbol übergeben wurde. Im Frühjahr 922 amtierte Rudolf bereits als König in Pavia, und 923 konnte er Berengar schlagen, der 924 ermordet wurde, nachdem er als Racheakt noch die ihm verbündeten Ungarn auf Burgund gehetzt hatte. Es ist verständlich, daß Rudolf für sein Italienunternehmen die Rükkendeckung durch Schwaben gesucht hatte, was sich allerdings als folgenschwerer Schritt erweisen sollte, da Rudolfs Schwiegervater nun ebenfalls in die italienische Affaire gezogen wurde und dabei 926 den Tod fand.

In diesen Geschehnissen hatte sich — ein Warnsignal für Heinrich I. — die Gefahr eines hochburgundisch-schwäbisch-italienischen Blocks angekündigt, so daß die schwäbische Nachfolgefrage naturgemäß hochpolitischen Zündstoff erhielt. Denn als Interessent für Schwaben kam in erster Linie Rudolf in Betracht. Überdies meldete Hugo von Vienne seine Ansprüche an, der nach dem hochburgundisch-schwäbischen Fehlschlag in Italien neue Chancen witterte: Im Juli 926 ließ er sich, wohl mit Hilfe seiner tuskulanischen Mutter, in Pavia krönen und nahm sogleich Kontakt mit Heinrich I. auf. Weiterhin scheint auch der Baiernherzog Arnulf seine Blicke auf Schwaben gerichtet zu haben. Das verwaiste Herzogtum war jedenfalls über die Huldverweisung von 919 hinausgewachsen zu einem Eckstein im Konzentrationsprozeß des Südwestens. Heinrich I. parierte entschlossen: Auf dem Wormser Hoftag, an dem Rudolf II. teilnahm, übertrug er im November 926 dem landfremden Konradiner Hermann das schwäbische Herzogtum — eine Brüskierung Rudolfs, der daher irgendwie entschädigt werden mußte.

In diese Zusammenhänge rückt nun der nicht sicher datierbare *Lanzenhandel zwischen Rudolf II. und Heinrich I.*, ein vielschichtiges Problem, das einige Forschergenerationen bis heute bemüht hat. Denn die einzige authentische Quelle, Liudprand von Cremona in seiner Antapodosis, läßt die Frage des Zeitpunkts offen und gibt weiten Raum für spekulative Interpretationen bezüglich Herkunft und Bedeutung der Heiligen Lanze, die Heinrich I. mit der Reichsherrschaft seinem Sohn Otto I. vererbte und die seitdem zu den imperialen Reichsinsignien zählte. Liudprands Bericht beansprucht aber immerhin Gewicht, da der Langobarde — einst Zögling am Hofe Hugos von Vienne in Pavia, dann in Diensten Berengars von Ivrea und schließlich am deutschen Kaiserhof in hohen Missionen tätig — gewiß tiefen Einblick in die italienischen und deutschen Verhältnisse und politischen Vorstellungskreise hatte.

Anläßlich der Erzählung über die Schlacht von Birten 939, wobei die Lanze sich als Siegeszeichen Ottos I. bewährt habe, schiebt Liudprand einen Exkurs über die Vorgeschichte ein. »Der Burgundenkönig Rudolf, der einige Jahre lang in Italien geherrscht hat, erhielt diese Lanze zum Geschenk vom Grafen Samson« (also wohl 921). Als Reliquienträger mit eingearbeiteten Nägeln vom Kreuze Christi werde sie von Kaiser Konstantin hergeleitet, dem Sohn der Hl. Helena, die das lebenbringende Kreuz aufgefunden hatte.

Als nun Heinrich von diesem »unschätzbaren Himmelsgeschenk« in den Händen Rudolfs erfuhr, schickte er Boten, um es zu erwerben — für sehr hohen Preis:

»Da aber König Rudolf auf alle Weise erklärte, daß er solches niemals tun werde, so suchte Heinrich... ihn durch Drohungen zu schrecken. Er gelobte ihm, sein ganzes Königreich durch Feuer und Schwert verwüsten zu wollen. Weil aber die Sache, um die er bat, ein Kleinod war... so ward Rudolfs Herz erweicht, und er übergab es persönlich dem gerechten König, der in gerechter Weise Gerechtes begehrte — iustoque regi iusta petenti cominus tradidit. So wurden beide an jenem Tage Freunde, da sie vorher einander Feind gewesen waren. Mit welcher Freude aber Heinrich das Kleinod empfing, das zeigte sich... insbesondere dadurch, daß er den Geber (= den sich Gebenden) nicht nur mit Gold und Silber, sondern auch mit einem ansehnlichen Teil des Schwabenlandes beschenkte — quod... eo dantem se... etiam Suevorum provinciae parte non minima honoravit.«

Soweit die wichtigsten Passagen bei Liudprand, der damit ein Stück Kontinuitätsgeschichte mittelalterlichen Frömmigkeits- und Staatsdenkens enthüllt. Auffallend ist die Betonung des hohen Wertes der Lanze — nur Reliquienwertes? — für Heinrich, so daß er sogar Land dafür abtrat, vermutlich ein Gebiet zwischen Aare, Reuß und Jura mit Einschluß Basels, das nachweislich bis 1006 in burgundischem Besitz blieb. Ein Teil der Forschung (zuletzt H. Büttner) hat daher den Lanzenhandel in das Jahr 926 datiert, weil die politischen Aspekte auf einen Zusammenhang mit der schwäbischen Frage hinweisen. Der Burgunder wurde — vielleicht für die Preisgabe der schwäbischen Erbschaft — durch offizielle Anerkennung eines wahrscheinlich schon vorher unter seinen Einfluß gekommenen schwäbischen Landstrichs entschädigt. Indem Rudolf sich dafür — »dantem se« — dem deutschen König kommendierte, erneuerte er die Huldigung von 888, was ihm eine Schutzhoheit auch über Gebiete in Aussicht stellte, auf die teils Hugo von Vienne, teils der französische König Rudolf, die beiden Bosoniden, reflektierten.

Was den staatsrechtlichen Symbolwert der Lanze betrifft, so bleiben freilich alle Deutungen hypothetisch. Diente das Geschenk des Grafen Samson als Investiturzeichen für Italien in neu belebter germanisch-lombardischer (»Wodansspeer«) oder

111

in römischer Reminiszenz? War sie als legendär umgedeutete Konstantinslanze mit dem Anspruch auf das Kaisertum behaftet? War diese Bezugsetzung eine imperiale oder rein religiöse? Hat Heinrich I. mit dem Erwerb italienische oder burgundische Hoheitsrechte angestrebt? Rudolf von Burgund hat 926 noch keineswegs auf die Italienpolitik verzichtet, was man u. a. gegen die Datierung des Lanzenhandels zu 926 angeführt hat. Oder war die Lanze in seiner Hand bereits zum Herrschaftszeichen für das burgundische Königtum geworden?

Denn neben der zum Reichsinsignie gewordenen Lanze lebte auch eine burgundische Tradition fort, und zwar in neuerlicher Umdeutung zur Mauritiuslanze. Unter ihrem Zeichen erfolgte 1032 die Angliederung Burgunds ans Reich: als »insigne regni Burgundiae«, wie der Chronist Hugo von Flavigny allerdings erst um 1100 erzählt. Diese Umdeutung war wohl im Zuge der ottonischen Verehrung des Schutzpatrons von St. Maurice d'Agaune geschehen, der durch das Reliquiengeschenk Rudolfs II. 937 bei der Gründung des Magdeburger Moritzklosters Pate stand und seitdem seine religiös-politische Bedeutung für die Ostmission antrat. Auch Polen und Ungarn waren im Besitz von Mauritiuslanzen, die sich auf staatsrechtliche »Geschenke« Ottos III. zurückführten.

Die Perspektiven der Lanzentradition als Reliquie, triumphales Feldzeichen und Herrschaftssymbol unterschiedlicher Relevanz, welche auch die archäologische Prüfung der beiden erhaltenen Lanzenexemplare der Wiener Schatzkammer und des Krakauer Domschatzes nicht klärt, beleuchten zwar den Weg der variablen Verflechtung religiöser und staatsrechtlicher Motive, nicht aber die konkrete Bedeutung der Lanze im Besitz Samsons, Rudolfs und Heinrichs. Für jeden mag sie beides gewesen sein, Reliquie und Investitursymbol von jeweils aktuellem politischem Gehalt.

926 jedenfalls hat Heinrich I. — mit oder ohne Lanze — die burgundisch-schwäbische Machtentfaltung gebremst. Allerdings erhob sich die Gefahr eines burgundisch-schwäbisch-italienischen Kraftfeldes bald aufs neue, diesmal unter Führung Hugos von Vienne, dessen Ziele offenkundig höhergesteckt waren als die Rudolfs. Im Mittelpunkt seiner Ausdehnungspolitik stand der *niederburgundisch-hochburgundische Vertrag von 931/3*, den man früher als Geburtsurkunde des Königreichs Arelat angesehen hat, dessen Datierung und Tragweite jedoch stark umstritten ist. Überliefert ist die Abmachung wiederum allein durch Liudprand:

»... um diese Zeit« — politischer Wirren in Rom — »sandten die Italiener nach Burgund, um Rudolf zu rufen. Als dies Hugo erfuhr, schickte er ebenfalls Boten an Rudolf und trat ihm alles Land ab, das er in Gallien besessen hatte, bevor er König geworden war – ante regni susceptionem – und ließ sich dafür (von Rudolf) das eidliche Versprechen leisten, niemals mehr nach Italien zu kommen.«

Wenig später, 933/4 schielte auch Baiern wieder nach Italien; Herzog Arnulf zog über die Alpen, um seinen Sohn Eberhard als König durchzusetzen, was ihm aber nicht gelang.

Hintergrund dieser Konstellation, in welcher erneut die italienische Krone als politischer Köder feilgeboten wurde, war der skrupellose Ehrgeiz Hugos; er scheute keine Mittel, das Kaisertum an sich zu bringen, nachdem der letzte Titelträger Ludwig III. 928 gestorben war. Hugos Schachzüge, von Liudprand dramatisch geschildert, klingen fast wie ein Räubermärchen, das immerhin als historische Staffage für die Renaissance des römischen Kaisertums drei Jahrzehnte später diente.

Um 930 führte in Rom die berüchtigte »senatrix« Marozia das Regiment, eine Frau von zwielichtiger Größe, Tochter des Theophylakt und Stammutter der sog. Tuskulaner, die bis ins 11. Jahrhundert Einfluß in Rom und auf das Papsttum ausübten. Die »Pornokratie« der Marozia und ihrer Sippe verhinderte vorerst, daß die Kaiserkrone Berengars bzw. Ludwigs neu vergeben wurde. Auch Hugo scheiterte, obwohl er 931/2 in der Engelsburg mit Marozia Hochzeit feiern und seinen Sohn Lothar zum Mitkönig erheben lassen konnte. Es war ein makabres Manöver, wenn man bedenkt, daß Hugo das verwandtschaftliche Hindernis seiner Halbbruderschaft zu dem eben verstorbenen Gemahl Marozias leugnen mußte und dessen noch lebenden Bruder Lambert von Tuszien blenden ließ. Indes, die Aktion verfehlte ihr Ziel; der Unwille der Römer gegen die Fremdherrschaft verband sich mit der Rache des Sohnes der Marozia aus erster Ehe, Alberichs II. von Spoleto. Derselbe Alberich war noch Herr von Rom beim ersten Italienzug Ottos I., sein Sohn Johannes XII. krönte den Kaiser 962. 932 schürte er den Haß gegen Hugo, »der die Würden des Reichs an die Söhne seiner Konkubinen und an Burgunder verteilte«; durch Alberich ließ Liudprand seinen Spott gegen die ihm verhaßten Abkömmlinge von den Burgknechten der Römer (s. S. 51) verbreiten. Hugo mußte auf einer Strickleiter aus der Engelsburg fliehen. Wohl damals schloß er den denkwürdigen Vertrag mit Rudolf, dessen Fixierung für 932 kürzlich neu gestützt wurde (H. E. Meyer), um wenigstens das italienische Königtum für sich zu retten.

Was aber konnte Hugo von seiner »terra in Gallia quam ante regni susceptionem tenuit« abtreten? In Niederburgund war er nicht König, und die Grafschaft Vienne war um 924 an Karl Konstantin übergegangen. Nach 932 urkundete man im Viennois und Lyonnais nicht, wie zu erwarten wäre, nach Rudolf II., sondern nach den westfränkischen Königen. Es kann sich also um keine Abtretung Niederburgunds, sondern nur begrenzter Rechte gehandelt haben, was jedoch das Faktum des Vertrags nicht ausschließt. Im Gegenteil: Keine schwere Einbuße für Hugo, war es eine kluge Finte zur Mattsetzung der Gegner. Hugo hatte nämlich 928 die provincia Viennensis an Odo von Vermandois abgetreten, um die Ansprüche Karl Konstantins zu dämpfen, der daraufhin auch dem französischen König huldigte. Sicherlich hatte Hugo die Franzosen nicht selbst ins Land rufen wollen, aber nach dem Sinken des Sterns der Vermandois konnte auch das seinen Zwecken dienen: nämlich um Karl Konstantin und Rudolf II. in die Defensive gegen Westfranzien zu treiben und so vom italienischen Schauplatz fernzuhalten. Immer noch bildete Italien für Hugo ein Sprungbrett zu großräumiger Politik. Das zeigte sich offen beim Tod des Welfen 937: Unverzüglich heiratete Hugo die schwäbisch-burgundische Berta und verlobte seinen Sohn Lothar deren sechsjähriger Tochter Adelheid — wohl mit dem Ziel, den unmündigen König Konrad zu verdrängen, den Vertrag von 932 zu umgehen und beide Burgunds seiner Herrschaft anzugliedern.

Seit 928 war also eine Situation entstanden, die das deutsche Königtum nicht ohne weiteres hinnehmen konnte, gleichgültig ob im Tauziehen um die Westalpenpässe Niederburgund, Hochburgund oder Frankreich siegte. Ein vereinigtes Reich Burgund in feindlicher Hand mußte verhindert werden. Unter diesem Eindruck standen die letzten Jahre Heinrichs I. und die Außenpolitik Ottos I. Das *Dreikönigstreffen zu Ivois 935* zwischen dem deutschen, französischen und burgundischen König, das den Ausgleich zwischen dem westfränkischen König und seinem Großvasallen von Vermandois bekräftigte, scheint einer Abgrenzung der Interessensphären in Lothringen und Burgund gegolten zu haben. Manches spricht dafür, daß die beiden Rudolfe auf Burgund und Lothringen verzichtet haben, daß Heinrich den Westfranken zum Rückzug aus dem Viennois aufforderte und daß vielleicht damals Rudolf II. dafür (mittels der Lanze?) seinen italienischen Plänen entsagte. Im Grunde war der Freundschaftsvertrag ein Sieg Heinrichs über die Politik Hugos von

Italien, auch wenn die Abmachungen durch den Tod aller drei Vertragspartner 936/7 zunächst hinfällig wurden. Die umstrittene Nachricht Widukinds von Corvey, dessen sächsischem Horizont der römische Kaisergedanke noch fernlag, Heinrich habe noch einen Italienzug geplant, sei aber durch die letzte Krankheit verhindert worden, gewinnt Glaubwürdigkeit auf dem Hintergrund der drohenden burgundisch-italienischen und baierisch-italienischen Koalition.

Die Konsequenzen aus den Verträgen von 932 und 935 zog *Otto I. d. Große*, indem er auf die Einheirat Hugos in Hochburgund scharf reagierte. Als eine der ersten Regierungshandlungen unterstellte er die Waisenkinder Konrad und Adelheid seinem Schutz oder, wie der westfränkische Annalist Flodoard formuliert, er brachte Konrad durch List in seine Gewalt und nahm, laut Widukind, die Regentschaft selbst in die Hand: »abiit Burgundiam, regem cum regno in suam accepit potestatem«. Von den Quellen kommentarlos mitgeteilt, bleiben die Rechtsgründe dunkel. Otto scheint das *Protektorat über Burgund* unbestritten wahrgenommen zu haben als *Lehensvormundschaft* auf Grund der 888, 926 und 935 aufgerichteten Lehenshoheit; sie erlaubte es dem Senior, minderjährige Vasallensöhne am eigenen Hofe zu erziehen, ohne deren Rechte zu schmälern. Konrad blieb bis 942 am deutschen Hof, um dann die Regierung selbst zu übernehmen und unter dem Schutz des deutschen Königs die Angliederung Niederburgunds (Viennois, Lyonnais, Provence) weitgehend zu realisieren. So ist durch Ottos Intervention ein einigermaßen lebensfähiges, gegenüber Italien und Frankreich selbständiges Königtum erhalten geblieben, was die Rudolfinger aus eigener Kraft kaum vermocht hätten. Anderseits hat das deutsche Königtum sich damit den Herrn der Paßwege vom Oberrhein und von Frankreich nach Italien verpflichtet und so eine französische Kaiserpolitik verriegelt, die einst durch Karl d. Kahlen vom Viennois aus gestartet worden war.

Der zweite Schritt ottonischer Intervention in burgundischer Sache für Reichsinteressen führte folgerichtig direkt nach Italien. Seit den vierziger Jahren stellten sich am deutschen Hof Emigranten aus Italien ein, denen Hugos Regiment verhaßt war, darunter Berengar von Ivrea; er kehrte allerdings nach Italien zurück, ließ sich nach dem Tod Hugos († 947) und Lothars († 950) krönen und bemächtigte sich unter Mißachtung seiner Fidelitätsbande der Königinwitwe *Adelheid,* mit der immerhin italienische und burgundische Ansprüche verknüpft waren. Die

Not seines Mündels gab die rechtliche Legitimation für Ottos ersten Italienzug. Im Herbst 951 vermählte sich Otto I. dann selbst mit der befreiten Adelheid. Letztlich aber galt das Eingreifen der Neutralisierung der Kräfte im Alpenraum, da Italien erneut ins Blickfeld der süddeutschen Herzöge gerückt war, diesmal des Königsbruders Heinrich von Baiern und des Königssohnes Liudolf von Schwaben, deren Sonderpolitik eine schwere Reichskrise ankündigte. Auch wenn Ottos römische Pläne vorerst noch Aufschub erlitten durch die Unzulänglichkeit des Senators Alberich und wegen der dem Reich drohenden Gefahren (Liudolfinischer Aufstand, Ungarnschlacht), so führte doch der nächste Vorstoß — im Zusammenhang mit missionspolitischen Absichten hinsichtlich des Magdeburger Erzbistums — zur Kaiserkrönung 962. In der damit beendigten Vakanz des Kaisertums hatte also die burgundische Frage sozusagen die Brücke gebildet von der karolingisch-ostfränkischen zur ottonischen Außenpolitik.

Hatte Ottos I. Protektorat die Existenz des welfischen Königtums gesichert, so ging es seit der Mitte des 10. Jahrhunderts um die *Voraussetzungen für die Angliederung Burgunds an das Imperium.* Die langen Regierungszeiten der burgundischen Könige Konrad 937—993 und Rudolf III. 993—1032, während Kaiserin Adelheid bis zu ihrem Tod 999 über die deutsch-burgundischen Beziehungen wachte, waren durch drei Tendenzen gekennzeichnet: Verzicht Burgunds auf expansive Außenpolitik, konsequente Anlehnung Burgunds an das Reich bei wachsender Schwäche der innerpolitischen Autorität, zudem durch einige Heiratsverbindungen, deren genealogisches Netz die burgundische Nachfolgefrage im 11. Jahrhundert »international« komplizierte.

Die *innerpolitische Lage Burgunds* war bestimmt durch das langsame Vorschieben des ottonischen Einflusses vom Oberrhein zu den Alpen, verfolgbar an Schenkungen und Privilegien. Allerdings, die Strukturunterschiede der beiden regna blieben dadurch so gut wie unberührt. Eine wirkliche Integration des Südens ist nie ganz gelungen.

Die Schwerpunkte des welfischen Königtums und damit des deutschen Einflußbereichs lagen um den Genfer See; im Wallis und in der Waadt lagen die wichtigsten Königsklöster und -pfalzen, wie St. Maurice d'Agaune, Romainmôtier und Peterlingen-Payerne, wo jüngere Grabungen die Reste des Grabes der Königin Berta vermuten, oder wie Orbe und Vevey. Die Heterogenität von Hoch- und Niederburgund war übrigens auch straßenbedingt: Juraburgund durchquert von bedeutsamen Binnen-Landwegen, jedoch die großen südgerichteten Fernhandels- und Wasserstraßen Niederburgunds führten daran vorbei. Die Welfenherrschaft konzentrierte sich also nur auf einen Teil des Gesamtraums. Die Beinamen der letzten Könige — Konrad »der Friedfertige«, Rudolf »der Faule« — waren wohl nicht nur Ehrennamen; beide waren den innerpolitischen Aufgaben nicht gewachsen. Das wurde schon sichtbar in der Sarazenen-Plage; seit 920 bedrängten sie die Westalpen; 940 konnten sie St. Maurice d'Agaune zerstören und die Paßkontrolle übernehmen, ohne daß sie jemand daran gehindert hätte.

Wenn es 983 nicht dem Königtum, sondern dem Markgrafen von Provence gelang, den auf dem St. Bernhard gefangenen Abt Maiolus von Cluny zu befreien, so kennzeichnet das die Situation.

Unter Rudolf III. lassen sich zwar in der Wiederherstellung von St. Maurice und in einer auf Lyon und auf das Bistum Aosta gerichteten Personalpolitik Ansätze einer defensiven Alpenpolitik erkennen, jedoch vermochte das Königtum, eingeengt durch Lokalgewalten, seine Autorität nicht effektiv zur Geltung zu bringen. Thietmar von Merseburg schildert die Lage zweifellos zutreffend:

»Soviel ich gehört habe, gibt es keinen ihm (Rudolf III.) ähnlichen Herrscher. Er besitzt nur Titel und Krone. Bistümer verleiht er denen, die von den Fürsten dort gewünscht werden. Daher gehorchen sie mit gebundenen Händen jenen Großen gleichsam wie ihrem König. ... Nur deshalb herrscht über sie ein solcher König, damit um so ungestörter das Wüten der Bösewichter weitergehen kann und kein neuer König eine andere Verfassung schaffe und die eingewurzelten Gewohnheiten breche... Auch gibt es dort keinen Grafen, der nicht die Stellung eines Herzogs hat.«

Dem Chronisten stand dabei die Macht des deutschen Stammesherzogs vor Augen, dem die burgundische Grafengewalt mehr ähnelte, als den stark mediatisierten Rechten der zahllosen Seigneurs der westfränkischen Feudalhierarchie. Was die Kirchenpolitik betrifft, so lagen von den 7 burgundischen Erzbistümern allein 3 im Bereich der provençalischen Markgrafen: Arles, Aix, Embrun. Auch Besançon war beherrscht vom einheimischen Grafenhaus, lediglich die Suffragane befanden sich teils noch in königlichem Einflußbereich. So blieben für die königliche Politik nur offen: Vienne, Tarentaise und Lyon, dessen Suffragane allerdings alle zu Westfranzien gehörten. Von den insgesamt 37 Bistümern konnte Rudolf III. nur in etwa 15 Königsrechte wahrnehmen. Er tat dies, offensichtlich planmäßiger als sein Vorgänger, nach Prinzipien, die der ottonischen Reichskirchenpolitik, aber auch den Praktiken des burgundischen Feudaladels entsprachen: einmal durch gezielte Verwandtschafts-Personalpolitik (greifbar für Lyon, Lausanne, Genf, Sitten, Tarentaise-Aosta, Vienne), zum andern durch Verleihung von Regalien (z. B. Grafschaftsrechten) an die Bischöfe, so 1023 für Vienne. Das alles geschah allerdings in harter Konkurrenz mit dem landsässigen Adel, und letzten Endes wußte der Adel die Chancen besser zu nutzen als das Königtum.

Solche herzogsähnlichen Gewalten repräsentierte im Süden der Markgraf von Provence, der durch die Sarazenen-Abwehr — vor allem unter Wilhelm I. († 994) — zu Macht gekommen war und übrigens ähnlich wie Girart von Vienne zum Archetypus des ritterlichen Helden in der volkssprachlichen Literatur geworden ist. In seinem Land scheinen die Königsrechte unter dem Deckmantel nomineller Oberhoheit gänzlich erloschen zu sein.

Im Norden baute auf strukturell anderen Grundlagen die Aktivität Hugos d. Schwarzen († 952) und seines Nachfahren Ott-Wilhelm († 1026) die Grafschaft Besançon zu einem Kleinstaat aus. Vor allem Ott-Wilhelm, väterlicherseits Enkel Berengars von Ivrea, von dem Thietmar sagt, er sei dem Namen nach zwar Vasall, tatsächlich aber Herr (»dominus in re«), gehört in die Reihe profilierter Mittelreichspolitiker. Seine Unabhängigkeit gründete auf Doppelvasallität sowie auf dem erneuten Zusammenschluß der Grafschaften von Besançon und Mâcon, wodurch den seit 843 staatsrechtlich getrennten Landschaften beiderseits der Saône erneut der Kern gemeinsamer Traditionsbildung eingepflanzt wurde.

Die Reichsmitte glitt vorerst zunehmend in die Hand der Bistümer (Grenoble, Valence, Tarentaise etc.), die im 11. Jahrhundert bereits weitgehend gräfliche Rechte und ansehnliche Besitzungen verwalteten, mit deren Verleihung das Königtum vergeblich geistlichen Rückhalt gegen den Laienadel gesucht hatte. Überdies begannen sich hier die »Paßstaaten« von Savoyen und der später sog. Dauphiné zu kristallisieren. Den Grund dafür legte der Erzbischof von Vienne, als er um 1029/30 die ihm kurz zuvor von Rudolf III. anvertraute Grafschaft (außer der Stadt selbst) weiterverlieh an zwei Dynasten: den Nordteil an Humbert von Maurienne, Vogt des Domkapitels von Vienne, den Südteil an Wido III. (Guigues) aus dem Haus der späteren Grafen von Albon. Beide Dynastien schoben sich fortan als Zwischeninstanzen zwischen Königtum und landsässigen Kleinadel.

Angesichts des steten machtpolitischen Prestigeverlusts wirkte sich die burgundische *Heiratspolitik* um so folgenschwerer aus, wobei sich nochmals französische und deutsche, burgundische, schwäbische und bairische Interessen verquickten. Während die Tochter Konrads aus erster Ehe, Gisela, den Baiernherzog Heinrich d. Zänker heiratete und Mutter Kaiser Heinrichs II. wurde, erfolgte die Regelung der immer noch anstehenden lothringischen Frage 966 durch Vermittlung Burgunds mit einer Doppelbindung an das französische Königshaus der letzten Karolinger: Die Tochter Kaiserin Adelheids aus erster Ehe, Emma, wurde König Lothar vermählt, und Konrad heiratete Lothars Schwester Mathilde. Diese Doppelhochzeit festigte indirekt auch die deutsch-französische Verwandtschaft, denn die französischen Geschwister waren durch ihre Mutter Gerberga Enkel des ersten Sachsenkönigs Heinrich I. Da nun der Sohn Konrads und Mathildes, Rudolf III., ohne legitime Erben blieb, konnten vier Linien Erbansprüche auf Burgund anmelden: (vgl. Tafel S. 122)

a) das Herzogshaus Baiern bzw. Kaiser Heinrich II. als Enkel Konrads, Neffe Rudolfs III.;

daneben die Familien der beiden Schwestern Rudolfs:

b) das Herzogshaus von Blois-Champagne, in das Berta eingeheiratet hatte;

c) das schwäbische Herzogshaus auf Grund der Ehe von Gerberga d. J. mit Hermann II. von Schwaben, deren Tochter Gisela zunächst Ernst von Schwaben heiratete; sie waren die Eltern jenes jüngeren Ernst, der in Opposition gegen seinen Stiefvater, Kaiser Konrad II., die Gefahr des Liudolfinischen Aufstands wiederholte;

d) schließlich konnte der erste Salierherrscher Konrad II. Ansprüche vertreten als Gemahl ebenderselben Gisela, Enkelin Konrads und Nichte Rudolfs III., mit der man überdies das Kaisertum zum karolingischen Geblüt zurückkehren sah.

Als die bisher dominierenden persönlichen Beziehungen zwischen den Herrscherhäusern durch den Tod aller ihrer Träger – Konrad † 993, Adelheid † 999, deren Enkel Kaiser Otto III. † 1002, der andere Enkel König Ludwig V. von Frankreich † 987 – zurücktraten, wirkten die schwache Position und die genealogische Verzweigung des welfischen Königtums zusammen, um mit dem Regierungsantritt *Heinrichs II.* (1002—1024) eine neue Periode im deutsch-burgundischen Verhältnis einzuleiten. Es kündigte sich schon an in der Rückgewinnung Basels 1006, des einstigen Lanzenpreises. Zur treibenden Kraft für die folgenden Ereignisse wurde indirekt Ott-Wilhelm; denn nachdem seine Ambitionen hinsichtlich der Bourgogne von König Robert abgewiesen worden waren, suchte er verstärkt seine Macht auf Kosten des burgundischen Lehensherrn auszudehnen, so daß Rudolf III. bei seinem Neffen Rückhalt erhoffte. Es kam zu wiederholten Abmachungen, die in den Verträgen von Straßburg 1016 und Mainz 1018 gipfelten.

Der Kaiser wollte »in kluger Absicht alles das fester unterordnen, was ihm durch den König (Rudolf) lange zuvor eidlich für den Fall des Todes zugesichert war. Hatte er doch von seinem Oheim omnen Burgundiae regionis primatum erhalten . . .«, so berichtet Thietmar. Zwar wurde Rudolf nochmals unsicher durch den Widerstand in seinem Land, doch in Mainz »hat Rudolf ihm (dem Kaiser) . . . Krone und Szepter übergeben und zugleich Huldigung und Eidesleistung erneuert«.

Wenngleich die Abmachungen vorläufig nicht zum Tragen kamen, da Rudolf Heinrich II. überlebte, so bildeten sie doch die Rechtsgrundlage für die beim Tod Rudolfs 1032 durch Insignienübergabe und Designation Konrads II. vollzogene Angliederung Burgunds an das Reich. Unter den Herrschaftszeichen befand sich nach späterem Zeugnis auch eine Mauritiuslanze.
Konrad II. (1024–1039) konnte sich ebenfalls auf Verwandtschaft mit dem Welfenhaus berufen, indes nicht nachdrücklicher als die Mitbewerber. Die Aspirationen Odos von Blois richteten sich auf Burgund und Lothringen. Der Wahl und Krönung Konrads zum Regenten Burgunds im Februar 1033 folgten noch fünf Jahre schwerer Kämpfe.

Damals wohl muß der Münzschatz vergraben worden sein, der 1965 in Corcelles-près-Payerne gefunden und dessen Katalog jetzt veröffentlicht wurde: ein aufsehenerregender Fund von 1118 Münzen aus 26 Münzstätten vorwiegend des mittelrheinischen Gebiets, dessen historischen Hintergrund zweifellos die Kriegsereignisse um 1034 bildeten. Handelte es sich um Sicherstellung eines Vermögens, das ein kaiserlicher Gefolgsmann als Geschenk oder zur Aufbewahrung für Soldzahlungen erhalten hatte? Vielleicht auch werfen die Herkunftsorte der Münzen Licht auf die Zusammensetzung des Heeres.

Im Herbst 1038 ließ Konrad in Solothurn seinen Sohn *Heinrich III.* zum rex Burgundionum erheben. Wenn das Kaisertum den Wettbewerb um Burgund gewann, so nicht nur aus Kriegs- und Erbrecht, sondern weil Konrad sich auch auf das wohlfundierte Reichsrecht stützen konnte: Mit dem Heimfall des Lehens Burgund, eines nach traditioneller Auffassung zeitweise entfremdeten karolingischen Reichsteils, erntete Konrad II. die Früchte der Politik seiner Vorgänger seit 888. Das römisch verstandene Imperium Heinrichs III. gestaltete sich fortan aus der Trias Deutschland-Italien-Burgund. Die Signumzeilen der ersten aus der burgundischen Kanzlei stammenden Urkunden sprechen für sich:»Signum domni Henrici regis invictissimi Teutonicorum tertii, secundi Romanorum imperatoris augusti, Burgundionum primi.« Mit der Ausdehnung der kaiserlichen Oberhoheit über Reichsitalien, Burgund und Lothringen waren also die Teile des 855 aufgelösten Lotharreiches dem ostfränkischen Nachfolgestaat angegliedert. Allerdings blieb die Herrschaftsrealisierung eine schwer belastende Reichsaufgabe.

Es war Zufall, daß im Geburtsjahr der deutsch-burgundischen Personalunion 1032 auch das französische *Herzogtum Burgund* eine ähnlich gravierende Fixierung seines Verhältnisses zur Krone erlebte. Der nach dem Tode (Odo-) Heinrichs I. 1002, des Bruders von Hugo Capet, ausgebrochene Erbstreit zwischen Heinrichs Adoptivsohn Ott-Wilhelm und seinem Neffen Robert endete 1016 zugunsten des Königs, der das Herzogtum seinem zweiten Sohn Heinrich übertrug. Dieser vergab es bei seiner Thronbesteigung 1032 an seinen Sohn Robert, der als Begründer der jüngeren, herzoglichen Linie der Kapetinger gilt, die bis 1361 regierte. Das Herzogtum war verfassungsrechtlich von anderer Struktur als das benachbarte Königtum. Es war entstanden zwar auf ethnisch ausgeglicheneren Grundlagen, jedoch nicht aus stammlicher Einheit, sondern durch regionale Konzentration mehrerer Grafschaften. Es ist sozusagen von unten her erwachsen als Produkt der fortschreitenden Feudalisierung westlicher Prägung, anfangs von nur beschränktem Radius, aber letztlich fester und dauerhafter im Gesamtgefüge des Staates verankert. Die Bourgogne ist ein klassisches Beispiel für den Werdegang der großen französischen Lehensfürstentümer. Allerdings hat sie durch jahrhundertelange Verbindung zum Herrscherhaus eine für beide Teile nicht immer günstige Sonderstellung erlangt. Denn mit der dadurch begrenzten Machtentfaltung wuchs der Stachel der Opposition gegen das zentralistische Königtum.

Im Herzogtum Burgund fand übrigens die Institution der »Apanagen« ihre früheste und folgenreichste Ausprägung, d. h. die Versorgung der jüngeren Herrschersöhne durch Lehensfürstentümer. Die Apanagierung — erstmals 1017 und 1032, in ausgeprägter Form dann 1363 — trat sozusagen an die Stelle der Reichsteilung und bildete im Spätmittelalter eine rechtliche Variation zu dem in Deutschland wirksamen System des »Leihezwangs«, das den König verpflichtete, das heimgefallene Lehen binnen bestimmter Zeit wieder auszugeben. Auch wenn das französische Lehenrecht anders als in Deutschland der staatlichen Zentrierung zugute kam, so zeigt sich doch am großburgundischen Valoisstaat, welch mächtiger Gegenspieler des Königtums solche Erbapanage werden konnte.

Burgundische Heiratspolitik

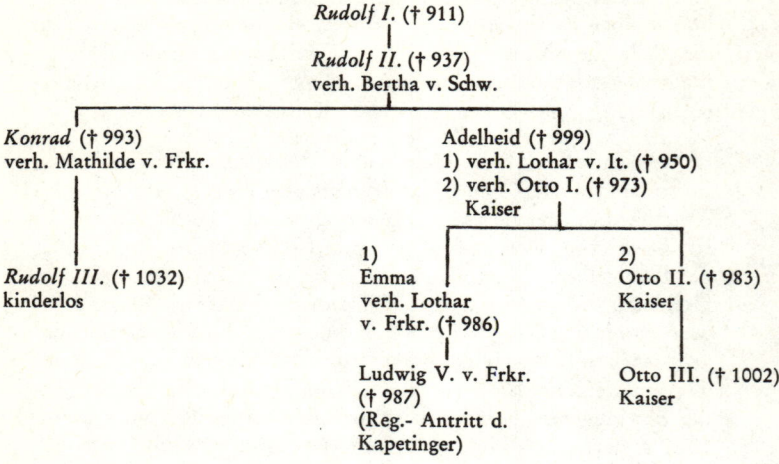

Rudolf I. († 911)

Rudolf II. († 937)
verh. Bertha v. Schw.

Konrad († 993)
verh. Mathilde v. Frkr.

Adelheid († 999)
1) verh. Lothar v. It. († 950)
2) verh. Otto I. († 973)
Kaiser

Rudolf III. († 1032)
kinderlos

1)
Emma
verh. Lothar
v. Frkr. († 986)

Ludwig V. v. Frkr.
(† 987)
(Reg.- Antritt d.
Kapetinger)

2)
Otto II. († 983)
Kaiser

Otto III. († 1002)
Kaiser

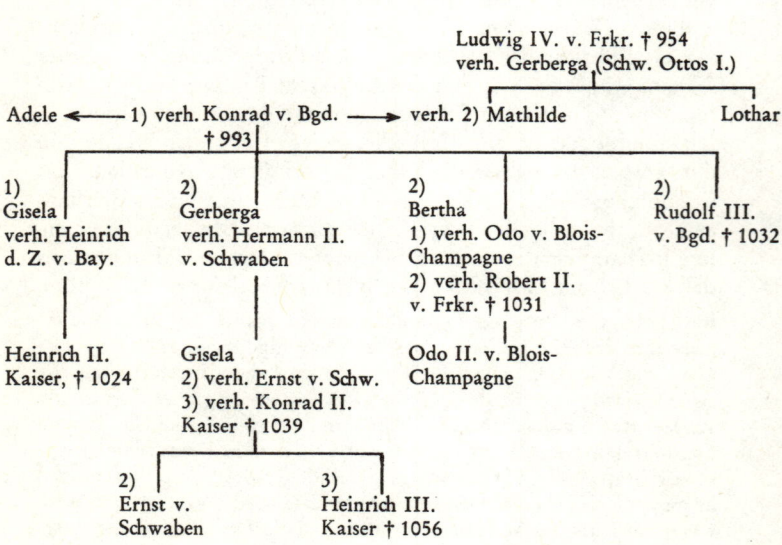

Ludwig IV. v. Frkr. † 954
verh. Gerberga (Schw. Ottos I.)

Adele ◄——— 1) verh. Konrad v. Bgd. ——► verh. 2) Mathilde   Lothar
† 993

1)
Gisela
verh. Heinrich
d. Z. v. Bay.

2)
Gerberga
verh. Hermann II.
v. Schwaben

2)
Bertha
1) verh. Odo v. Blois-
Champagne
2) verh. Robert II.
v. Frkr. † 1031

2)
Rudolf III.
v. Bgd. † 1032

Heinrich II.
Kaiser, † 1024

Gisela
2) verh. Ernst v. Schw.
3) verh. Konrad II.
Kaiser † 1039

Odo II. v. Blois-
Champagne

2)
Ernst v.
Schwaben

3)
Heinrich III.
Kaiser † 1056

122

7. Burgund oder das Arelat als Teil des mittelalterlichen Imperium in der salisch-staufischen Kaiserzeit (1038—1250).

Über der Geschichte Reichsburgunds lag wie ein Schatten die prophetische Mahnung des Hofkaplans und Historiographen Konrads II., Wipo, die er in seinem *Tetralogus* dem künftigen Kaiser Heinrich III. zukommen ließ, er möge doch bald in die eben unterworfene Burgundia kommen, »denn allzuoft ist die Treue der neuen Untertanen dem Wankelmut ausgesetzt, wenn der Herr zu lange fern bleibt«; das alte Sprichwort enthalte auch politische Weisheit: »quicquid abest oculis, removetur lumine cordis — aus den Augen aus dem Sinn!« Verhallte die Warnung? Zu Anfang des 13. Jahrhunderts während des deutschen Thronstreits sieht sich ein kompetenter Kenner der Verhältnisse erneut veranlaßt, auf die schweren Versäumnisse der Kaiserpolitik hinsichtlich Burgunds hinzuweisen: der Engländer Gervasius von Tilbury, damals Ehrenmarschall des Arelats, führt in seinen *Otia imperialia* Kaiser Otto IV. die Wichtigkeit der Reichsrechte in Burgund und die Bedeutung dieses gottgesegneten Landes mit seinen Pässen und Häfen im Herzen Europas zwingend vor Augen; keines der Kaiserländer sei so unentbehrlich oder auch gefährlich wegen seiner Wege nach Frankreich, Spanien und Italien wie auch für die Kreuzzüge nach Syrien und Afrika. Wiederum sieben Jahrzehnte später, 1281, als Frankreich bereits die Autoritätsnachfolge der Staufer angetreten hatte, entwirft Alexander von Roes sein *Memoriale* über die Prerogative des Kaisertums, indem er die französischen Ansprüche beantwortet mit seiner Konzeption von der rechten historischen Weltordnung:

Den Römern gebühre als Weltamt das Sacerdotium, den Deutschen das Imperium, den Franzosen das Studium, aus welchen dreien gleichsam wie aus Fundament, Wänden und Dach sich die Kirche gestalte; wie aber bei einem Gebäude zwar ein Fundament und ein Dach genüge, nicht aber eine Wand, so genügen für das Sacerdotium und das Studium je ein Hauptsitz, Rom und Paris, das Kaisertum jedoch ruhe auf den vier loca principalia: Aachen, Arles, Mailand und Rom. Die Verantwortlichen mögen Sorge tragen, daß sich die vier Wände des Gebäudes nicht voneinander lösen.

Der Reichstheoretiker beschwor damit eine bereits untergehende Weltordnung, deren Gebäude indes niemals so perfekt stand, wie hier gezeichnet. Arles als »sedes imperii« oder »archisolium regni«, wie die Chronisten es auch nannten, war die erste Wand, die sich aus dem Universalgebäude wieder herauslöste. Im übrigen waren die Rhônelande trotz ihrer nominellen Zugehörigkeit zum Reich im Bewußtsein des Mittelalters stets ein Teil der Gallia und für die kaiserliche Germania faktisch ein Fremdkörper geblieben. Der frühmittelalterlichen deutschen Hegemonie bis zur Rhône hin folgte mit der Konsolidierung der französischen Monarchie seit dem 12./13. Jahrhundert der französische Gegenschlag unter Berufung auf die römische Gallia-Tradition, auch wenn Frankreich letzten Endes genauso wenig sein Ziel — im Norden die Rheinlinie des Caesar'schen Gallien — voll erreichte, wie vordem Deutschland im Süden die Rhônelinie des Lotharreichs von 843.

Die Grenzkämpfe der folgenden Jahrhunderte stellten also weder die Ostgrenze des römischen Gallien noch die Westgrenze des karolingischen Zwischenreichs wieder her. Die römische Kaiserresidenz Arles mit dem Rhônetal blieb französisch, die römische Kaiserresidenz Trier mit der unteren Mosel und den mittleren Rheinlanden deutsch.

Vom 11. bis 14. Jahrhundert lag das Arelat inmitten der kaiserlich-französischen Spannungszone und damit im Brennpunkt der europäischen Politik. Seit dem Untergang der Staufer und mit dem Rückgang der Italien- und Kaiserpolitik vollzog sich die Abspaltung des regnum Arelatense vom Reich zugunsten Frankreichs, so daß die Übertragung des Reichsvikariats im Arelat durch Kaiser Karl IV. 1378 an den französischen Thronfolger nur noch ein fait accompli besiegelte. Überschaut man die Geschichte des Arelats, so kann man sagen, daß die Verwirklichung des 1032 begründeten staatsrechtlichen Status als »Reichsgebiet« sich in enger Relation zur machtpolitischen Verwirklichung der Kaisergewalt gestaltete; als die Italienpolitik ihre Zugkraft verlor, verlor auch Burgund seinen Wert für das deutsche Reich, um für Frankreich primär in handelspolitische Interessen zu rücken als Zufahrtsweg zu den Messen der Champagne.

Seit der Bestätigung Heinrichs III. 1038 in Solothurn als »rex Burgundionum« hatte das regnum Burgundiae einen neuen staatsrechtlichen Status. Es blieb zwar eigenverwaltetes Königreich, jedoch in Personalunion mit dem deutschen König bzw. Kaiser, der hinfort als burgundischer Erbkönig galt. Die burgundische Krone ist allerdings niemals wie die lombardische zur konstitutiven Voraussetzung für den Kaisertitel geworden. Nominell lagen die Regentengeschäfte, soweit überhaupt aktualisiert, bei einer eigenen *burgundischen Reichskanzlei*, die indes keine »Behörde« mit fester Ordnung war; sie war nicht einmal von so kontinuierlicher Geltung wie das 1031 dem Kölner Erzbistum zugewiesene Erzkanzellariat für Italien, sondern sie wird nur zeitweise für einzelne reichstreue Persönlichkeiten funktionell greifbar in den Rekognitionszeilen der für burgundische Empfänger oder auch auf burgundischem Boden ausgestellten Kaiserurkunden. Zuerst versah das Amt der dem Salierhaus verpflichtete Erzbischof Hugo von Besançon. Unter Heinrich IV. scheint für einige Jahre der Bischof von Sitten, unter Heinrich V. der Bischof von Lausanne als Erzkanzler für Burgund fungiert zu haben. Erst seit 1157 gewann die burgundische Kanzlei einige Konstanz unter dem Erzbischof von Vienne, um dann an der Wende zum 14. Jahrhundert auf den Erzstuhl von Trier überzugehen, vielleicht als Aequivalent für das längst verlorene Erzkanzellariat von Lothringen. Wenn der Trierer Erzbischof sich im Spätmittelalter als »archicancellarius per Galliam« bezeichnete in Analogie zum Mainzer Wirkungsbereich »per Germaniam« und zum Kölner »per Italiam«, so bedeutete das nicht viel mehr als einen leeren Titel. Von realer Ausübung der Herrschaftsrechte zumindest in Teilgebieten Burgunds kann man eigentlich nur unter Heinrich III., Friedrich I. und Friedrich II. sprechen.

So zielbewußt die *Burgundpolitik der Salierherrscher* unter Konrad II. und Heinrich III. einsetzte — Heinrich ist immerhin viermal nach Nordburgund gezogen, und er wußte sich darüber hinaus so viel Geltung zu verschaffen, daß seiner Kaiserkrönung 1046 die Metropoliten von Besançon, Lyon und Arles beiwohnten, — so ist doch die Herrschaftsdurchdringung nicht über den engeren hochburgundischen Bereich hinausgekommen. Der Kaiser konnte nicht nachholen, was die Welfenkönige versäumt hatten. Neben der Wahrnehmung einiger Regalien wirkte sich die neue Regierung lediglich in der — auch von den Welfen noch nicht ganz aufgegebenen — Kirchenhoheit bei den Bischofsinvestituren aus: zweimal regelte Heinrich die Besetzung des Erzstuhls von Lyon. Über eine Straffung der Beamtenorganisation aber, etwa entsprechend den in Italien begegnenden kaiserlichen Missi, ist nichts überliefert.
Nach wie vor erschöpfte sich die Stärkung der Autorität in zwei wirksamen Mitteln: im *Bund mit der Kirche* und in einer klugen *Heiratspolitik,* um damit die unsichere Bundesgenossenschaft des

Adels an die Reichsinteressen zu ketten. *Heinrichs III.* Regierung schuf programmatische Ansätze, als er sich 1043 in Besançon mit Agnes von Aquitanien vermählte; sie war die Tochter jenes Herzogshauses, das Cluny gegründet und die Reform- und Gottesfriedensbewegung gefördert hatte, das nach 1032 die Seele der Koalition gegen die deutschen Erbansprüche auf Burgund gewesen war und das überdies Heinrich in verwandtschaftliche Beziehungen zum rebellischen Sohn Ott-Wilhelms, Graf Reginald brachte, der sich bald darauf unterwarf. Die neu intensivierten Kontakte des Kaiserhofs mit Cluny (vgl. Kapitel 10) schienen sich zunächst verheißungsvoll zu bewähren; auf dem Zenit seiner Macht bei Ausdehnung des Kirchenregiments auf die Papstkirche wußte Heinrich die Reformkreise hinter sich; und 1050 konnte er den hochangesehenen Abt Hugo von Cluny zum Taufpaten für den Thronfolger gewinnen. Im Konflikt zwischen Heinrich IV. und Papst Gregor VII. trat denn auch Abt Hugo wiederholt als maßgeblicher Mittler zugunsten seines Täuflings auf. Ähnlich aussichtsreiche Bedeutung versprach der Bund mit den aufstrebenden Grafen von Maurienne-Savoyen, die mit ausgedehnten Besitzungen den Mont Cenis beherrschten.

Die Vermählung des fünfjährigen Heinrichs IV. 1055 mit Bertha von Savoyen-Turin wurde zwar in den sechziger Jahren getrübt durch Heinrichs mißglückten Scheidungsversuch; sie machte sich dennoch in schicksalsschwerer Stunde bezahlt, als 1077 dem gebannten König die deutschen Pässe gesperrt blieben und er von Besançon aus mit Hilfe der Bischöfe des Doubs- und oberen Rhônegebiets über den Mont Cenis nach Canossa zog.

Nach dem Tode Heinrichs III. 1056 setzte Agnes die Burgundpolitik konsequent, wenngleich weniger glücklich fort. 1057 machte sie Graf *Rudolf von Rheinfelden* zu ihrem Schwiegersohn sowie zum Herzog von Schwaben und betraute ihn zugleich mit den Reichsrechten in Burgund: damit war noch nicht dem Namen aber der Sache nach das *Rektorat von Burgund* begründet. Die Rheinfeldener waren nach 1032 als Anhänger des salischen Herrscherhauses zwischen Aare und Genfer See ansässig geworden.

Indes, schon während der Regentschaft der Kaiserin Agnes für den minderjährigen *Heinrich IV.* begann sich jener Umbruch anzukündigen, der nach einer seiner Erscheinungsformen den Namen Investiturstreit trägt, jedoch darüber hinaus durch den opportunistischen Bund von Kirchenreform und Fürstenopposition das gesamte Reichsverfassungsgefüge erschütterte. Auch

126

hinsichtlich der Reichsherrschaft in Burgund wurde das, was die ersten beiden Salier aufgebaut hatten, unter den letzten beiden Saliern weitgehend wieder zerstört, indem nicht nur die Unabhängigkeitstendenzen des Adels erneut freien Lauf erhielten, sondern gerade diejenigen Kräfte, die Heinrich III. und Agnes gefördert hatten, aktiv gegen das Kaisertum aufstanden. Die einst hoch- und niederburgundischen Landschaften wurden in differenzierter Weise zu Schauplätzen und Trägern des Kampfes gegen Heinrich IV. und Heinrich V. Im hochburgundisch-schwäbischen Raum erwies sich die Erhöhung des Rheinfeldeners, ähnlich wie auch die sonstige Personalpolitik der Agnes, als Mißgriff. 1077 wurde Rudolf in Forchheim zum Gegenkönig Heinrichs IV. gewählt — eine schwache Persönlichkeit, doch durch weitreichende Verwandtschaft, u. a. mit den reformzugewandten Häusern von Lothringen und Tuszien, in die Sonderpolitik des Hochadels verflochten, Instrument der kurialen und fürstlichen Partei. Zwar wurde Rudolf 1079 († 1080) des Herzogtums Schwaben wieder enthoben zugunsten Friedrichs von Staufen, der die Tochter Heinrichs IV., Agnes, heiratete und damit den Aufstieg seines Geschlechts vorbereitete. Aber der Kampf ging weiter.

Der hochburgundische Raum zwischen Oberrhein und Genfer See geriet ins Aktionsfeld der pro- und antikaiserlichen Kräfte, welche die Zukunft des Reichs mitgestalteten. Heinrich IV. konnte sich auf die Staufer und auf die Bischöfe von Basel, Lausanne und Sitten stützen; als Gegenspieler sind vor allem die Rheinfeldener und die mit ihnen verschwägerten *Zähringer* zu nennen; letztere — Berthold II. als Schwiegersohn Rudolfs — traten 1090 die rheinfeldische Erbschaft an, entrissen Schwaben den Staufern und verbündeten sich überdies mit den Welfen. Erst der Ausgleich von 1098, der den Staufern Schwaben wieder bestätigte und den Zähringern das Schwarzwaldgebiet zum Landesausbau überließ, neutralisierte vorübergehend die Gegensätze, so daß *Heinrich V.* die Gefolgschaft von Staufern und Zähringern erhielt, bis dann die Königswahl Lothars von Supplinburg 1125 die Lage erneut verschärfte. Das burgundische »Rektorat« war inzwischen wieder in Vergessenheit geraten, und die Lokalgewalten gingen ihre eigenen Wege.

Nicht minder entscheidend gestalteten sich die Verhältnisse im niederburgundischen Rhôneland. Denn hier, auf dem Boden ungebrochener romanischer Tradition, wo zudem die cluniacensische Bewegung nachhaltig Fuß gefaßt hatte, vollzog sich besonders wirksam die Verschmelzung der monastischen und der kirchenpolitischen Reformideen, so daß die reichsfeindliche Politik der römischen Kurie stärksten Rückhalt fand. Dazu kamen die Sonderbestrebungen der seit alters her rivalisierenden Erzbistümer Lyon und Vienne gegen Arles (vgl. Kapitel 10) einerseits den Ansprüchen des Papsttums, anderseits der Emanzipation der Rhôneprovinzen aus der kaiserlichen Oberhoheit entgegen. Hatte das frühe Reformpapsttum seit dem Pontifikat Leos IX. (1049–1054) seine Antriebe zunächst von Lothringen her bezogen, so erhielt es auf dem Höhepunkt seiner Entfaltung entscheidende Schützenhilfe von Cluny und aus den Rhônebistümern, die maßgeblich hinter der Verschärfung der Investiturfrage standen; es wird sich noch wiederholt zeigen, daß es letzten Endes die Kraft der romanisch geprägten Kirche war, die einer echten Angliederung der Rhônelande an das Imperium entgegenstand.

Der Investiturstreit trat — von Frankreich her — in eine neue Phase, als Papst Urban II. (1088–1099), vorher Prior in Cluny, den »gregorianischen Geist« aus der persönlichen Konfliktssphäre auf universalpolitische Ebene erhob. Maßgeblicher Helfer wurde dabei Hugo von Die († 1106), seit 1082 Erzbischof von Lyon; als päpstlicher Legat (seit 1076) kämpfte er auf zahlreichen Synoden für die radikale Verwirklichung des päpstlichen Reformprogramms sowie gleichzeitig für den gallischen Primat von Lyon. 1095 begleitete er Papst Urban zum Konzil von Clermont, das die Investiturfrage zuspitzte durch das Lehenseidverbot für Geistliche und den ersten Kreuzzug verkündete: Krönung des kirchlichen Universalismus cluniacensischer Prägung. Nicht zuletzt hat Hugo durch seine kompromißlose Haltung im französischen Investiturstreit Ivo von Chartres den unmittelbaren Anlaß gegeben, die kanonistische Formel zur Scheidung von Temporalien und Spiritualien zu entwickeln, die schließlich eine Beilegung auf Kompromißebene ermöglichte.

Neben Lyon wurde zum zweiten burgundischen Aktivposten der gregorianischen Reform das Erzbistum Vienne unter Hugos Konmetropoliten Guido (seit 1088) aus der Grafenfamilie von Burgund, das in der letzten Etappe des Investiturstreits zur treibenden Kraft werden sollte. 1112 berief Guido jene denkwürdige Synode von Vienne ein, welche — buchstäblich päpstlicher als der Papst — die erneute Exkommunikation des Kaisers aussprach, nachdem vorher Papst Paschalis II. bereits seine Verträge mit Heinrich V. von 1111, die kirchliche Preisgabe der Regalien gegen kaiserlichen Investiturverzicht, als »Praviveg«

widerrufen hatte. 1119 bestieg Guido als Calixt II. den päpstlichen Stuhl und brachte 1122 das *Wormser Konkordat* auf Grund der Ivo-Formel zum Abschluß. Der Burgunder baute dabei eine für die künftige Stellung Reichsburgunds folgenschwere Reservatsklausel ein: denn die Abstufung der päpstlichen Zugeständnisse für das regnum Teutonicum (Anwesenheit des Königs bei den kanonischen Wahlen der Reichsbischöfe und -äbte, Regalieninvestitur mittels Szepter zwischen Wahl und Weihe) und für »die anderen Teile des Imperium«, d. h. für Italien und Burgund (Szepterinvestitur erst nach der Weihe) bedeutete praktisch einen Freibrief für die Wiederloslösung der eben erst in das ottonisch-salische System eingegliederten burgundischen Kirche aus der Reichskirche, indem hier die kaiserliche Pfründeneinweisung sozusagen nur noch den Vollzugsstrich unter die kirchlich abgeschlossene Amtsbestellung des Konsekrierten setzen sollte. Immerhin aber war das Eigentumsrecht des Imperium an den Regalien, das in den Kampfjahren weitgehend verloren war, nun schriftlich fixiert. Die Staufer mußten jedoch ihre Italien- und Burgundpolitik auf neue Grundlagen stellen.

Wie schwach der politische Einfluß des Imperium in Burgund tatsächlich geworden war, erwiesen die Regierungen *Lothars III. von Supplinburg* (1125–1137) und *Konrads III.* (1137–1152), als sie in den vorgezeichneten Bahnen weiterschritten. Beide versuchten, die Reichsrechte in Burgund wieder zu beleben. Doch die neu aufgebrochenen innenpolitischen Spannungen — zuerst der Streit um das an die Staufer gefallene salische Hausgut und das latente staufische Gegenkönigtum gegen den mit den Welfen verbündeten Sachsen (Gertrud v. Sachsen verh. m. Heinrich d. Stolzen), dann das latente welfische Gegenkönigtum gegen den Staufer — beanspruchten alle Kräfte, so daß die burgundischen Belange einem Verweser überlassen werden mußten. Als solcher amtierte seit 1127 *Konrad von Zähringen.* Als nämlich Graf Wilhelm IV. d. Kind, der letzte direkte Nachkomme Ott-Wilhelms, ermordet wurde und Reginald III. aus einer Nebenlinie das Erbe beschlagnahmte, ohne um Belehnung nachzusuchen, beantwortete König Lothar die Mißachtung des Reichsrechts durch Bestellung des Zähringers zum *rector* über den *principatus Burgundiae;* in Anknüpfung an die rheinfeldischen Befugnisse von 1057 sollte Herzog Konrad († 1152) als eine Art Statthalter das Rektorat im gesamtburgundischen Regnum wieder zur Geltung bringen. Indes, das war eine schier unlösbare Aufgabe. In zäher Kleinarbeit, zu verfolgen an den urkundlichen Zeugnissen über Klosterprivilegien, Vogteirechte etc. (H. Büttner), hat der Zähringer zwar den Landesausbau vom Aargau über das Berner Oberland bis ins walliserische Rhônetal vorgeschoben, teils im Bund mit den Bistümern Lausanne und Sitten gegen die Grafen von Genf und vor allem gegen die Grafen von Savoyen, die ihre Ausdehnung auf die Vogtei von Sitten stützten. Aber die eigentlich aufgetragene Exekutive gegen die Grafschaft Reginalds westlich des Jura erwies sich als erfolglos; das Rektorat blieb auf die einst rheinfeldische Einflußsphäre östlich des Jura beschränkt, im Nordosten begrenzt durch die staufisch-schwäbische Territorialpolitik und die welfischen Güter im Bodenseegebiet.

Der niederburgundische Süden entzog sich vollends der deutschen Reichweite. Denn in der *Provence*, die ja von jeher eigene Wege ging, bahnten sich gerade damals zukunftsträchtige Entwicklungen an, die zwar wiederholt noch die imperiale Scheinhoheit in ihren Bann zogen, die Provence aber zunehmend dem Reich entfremdeten. Der Tod des Grafen Gilbert 1108 hatte nämlich einen Erbstreit zwischen seinen beiden Schwiegersöhnen Raimund-Berengar von Barcelona und Raimund von Baux ausgelöst, in den sich maßgeblich auch die Grafen von Toulouse einschalteten. Ein Teilungsvertrag von 1125 sprach den Süden bis zur Durance dem Haus Barcelona zu, den Norden bis zur Isère dem Haus Toulouse, während Baux vergeblich seine Ansprüche durch Anrufung einer Intervention des Imperium (1145) durchzusetzen suchte. Die Häuser von Baux und Toulouse hielten auch künftig die Beziehungen zum Kaisertum aufrecht. Sieger aber wurden zunächst die Grafen von Barcelona, die seit 1137 zusätzlich durch Eheverbindung das provençalische Erbe an die Krone von Aragon ketteten; 1167–1196 stand die Provence direkt unter aragonesischer Herrschaft.

Die andauernde Rivalität der drei zählebigen Linien, bald auch belastet durch die Albigenserkriege, rückte die Rhônelande dann im 13. Jahrhundert während des dramatischen Ringens zwischen Friedrich II. und dem Papsttum erneut in den Mittelpunkt der großen europäischen Interessenpolitik, bevor die französischen Anjous die Ansprüche des Reichs, Aragons und der anderen Anwärter endgültig zurückdrängten (s. unten).

Das Jahrhundert *staufischer Reichspolitik* hat im Zusammenhang der zum letzten Höhepunkt gesteigerten mittelalterlichen Kaisermacht auch die Reichsgewalt in Burgund nochmals aktiviert. Für *Friedrich I. Barbarossa* (1152—1190) lag die burgundische Frage sowohl im Reichs- als auch zentral im Hausmachtinteresse; hatte doch das gravierendste innerpolitische Problem, der staufisch-welfische Gegensatz, seine territorialen Druckpunkte im deutschen Südwesten. Es war daher nicht unwichtig, welche Rolle neben den Welfen der zweite Nachbar Schwabens, der Zähringer als traditioneller Rektor von Burgund spielte; dies war seit 1152 Berthold IV., dessen Vater Konrad wenige Jahre zuvor von Friedrich brüskiert worden war und dessen Schwester Clementia sich mit dem mächtigen sächsisch-baierischen Doppelherzog Heinrich d. Löwen vermählte. Friedrichs Ziele galten primär einesteils dem innerpolitischen Ausgleich, andernteils der Rekuperation der Reichsrechte im gesamten Imperium unter gleichzeitiger Emanzipation aus den päpstlichen Ansprüchen. Für all das stand die burgundische Reichslandschaft als erste Etappe im Vordergrund.

So gehörte zu den ersten Regierungshandlungen Juni 1152 die vertragliche Einigung mit Berthold, überliefert in der Briefsammlung des Abtes Wibald von Stablo, der schon früher maßgeblich mit burgundischen Angelegenheiten befaßt war. Das Rektorat wurde erneuert, indem Berthold Burgund »in potestatem et ordinationem« zu vizeköniglicher Herrschaftsausübung erhielt mit Ausnahme der reichsunmittelbaren Bistümer; er wurde fortan in zeitgenössischen Quellen als »dux Burgundiae« qualifiziert, wobei sich bereits die Herzogsgewalt neuen Stils als territoriale dominatio abzeichnete. Berthold versprach dafür Hilfe beim Italienzug, während sich der König seinerseits verpflichtete, bei einem für 1153 geplanten Burgundzug den Herzog zur Wiedergewinnung des Landes zu unterstützen — hoffte er doch wohl auch, den Zähringer damit vom schwäbischen Interessenbereich abzulenken. Das Burgundunternehmen kam allerdings nicht zustande. Doch schärften der Konstanzer Vertrag, die Italienfahrt und Kaiserkrönung Friedrichs den Blick für die realen Voraussetzungen einer Reichspolitik auf dem Boden der gewandelten Reichsstruktur: Als erster deutscher Kaiser entwickelte er eine konsequente Alpenpolitik, die sich auf die burgundischen und die churrätischen Pässe konzentrierte. Gleichzeitig mochte der Kaiser das Ungenügen des zähringischen Rektorats erkannt haben; denn 1156 beschritt er initiativ einen neuen Weg, oder richtiger: den altbewährten und einzig aussichtsreichen Weg gezielter Heiratspolitik in Verbindung mit zäher Kirchenpolitik, nunmehr ergänzt durch die neuen Taktiken der Königslandpolitik und des römisch-rechtlich aufpolierten Regalienverständnisses, wie es auf dem Reichstag zu Roncaglia 1158 für Italien verkündet wurde.

Eben noch hatte Wibald von Stablo in Konstantinopel für den Kaiser wegen einer byzantinischen Prinzessin verhandelt, da feierte Friedrich im Juni 1156 zu Würzburg Hochzeit mit *Beatrix von Burgund*, der Erbtochter des Grafen Reginald († 1147): ein aufsehenerregender Schachzug, der über die burgundische Frage hinaus programmatisch die Entschlossenheit des Staufers zur Realisierung des imperialen Herrschaftswillens ankündigte. Friedrich beendigte damit schlagartig den fruchtlosen Kampf zwischen Rektor und Graf zugunsten seines eigenen Hauses, das nun erstmals eine direkte deutsche Regentschaft auch über das westliche Hochburgund aufrichtete. Anstelle von Lausanne und Solothurn wurde nun jenseits des Jura das alte Grafenschloß Dole am Doubs bevorzugte Kaiserpfalz.

1162 renoviert, wurde es von den Zeitgenossen wegen des massiven Turmbaues bewundert, der leider die neueren Jahrhunderte nicht überdauert hat. Es wurde zum Mittelpunkt höfisch-ritterlichen Glanzes, dessen Popularität nach Barbarossas Kreuzzugstod fortlebte u. a. im Heldenroman um die Abenteuer Wilhelms von Dole und die Liebe Barbarossas zur jungen Comtesse Beatrix, die er zu seiner Kaiserin machte.

Das Rektorat von Burgund — im Grunde entstanden als Produkt deutscher Schwäche — war 1156 praktisch aufgehoben, auch wenn der Zähringer Titel und Stellung im Raum zwischen Jura und Alpen behalten durfte; für die enttäuschten Hoffnungen entschädigten ihn die bisher reichsunmittelbaren Bistümer Lausanne, Genf und Sitten, von wo aus Berthold den Landesausbau energisch vorantrieb. Alle übrigen Gerechtsame in Burgund überließ der Kaiser seiner Gemahlin, so daß er »sub titulo uxoris nicht nur die Burgundia, sondern auch die Provincia, beide seit langem dem Reich entfremdet, in Besitz zu nehmen begann«.

Der Historiograph und Oheim des Kaisers Otto von Freising sowie dessen Fortsetzer Rahewin erzählen mit spürbarer Emotion von Barbarossas Burgundpolitik, die in der Tat wie kaum je zuvor zum Hebel der Reichspolitik wurde, aber auch zum Seismographen der Erfolge und Rückschläge und nicht zuletzt zum Versuchsfeld der politischen Praktiken des Staufers. Nicht weniger als neunmal erschien er persönlich in den Erblanden seiner Gemahlin, um dort Hoftage abzuhalten, um die örtlichen Verhältnisse, auch des Südens, zu ordnen — Rahewin nennt Arles als »sedes regni« — und um erstmals eine Suprematie über das ganze »regnum Arelatense« annähernd zu verwirklichen.

Erster äußerer Höhepunkt der burgundischen Herrschaft war der *Reichstag von Besançon 1157*, auf dem sich jene denkwürdige Auseinandersetzung zwischen dem kaiserlichen Kanzler Rainald von Dassel und dem päpstlichen Gesandten Roland, dem späteren Papst Alexander III., vollzog, die Barbarossa und seinen Biographen zur ersten klaren Formulierung der staufischen Kaiseridee veranlaßte.

Rainald hatte nämlich das Wort »beneficium« des von Roland verlesenen päpstlichen Schreibens — es war darin die Rede von der Übertragung des Kaisertums und von »maiora beneficia« aus päpstlicher Hand — als »Lehen« übersetzt, um die kurialen Absichten zu entlarven.

Dieser Reichstag versammelte eine imponierende Zahl auch burgundischer Großer, darunter die Erzbischöfe von Vienne, Lyon, Besançon, Tarentaise und Delegierte von Arles, die Bischöfe von Valence und Avignon: sichtbarer Ausdruck der kaiserlichen Autorität, die ihrerseits den Einfluß durch zahlreiche Privilegien an die fideles Burgundiae untermauerte.

Der Erzbischof von Vienne wurde zum Erzkanzler bestellt, »sacri palatii nostri cancellarius et summus notariorum«, der Erzbischof von Lyon erhielt mit der Regalieninvestitur den Titel eines »sacri palatii nostri Burgundiae exarchon et summus princeps concilii nostri«; etwas später erscheinen der Erzbischof von Besançon und danach auch andere Würdenträger als »legatus Burgundiae« oder »iustitiarius« zur Wahrnehmung richterlicher Belange.

Ihre glanzvollste öffentliche Manifestation fand diese Politik in der feierlichen *Krönung Friedrichs I. 1178 in St. Trophimes zu Arles* zum König von Burgund — 140 Jahre nach der ersten burgundischen Königskrönung eines deutschen Herrschers, erstmals jedoch verbürgt in sakralen Formen unter Anwesenheit namhafter weltlicher und geistlicher Großer Südburgunds (Aix, Vienne, Cavaillon, Avignon, Carpentras, Vaison etc.), unter denen aber ein Vertreter des regierenden Hauses von Aragon (Provence) fehlte. Von Arles aus reiste der Kaiser durch das Rhônetal über die Grafschaft heim, gleichsam in einem Triumphzug, dessen Stationen die Urkunden kaiserlicher Gunsterweisungen bezeugen.

Indes, diese demonstrativen Marksteine imperialer Hoheit täuschen nicht darüber hinweg, daß auch Friedrich I. die Reichsrechte von Fall zu Fall, Baustein um Baustein in oft mühsamer Werbung um die lokalen Machthaber aneinanderfügen mußte. Vom landesgeschichtlichen Aspekt erscheint die kaiserliche Machtfülle im Arelat keineswegs als gefestigte Institution, sondern als

Mosaik von unzähligen mehr oder minder wirksamen Einzelinitiativen. Das maßgebliche Instrument, von Barbarossa kraft seines moralischen Übergewichts zielbewußt und elastisch gehandhabt, war die verschwenderische Vergabe von Schutzprivilegien und Regalienbestätigungen, das geschickte Eingreifen auch in kleinste örtliche Fehden durch Verleihung oder auch Aufoktroyierung kaiserlicher Rechtstitel namentlich an Klöster und Prälaten, aber auch an den Laienadel. Es handelte sich insgesamt um ein kompliziertes Netz mannigfacher Egoismen, wie es uns aus den Urkunden wohl nur noch blaß faßbar wird, immerhin aber die systematische staufische Einkreisung der Westalpenpässe von den nördlichen, südlichen und westlichen Zufahrtswegen her erkennen läßt.

Auch der Kaiser blieb im Grunde angewiesen auf das buchstäbliche Erkaufen der Lehenstreue dieses oder jenes Dynasten, dieser oder jener Abtei ohne jede Garantie für die Dauer der Bundesgenossenschaft. Sichere Anhänger des Kaisers waren lediglich die Verwandten der Beatrix, voran der Graf von Mâcon, die Grafen von Lenzburg, die Grafen von Vienne (Dauphiné) als Konkurrenten von Savoyen, weiterhin das Herzoghaus der Bourgogne, das 1178 in die Dauphiné einheiratete und damit Reichsvasall wurde, die Grafen von Toulouse und von Baux als Rivalen des Hauses Barcelona-Provence und überdies der Abt von Cluny. Unbedingter Gegner des Kaisers blieb das Haus Savoyen, das damals schon begann, internationale Fäden anzuknüpfen, so zu England hin, dem Erbfeind Frankreichs und welfischen Parteigänger gegen die Staufer. Die Grafen der Provence akzeptierten nur zeitweise die kaiserliche Lehenshoheit um den Preis einer Eheverbindung mit der Barbarossa-Nichte Richilde (1162).

Die kaiserliche Politik wird exemplarisch deutlich am *Verhältnis zwischen Friedrich Barbarossa und Berthold von Zähringen.* Beide betrieben nebeneinander den Landesausbau im Bereich der Paßstraßen der heutigen Schweiz, greifbar z. B. im zähringischen Aufkauf der Vogteien von Lausanne und Zürich, in den Stadtgründungen von Freiburg, Thun und Bern und im Vorstoß ins Tal von Uri, anderseits im staufischen Erwerb der Hochvogtei von Chur, in den Privilegien für Pfäfers oder auch im Stadtprivileg für die jurensische Reichsabtei Romainmôtier. Den Zähringern blieb zwar eine größere Entfaltung im Stauferreich versagt, doch standen sie gewissermaßen als Lehrmeister der Staufer am Anfang deutscher Territorial- und Städtepolitik, ja man darf sagen auch als Wegbereiter für die Eröffnung der

Gotthardstraße, die um 1234 erstmals in der Reisebeschreibung Alberts von Stade erwähnt wird und eine neue Epoche der Geschichte des Alpenraums einleitete. Die Wurzeln dieser Entwicklung lagen im staufisch-zähringischen Kompromiß von 1156. Auf der Höhe seiner Macht scheute sich der Kaiser zwar nicht, den Zähringer wiederholt zu demütigen, ohne jedoch einen Bruch zu riskieren.

So wurde z. B. 1162 der Bischof von Genf unterstützt, als er gegen die Mediatisierung unter zähringischer Herrschaft opponierte. Berthold antwortete mit einer für Barbarossa empfindlichen politischen Wendung, indem er sich dem reichsfeindlichen Savoyer annäherte; seine Schwester Clementia, von der sich Heinrich d. Löwe zur Zeit seines Einvernehmens mit dem Kaiser hatte scheiden lassen, heiratete Humbert von Savoyen. 1167 bekam Barbarossa dieses Bündnis denn auch unliebsam zu spüren, als er nach dem italienischen Fehlschlag sich die Rückkehr durch savoyisches Gebiet mühsam erkämpfen mußte. Die Einzelbeispiele mögen genügen.

Die ganze Problematik dieses auf penible, wache Situations- und Personalpolitik abgestellten Herrschaftssystems enthüllte sich während des erbitterten *Ringens zwischen Kaiser Friedrich und Papst Alexander III.* (1159–1181), da der Kaiser alle Mühe hatte, durch massive Maßnahmen (wie Investiturverweigerung) einzelne Vertreter der burgundischen Geistlichkeit für seinen Gegenpapst Viktor IV. zu gewinnen. Der deutsche Reichsepiskopat stand nahezu geschlossen hinter Friedrich. Anders in Burgund: Sogar die herkömmlich reichstreuen Bistümer des Rektoratsbereichs wandten sich in den entscheidenden sechziger Jahren unter dem Schutz des vergrämten Zähringers Alexander III. zu. Wenngleich das Kaisertum seit dem Frieden von Venedig (1177) die Oberhand wiedererlangte, so ließ doch der Kirchenkampf gerade im Arelat seine Spuren zurück. Denn ein Großteil des Klerus einschließlich der Kartäuser von Grenoble und der Cistercienser hatte sich im Gesinnungsbund mit der französischen Kirche auf die Seite Papst Alexanders gestellt und daran gewöhnt, im Konfliktsfall das französische Königtum als Protektor anzurufen. Die Situation des Investiturstreits hatte sich auf neuer Ebene wiederholt. Und so ist trotz der Restitution burgundischer Reichsrechte die Entfremdung vom Reich zugunsten Frankreichs unter der Decke der staufischen Kaiserautorität fortgeschritten. Es wird sich zeigen, daß auch der nächste Schub französischen Vormarsches im Arelat wiederum im Kielwasser kirchlicher Ereignisse erfolgte.

Die Reichsautorität in Burgund stand und fiel mit der Persönlichkeit des Kaisers. In Burgund erwies sich das bereits wieder nach dem Tod Friedrichs I. Während der junge Kaisersohn Otto, der 1189 als Erbe seiner Mutter Pfalzgraf in Burgund wurde, durch Unfähigkeit das Ansehen verspielte und Rebellionen sowie die Ansprüche der Bourgogne, des Zähringers und auch Savoyens provozierte, wich sein kaiserlicher Bruder *Heinrich VI.* (1190–1197) von der väterlichen Linie realistischer Burgundpolitik wieder ab, obwohl er noch in den letzten Jahren Barbarossas die Alpenpolitik im Wallis zum St. Bernhard hin gegen Savoyen und den Zähringer persönlich geführt hatte. Danach blieb das Feld wieder den Lokalgewalten überlassen. In Hochburgund herrschte Berthold V. († 1218), mit dem der ältere Zähringerzweig ausstarb, so daß neue Kräfte, u. a. bald die Habsburger, zum Zug kamen. Die wenigen Regierungsjahre Heinrichs, der zweifellos ein politisches Genie war, aber eben in Überspannung der Kaiseridee auch ein Phantast, waren allzusehr mit weitdimensionalen Plänen erfüllt, um die Belange des Arelats intensiver zu verfolgen. Ihn bewegten die sizilische Erbschaft seiner Gemahlin Konstanze, die Orient- und Byzanzpolitik, der grandiose Erbreichsplan und die Überwindung der niederrheinisch-welfisch-englischen Koalition, wobei er sich von der irrealen Hoffnung leiten ließ, daß ihm nach Erlangung der Weltherrschaft das Arelat ohnehin untergeben sei. Indes, der Traum zerbrach an den Gegebenheiten, die in der Geschichte noch immer stärker waren, als die Ideen, und eklatant offenbarten, daß Reichsburgund zwar zu einer selbstverständlichen Tatsache geworden war, jedoch weit entfernt von einer konkreten Integration ins »deutsche Reich«. Die Leistung Barbarossas vertrug keine Vernachlässigung. War doch die Krönung von 1178 nur eine Ausnahmezeremonie ohne verfassungsrechtliche Notwendigkeit und Wirksamkeit. Und das für die Burgunder so seltene Erlebnis, daß ein deutscher Kaiser die Rhônelande durchreiste, konnte rasch in Vergessenheit geraten. Burgund blieb nicht weniger und nicht mehr als ein imperialer Außenposten des Reichsprestiges und des politischen Utilitarismus im Hinblick auf die Alpenpässe nach Italien, es erfreute sich aber nicht der kontinuierlichen Staatsverantwortung des deutschen Königtums. Es ist bezeichnend, daß das Arelat zweimal geradezu als Verpfändungsobjekt im Dienste — als Opfer — der Kaiseridee dienen sollte.

Das erste Mal geschah das im Zusammenhang der gefährlichen Krise Heinrichs VI. nach seiner Kaiserkrönung 1191, als er seine Position innen- und außenpolitisch gefährdet sah. In Sizilien bedrohte ihn der im Bund mit der Kurie stehende normannische Bastard Tankred von Lecce, im Norden die Fürstenkoalition mit Welfen, Zähringern, Böhmen, England und Dänemark, im Westen die Annäherung Frankreichs an Dänemark. Da kam Heinrich ein Zufall zu Hilfe: Im Dezember 1192 wurde der englische König Richard Löwenherz, der größte Vasall und Erzfeind Frankreichs, Freund Tankreds von Lecce und der Welfen, auf der Rückkehr vom Kreuzzug durch Leopold von Oesterreich gefangengesetzt und gegen Lösegeld an Heinrich ausgeliefert. Das war natürlich für den Kaiser ein höchst willkommenes Druckmittel, das er weidlich ausnutzte, um von Löwenherz Geld für den Sizilienkrieg zu erpressen und um den feindlichen Interessenbund zu sprengen. In einem Vertrag 1193 versprach der Gefangene nach Androhung der Auslieferung an Frankreich hohes Lösegeld und die Lehenshuldigung für England; dafür sollte er mit der Krone des Arelats belehnt werden — was das Ende der auch für Deutschland unbequemen Großmachtentwicklung Frankreichs bedeutet hätte. Aber es kam nicht so weit! Nachdem die Verbindung Frankreichs mit dem Welfenbund beseitigt und die Tradition der staufisch-kapetingischen Solidarität wiederhergestellt schien, war bei der Freilassung Richards 1194 von der Verlehnung des Rhônereichs keine Rede mehr.

Ein ähnlicher Plan tauchte nochmals während des *deutschen Thronstreits* (1198—1208) in staufischen Kreisen auf, nämlich das Arelat mit der Königskrone und zugleich der Hand einer Tochter des Staufers als Kompensationsobjekt zu benutzen, um vom Welfen Otto IV. den Verzicht auf das Imperium zugunsten Philipps v. Schwaben zu erlangen. Als Otto diesen Preis — war er zu gering? — ausschlug, ahnte er noch nicht, daß ihm kurz darauf nach dem gewaltsamen Tod König Philipps (1208) das Imperium zufallen sollte. Und nun mußte er sich die vorwurfsvolle Mahnung seines Reichsmarschalls Gervasius an die zentraleuropäische Bedeutung des Arelats gefallen lassen (s. S. 123). Indes, Otto IV. vernachlässigte Burgund noch mehr als Philipp, obwohl beide Parteien dort einen gewissen Rückhalt hatten — die Welfen in Savoyen und beim Zähringer, die Staufer u. a. bei den Kirchenfürsten von Besançon und Tarentaise (dem Kröner Philipps in Mainz) sowie bei der Anhängerschaft der Nichte Philipps, Pfalzgräfin Beatrix (nicht zu verwechseln mit seiner gleichnamigen Tochter, die Otto IV. heiratete). Der Thronstreit erwies aufs neue, daß das regnum Arelatense keine geschlossene politische Haltung repräsentierte, sondern — Chance und Gefahr — den wechselnden Einflüssen je nach dem Recht des Stärkeren offenstand.

Die rückschauende Spekulation bleibt daher müßig, obwohl reizvoll, wie die Geschichte verlaufen wäre, wenn — in jener Zeit des aufsteigenden Rechts der Monarchien gegen die alte Universalordnung — das Königreich Arelat als englisches oder welfisches Lehen des Stauferreichs wieder aus der Personalunion mit dem deutschen König entlassen worden und zu einem eigenständigen Staat in der Mitte Europas erstarkt wäre; immerhin eine naheliegende Perspektive angesichts der Tatsache, daß wenig später Karl von Anjou begann, sich von der Provence aus ein mediterranes Weltreich aufzubauen. Hätte nicht das Rhône-Alpen-Land zur Grundlage für einen Sieg der welfisch-englischen Sache gegen die staufisch-kapetingische Koalition werden können? Statt dessen stieg im Schutz französischer und zunächst auch päpstlicher Protektion nochmals ein Staufer als Herr der Reichstrias auf, der Sohn der normannischen Konstanze, für den die Schlacht von Bouvines 1214 die Bahn ebnete, während der besiegte und abgesetzte kaiserliche Sohn Heinrichs d. Löwen, Otto IV., 1218 unbeachtet starb.

Friedrich II. (1212/15—1250) nahm nochmals den Kampf um Reichsburgund auf in Anknüpfung an die verfassungsrechtliche Methode seines Großvaters Barbarossa, nämlich durch intensive Wahrnehmung der Privilegienhoheit. Jedoch setzte er nicht, wie die Vorgänger, in der nördlichen Grafschaft an, wo die staufische Pfalzgrafenwürde durch Heirat an die baierischen Herzöge von Andechs-Meran gekommen war, die sich allerdings von einheimischen und benachbarten Gegnern hart bedrängt sahen, so daß der französische Einfluß aus der Bourgogne erneut vordrang. Der Erbe des süditalienischen Normannenreichs versuchte vielmehr als erster Kaiser die Herrschaft im Arelat von der Provence her aufzubauen: ein vielversprechender Aspekt, wenn es gelang, Italien und das Rhôneland als Reichsgebiete zu verklammern. Diese Neuorientierung wie auch das Scheitern der letzten Energien staufischer Burgundpolitik waren allerdings defensiv ausgerichtet, was sich aus den gravierenden Umschichtungsprozessen erklärt, die seit dem 12. Jahrhundert besonders Südgallien betroffen und die Machtverhältnisse erheblich verschoben hatten. Denn sie forderten die Intervention der staatlichen und kirchlichen Gewalten — Papsttum, Kaisertum, französisches Königtum — heraus, wobei den Sieg wiederum die romanischen Kräfte davontrugen, zunächst die Kurie und letzten Endes das französische Königtum. Dieses war seit Philipp II. Augustus (1180—1223), einem seiner tüchtigsten und originellsten Herrscherpersönlichkeiten, darangegangen, in Ausschöpfung aller politischen, rechtlichen und ideologischen Möglichkeiten die »terra Franciae«

zu zentralisieren und auch den Süden schrittweise zu integrieren. Die Zukunft gehörte der französischen Macht, deren staatliche Konsolidierung Philipp II. auf Kosten des englischen Großvasallen (Normandie, Aquitanien) vorantrieb und deren wirtschaftliche und geistige Kultur durch die Kreuzzüge längst in der Mittelmeerwelt dominierte. Der Weg zur französischen Hegemonie war nur noch durch den verbündeten Staufer verstellt. Der Schwerpunkt der Kaisergewalt hatte sich unter Friedrich II. zwar nach Sizilien verlagert; die Entscheidung über die künftige Gestaltung Europas aber fiel in Westeuropa: Bei Bouvines siegte Frankreich für den Staufer über die englisch-welfische Koalition, im Arelat siegte das Papsttum zugunsten Frankreichs über den Staufer und seine Reichsidee. Südburgund wurde in der ersten Hälfte des 13. Jahrhunderts zum Terrain welthistorischer Ereignisse.

Wie in Italien so erlangte auch in den südgallischen meernahen Provinzen die *kommunale Bewegung* mit dem Aufschwung von Handel und Geldwirtschaft, gefördert durch die Kreuzzüge, eine eigentümliche Stoßkraft. Zu den sozialen Spannungen zwischen den alten privilegierten Ständen und den neuen Schichten der städtischen Bevölkerung, zu dem Ringen zwischen kirchlichen und politischen Machthabern und den Kommunen kam, vorbereitet durch die monastischen Reformen, in zunehmendem Maß eine kritische Haltung gegenüber den Lebensformen des Weltklerus. Diese Kritik löste in der *Armutsbewegung* des 12./ 13. Jahrhunderts (vgl. Kapitel 10) teils eine gesunde religiöse Erneuerung aus, teils steigerte sie sich aber, abgedrängt ins Lager der orientalisch beeinflußten *Ketzerbewegungen* (Katharer), zur rigoristischen Revolution gegen das hierarchische Gebäude der kirchlich-feudalen Gesellschaftsordnung. Die Städte wurden in ihrem Kampf um eine demokratische Verfassung, aufgerüttelt durch Wanderprediger und Schwarmgeister, zu Zentren politischer Gärung und zu Parteifaktoren, vornehmlich im romanischen Süden, wo sich mangels einer ordnenden staatlichen Gewalt die Rivalitäten ungehemmter als andernorts entfalten konnten.

Zur Zeit des Herrschaftsantritts Friedrichs II. tobten in Südfrankreich die *Albigenserkriege*. Sie erschütterten das Land um so schwerer, als sie im Zusammenhang standen mit dem alten Ringen der Häuser Toulouse, Barcelona (Aragon)-Provence und Baux um die Vormacht im Süden, mit der erneuten Auseinandersetzung zwischen Imperium und Sacerdotium und nicht zuletzt mit den rivalisierenden französischen, aragonesischen, englischen und deutschen Lehensbeziehungen: Der Graf von Toulouse war Vasall von nicht weniger als vier Königen. Die Katharer-Sekte der Albigenser, so genannt nach ihrem Hauptort Albi im Languedoc, hatte nach ihrer Synode von 1167 zu St. Felix de Caraman unter Führung des byzantinischen Häretikerbischofs Niketas in Südwestfrankreich geradezu eine eigene Kirche mit mehreren Bistümern aufgerichtet, gegen welche Graf Raimund V. von Toulouse machtlos blieb, so daß er an die Hilfe der Cistercienser und der Könige von Frankreich und England appellierte:

Die Irrlehre »trennt in den Familien Mann und Frau, Sohn und Vater..., selbst Priester haben sich anstecken lassen. Die Kirchen sind verlassen und verfallen. Man verweigert die Taufe, schmäht die Eucharistie, spottet über die Buße ... und, was ungeheuerlich ist, man führt zwei Urquellen des Seins an. Die einflußreichsten Leute meines Gebiets haben sich anstecken lassen, die Menge ist ihrem Beispiel gefolgt, so daß ich nicht die Kraft habe, das Übel zu unterdrücken. Da das geistliche Schwert nichts mehr auszurichten vermag, muß mit dem leiblichen Schwert dreingeschlagen werden.«

Noch hielt der französische König sich zurück, aber die Waffengewalt konnte nicht ausbleiben, denn weder die Bemühungen der päpstlichen Legaten noch der Cistercienser führten zum Erfolg; schließlich wurde der neue Landesherr, Raimund VI., selbst der Ketzerbegünstigung verdächtigt. Seinen Höhepunkt erreichte der Glaubenskrieg, als 1208 der Legat Peter von Castelnau in St. Gilles ermordet wurde – das Odium blieb an dem gebannten Grafen Raimund VI. haften – und die Unruhen auf das Rhône-Reichsland übergriffen. So proklamierte Papst Innozenz III. 1209 den Kreuzzug gegen die Albigenser. 20 Jahre lang verheerte der Krieg – zunächst unter Führung des rücksichtslosen Grafen Simon von Montfort – das Land, bis er zu einem Machtkampf um die Reichslehensländer des Hauses Toulouse ausartete.

In dieser Zeit begann der verheißungsvolle Aufstieg Friedrichs II. Wenngleich die Schwerpunkte seiner Regierung im grandiosen Ringen mit dem Papsttum und im spannungsvollen Arrangement mit der deutschen Fürstengewalt lagen, rückte Burgund gleichsam als Brücke zur Begegnung der europäischen Interessengruppen zentral ins Blickfeld der imperialen Konzeptionen. Sogleich nach der Entscheidung von Bouvines eröffnete Friedrich auf dem Hoftag von Basel November 1214 eine zielbewußte Burgundpolitik. Privilegien vornehmlich für die Kirchenherren des südlichen Arelats, die im Kampf mit den aufsässigen Kommunen Unterstützung suchten, regenerierten die kaiserliche

Oberhoheit; Vienne erhielt die Bestätigung des Reichskanzellariats (erneuert 1238), Arles die Bekräftigung seiner Besitzungen und Prärogativen. Wie Friedrich sich die Stellung des Arelats im Reichsgefüge dachte, zeigt die Betrauung des Grafen Wilhelm von Baux-Orange, der die Reichslehen seines verketzerten Rivalen von Toulouse besetzt hielt, 1215 mit der Statthalterschaft im regnum Arelatense. Zwar ist die Echtheit des Diploms umstritten, die Tatsache aber erscheint glaubwürdig. Die Idee eines burgundischen Vizekönigtums unter kaiserlicher Lehenshoheit war ja nicht neu und wurde von Friedrich zäh weiterverfolgt. 1218, nachdem Wilhelm in der gebannten Ketzerstadt Avignon gestorben war, scheint der staufische Parteigänger Herzog Odo von Bourgogne die Funktionen eines Reichsvikars wahrgenommen zu haben, bevor diese um 1220 auf den Grafen Wilhelm von Montferrat übergingen.

Gleichzeitig unternahm Friedrich eine Neuordnung im deutschen Südwesten. Die Auflösung des allzu mächtig gewordenen Zähringerstaats nach Bertholds V. Tod (1218/9) lag durchaus im Reichsinteresse; der Schwarzwaldbesitz kam großenteils an die Grafen von Urach, die Schweizer Gebiete zunächst an die Kyburger, später an die Habsburger; und die Savoyer bauten ihre Machtstellung vom Genfer See her weiter aus, während Friedrich das Reichsgut und teils auch zähringische Allodien einzuziehen suchte und seinen Sohn Heinrich (VII.) — seit 1215/6 Herzog von Schwaben — zum Rektor von Burgund erhob.

Indes, die Reichsherrschaft im gesamtburgundischen Raum — die Pfalzgrafschaft war ohnehin der staufischen Autorität entrückt — blieb eine Utopie, zumal das Herzstück von Friedrichs Burgundpolitik, das arelatische Reichsvikariat oder Lehenskönigtum, ohne Anerkennung und Wirksamkeit von den Ereignissen überrollt wurde. Denn das *Laterankonzil von 1215*, Höhepunkt der Kirchenregierung Papst Innozenz' III. († 1216), ebnete zwar den Weg für die Karriere Friedrichs, indem es den welfischen Kaiser Otto IV. bannte; dasselbe Konzil leitete aber anderseits jene verhängnisvolle Entwicklung ein, welche es dann dem nächsten Konziel 1245 ermöglichte, von der reichszugehörigen Stadt Lyon aus Kaiser Friedrich den Todesstoß zu versetzen. 1215 nämlich verkündete die Kurie das kirchliche Verfügungsrecht über die den Ketzern abgerungenen Gebiete und übertrug ohne kaiserlichen Konsens die Reichslehen von Toulouse (besonders das Vivarais) Simon von Montfort, was eine glatte Brüskierung der Rechte des Reichs und gegebenenfalls des soeben eingesetzten kaiserlichen Interessenvertreters Wilhelm von Baux bedeutete.

Diese kuriale Haltung im Bund mit der bald aktivierten französischen Ketzerpolitik mußte Friedrich zum Protest treiben. Nachdem Raimund VII. sich 1224 notgedrungen den kirchlichen Forderungen gefügt hatte, untersagte ihm der Kaiser die Veräußerung von Reichslehen und legte ihm deren Rückerwerbung nahe. Der schwelende Konflikt verschärfte sich, als König Ludwig VIII. 1226 den schon länger geplanten Kriegszug über Lyon — dort sammelte sich das Heer — gegen die Häretikerhochburg Avignon durchführte, also auf Reichsland übergriff, und als der päpstliche Legat die eroberten Gebiete gemäß Konzilsdirektive in Verwaltung nahm trotz aller leeren Beteuerungen, das allein religiösen Zwecken dienende Unternehmen wolle die kaiserliche Hoheitssphäre nicht verletzen. Die Frage bleibt müßig, ob nicht statt des französischen Königs Friedrich selbst im Dienst der Kirche die Ketzerbekämpfung hätte wahrnehmen können. Das kuriale Programm nutzte alle Chancen gegen das staufische Imperium. Eben damals sah sich der Staufer durch den lombardischen Städtebund bedrängt; überdies vermochte er infolge der Vorbereitungen für den 1227 unter kirchlicher Bannandrohung versprochenen Kreuzzug seinem offiziellen Einspruch bei der Kurie keinen praktischen Nachdruck zu verleihen. Papst Honorius III., obwohl auf Ausgleich bedacht, gewährte keine Restitution der Reichsgüter, sondern nur eine aufschiebende Schutzzusicherung. Im Pariser Frieden zwischen Frankreich und Toulouse 1229, der den Albigenserkrieg formell beendigte und die Angliederung der Languedoc an die französische Krone anbahnte, während der exkommunizierte Kaiser im Orient weilte, mußte Raimund VII. seine Reichslehen mit allen Rechten der Kirche ausliefern. Die Kurie begann sich systematisch in Südfrankreich festzusetzen; allerdings konnte sie noch nicht ahnen, daß ein knappes Jahrhundert später das jetzt umstrittene Avignon zum Exilsitz, um nicht zu sagen Gefängnis, des Frankreichhörigen Papsttums werden sollte.

Seit den dreißiger Jahren wurde das Arelat mit seinem dynamischen Allianz- und Spannungssystem vollends zum seismographischen Reaktionsfeld des Ringens zwischen Imperium und Sacerdotium, das sich seit Pontifikatsantritt Gregors IX. (1227—1241) zum fanatischen Existenzkampf des Kirchenstaats gegen die Umklammerung durch die staufische Großmonarchie steigerte. So versteht es sich, daß trotz der kurzfristigen Versöhnung von Ceperano 1230 Friedrichs erneute Reklamation der arelatischen Reichsgebiete – selbst unter Vermittlungsbemühungen Ludwigs IX. von Frankreich – wirkungslos verhallte. Dennoch erstarkte im folgenden Jahrzehnt mit dem wachsenden Erfolg der Italienpolitik auch nochmals die kaiserliche Position im Arelat. Raimund von Toulouse unternahm 1236 gegen den Widerspruch des päpstlichen Vikars (und Reichskanzlers), des Erzbischofs von Vienne, die Rückeroberung seiner Markgrafschaft. Nachdem Friedrich II. 1238 bei Cortenuova einen triumphalen Sieg über die Lombarden errungen hatte, konnte er nun, auf dem Zenit seiner kaiserlichen Autorität, darangehen, das in Sizilien und Reichsitalien praktizierte Herrschafts- und Verwaltungssystem im regnum Arelatense einzuführen. Dabei begann er gleichzeitig von der bisherigen kirchenfreundlichen Burgundpolitik abzuweichen, indem er die laikalen Kräfte, die Kommunen sowie Raimund von Toulouse und dessen Alliierte, zunehmend protegierte, so u. a. die Kommunen von Marseille und Avignon. Mit Waffen errungenes Prestige war von jeher der Hebel der Macht: bei der Belagerung von Brescia erlebte Friedrich in einem Maße wie kein Kaiser vor ihm die Gefolgschaft der bedeutendsten Großen von Burgund, darunter Savoyens und des Dauphin, welch letzteren er unter Negation der Rechte von Vienne zur reichsunmittelbaren Stellung erhob; und auch der erbittertste Feind des Tolosaners, Raimund-Berengar IV. von der Provence, dessen traditionelle Haltung reichsunabhängig bis reichsfeindlich war, konnte sich diesmal seinem Oberherrn nicht entziehen und schickte ein Hilfskontingent. Um so gravierender wirkte sich das Scheitern der lombardischen Expedition aus. Von diesem Prestigeverlust konnte Friedrich sich nicht mehr erholen, da der Papst mit erneutem Bannspruch 1239 den Vernichtungskampf gegen den verhaßten Staufer eröffnete, den Innozenz IV. (1243–1254) vollendete.

Der Rückschlag auf Burgund leitete die Endphase deutscher Herrschaft in Südgallien ein. Die Gegensätze wurden zunächst wiederum mit Waffen ausgetragen zwischen Raimund von Toulouse und dem mit Reichsacht belegten Grafen Raimund-Berengar, der seinerseits Unterstützung von seinem Schwiegersohn Ludwig IX. erhielt; nur zögernd wich der heilige König von seiner Linie der Schieds- und Ausgleichspolitik ab, doch war eine starke deutsche Staatsgewalt im Arelat für Frankreich auf die Dauer untragbar. So mußte der kriegstüchtige Graf von Toulouse die Belagerung von Arles aufheben. Auch Friedrichs angespannte Privilegienpolitik vermochte den endgültigen Abfall eines Großteils des Landes, sogar Avignons, nicht mehr aufzuhalten, so daß für Innozenz IV. die Bahn geebnet war, um 1245 vor dem Kaiser aus Italien ins Arelat zu flüchten und auf Reichsboden das denkwürdige *Konzil von Lyon* einzuberufen, welches Friedrich II. feierlich absetzte. Friedrichs Energien waren aber noch nicht gebrochen.

Während jenes leidenschaftlich ausgetragenen Dramas vollzog sich im südlichen Arelat eine lokale Wachablösung von welthistorischer Perspektive: Im August 1245 starb Graf Raimund-Berengar IV., der letzte Sproß der in den Grafschaften *Provence* und *Forcalquier* regierenden Nebenlinie des Hauses Aragon, ohne männlichen Erben. Die beiden älteren Töchter waren den Königen von Frankreich und England vermählt. Um die jüngste zur Erbin bestimmte Beatrix hatte schon vor des Vaters Tod ein Wettrennen der Bewerber eingesetzt, das geradezu wie ein romantisches Ritterspiel anmutet, jedoch um keinen geringeren Preis ging, als um das Tor zum Mittelmeer. Neben dem Prinzen von Aragon hoffte Raimund von Toulouse auf die Beute, weshalb er mit seinem Erzfeind Raimund-Berengar rasch Frieden schloß, sich der Kirche annäherte und seine Ehe mit Margarethe von La Marche vom Papst lösen ließ. Von seinem kaiserlichen Lehensherrn konnte er keine Stütze erwarten, denn Friedrich II. bot seinen Sohn Konrad zur Ehe an und entsandte 20 Galeeren zur Bekräftigung der Brautwerbung. König Jakob von Aragon belagerte Beatrix mit Heeresmacht, um die Heirat seines Sohnes zu erzwingen, umsonst. Denn inzwischen war der jüngste Bruder Ludwigs IX., *Karl von Anjou*, für den die kuriale Politik sowie seine provençalische Mutter und seine kastilische Großmutter arbeiteten, mit französischen Truppen herangerückt; mit Hilfe von Geld, Drohungen und päpstlicher Gunst befreite er Beatrix und feierte im Januar 1246 mit ihr Hochzeit: eine Vermählung von hochpolitischer Folgenschwere, weil sie das Zeitalter kapetingischer Machtexpansion einleitete und weil sie für den ehrgeizigen Karl, das staatsmännische Genie der nächsten Zukunft und den Totengräber der Stauferdynastie, das Sprungbrett nach Sizilien und zur Weltmacht bedeutete.

Nichtsdestoweniger beschäftigte die burgundische Frage den abgewiesenen Kaiser noch bis in die letzten Lebensjahre. Der geplante Zug gegen den Papst in Lyon setzte die Herrschaft über die Westalpenpässe voraus, d. h. die Bundesgenossenschaft von Savoyen und der Dauphiné, der beiden natürlichen Rivalen, die Friedrich beide erneut zu gewinnen verstand. Der 1247 mit Amadeus von Savoyen geschlossene Vertrag beinhaltete ein weitgreifendes Projekt: Der (illegitime) Kaisersohn Manfred sollte

144

1. Römischer Triumphbogen in Orange.

2. S. Philibert in Tournus (11. Jahrhundert).

3. Römische Arena in Arles mit eingebauter mittelalterlicher Stadt.

4. Oben: Tympanon vom Hauptportal der Kathedrale S. Lazare in Autun
   (12. Jahrhundert).

5. Unten: Eva vom Nordportal der Kathedrale S. Lazare in Autun
   (jetzt Musée Rolin).

6. Initiale R mit Drachenkopf, Gregor Moralia Citeaux (12. Jahrhundert), Dijon, MS. 168, fol. 4 v.

7. Aigues-Mortes, Stadtanlage (Ende 13. Jahrhundert).

8. Stickereien im Schatz der Kathedrale von Sens.

9. Jesaja vom Sockel des Kalvariums (Mosesbrunnen) von Claes Sluter in der Kartause von Champmol b. Dijon (Ende 14. Jahrhundert).

10. Bildnis Karls des Kühnen von Rogier van der Weyden (Staatl. Museen Berlin-Dahlem, Gemäldegalerie).

als Gemahl der Erbin von Savoyen — wiederum einer Beatrix — die Westlombardei bis zu den Alpen erhalten und später mit dem regnum Arelatense belehnt werden. Zwar kam die Ehe 1248 zustande, aber weder der Zug nach Lyon noch die Rekonstituierung des Arelats, als dessen neuer Anwärter in Friedrichs Testament sein Sohn Heinrich erscheint.

Mit Friedrichs II. Tod 1250 mußte das Reich für immer den Traum eines Zusammenschlusses des Rhône- und Westalpenlandes mit Italien begraben, der jahrhundertelang in verschiedenen Variationen die Herren Burgunds bewegt hatte. Die 888 begründete und 1032/8 rechtlich fixierte Tradition der ostfränkisch-deutschen Souveränität über Burgund hatte mit dem Niedergang des Kaisertums ihre Kraft verloren gegenüber dem wachsenden Gewicht der nationalen Verwandtschaft. So war es nur noch eine Frage der Zeit, bis der Arm der französischen Monarchie oder ihrer Untertanen die übrigen romanischen Gebiete Reichsburgunds an sich zog. Auf die Provence folgte 1295 vorübergehend die Pfalz- bzw. Freigrafschaft, 1307 Lyon, 1349 die Dauphiné, bis dann Kaiser Karl IV. 1378, der Macht der politischen Situation nachgebend, die Rechtsgrundlage von 1032 verließ und dem französischen Thronfolger die Dauphiné als Generalvikariat und dem seit 1349 sogenannten Dauphin die Reichsstatthalterschaft des Arelats überantwortete.

8. Das Arelat im Kraftfeld von Reichsidee, deutscher Hausmachtpolitik und französischer Ausdehnungspolitik. Vom Zeitalter Karls von Anjou († 1285) bis zum Tode Kaiser Karls IV. († 1378).

Der Tod Friedrichs II. 1250 und der Untergang der Staufer mit den Epigonen Manfred und Konradin 1266/8 markieren eine entscheidende Wende. Auf der Bühne des Spätmittelalters, einer durchaus eigenwertigen Epoche im Umbruch vom alten abendländischen Ordnungsgefüge zum europäischen Staatsystem der frühen Neuzeit, vollzog sich mit der Aushöhlung der kaiserlichen Zentralgewalt und Universalgeltung die Auflösung und die Wiederloslösung Reichsitaliens und Burgunds aus der imperialen Ländertrias.

Aus dem Kampf zwischen Friedrich II. und dem Papsttum hatten in Deutschland vor allem die Fürsten Nutzen gezogen, im weiteren Europa zunächst scheinbar die Kurie, faktisch aber Frankreich, auf das sich das Papsttum beim Niederringen der letzten Staufer angewiesen sah. Frankreich war damals der »modernste« Staat hinsichtlich seiner inneren Konsolidierung. Während der klug ausgleichenden Regierung Ludwigs IX. d. Hl. (1226–1270) war es zur unbestrittenen hegemonialen Autorität in Europa geworden, um unter Ludwigs Nachfolgern die Bahnen systematischer Machtexpansion zu beschreiten. Den Auftakt dafür gab Ludwigs jüngster Bruder *Karl I. von Anjou,* der von der Provence aus Sizilien eroberte (1265/8), sich zum römischen Senator und Reichsvikar in der Toskana aufschwang und in normannisch-staufischen Spuren ein mediterranes Weltreich aufzubauen suchte; im Menschenalter nach Friedrichs Tod dirigierte Karl als die beherrschende Figur die internationalen Fäden bis nach Byzanz und Jerusalem hin, bevor sein Werk 1282 in der Sizilianischen Vesper zusammenbrach. Gleichwohl blieb das Anjou-Königreich von Neapel weiterhin ein wichtiger Faktor im politischen Weltgeschehen. Karl von Anjou war es aber auch, dessen bedrohliche Machtballung das Papsttum zu einer Verhärtung der im Kampf mit den Staufern geborenen Abwehr einer »unio regni (Siciliae) ad imperium« veranlaßte: Ein anjouinisches oder französisches Kaisertum blieb genauso Utopie wie die Restauration des deutsch-italienischen Imperium alten Umfangs.

146

Während Frankreich und der Anjou in die staufische Nachfolge eintraten, ohne trotz Karls Bemühen für König Philipp III. (1270–1285) die Kaiserkrone zu erlangen, erlebte *Deutschland* im *Interregnum* (1251–1273) eine Phase der Ohnmacht. Die Doppelwahl zweier ausländischer Fürsten 1257 — Richards von Cornwallis und Alfons' von Kastilien, welche die beiden Lager guelfischer und ghibellinischer Richtung repräsentierten — enthüllte symptomatisch die Reichskrise, bevor mit dem Regierungsantritt Rudolfs von Habsburg 1273 eine neue Periode der Reichspolitik einsetzte. Freilich, »eine Herrschaft, die außer Übung kam, wird nicht wieder unter den alten Bedingungen angetreten. Das deutsche Königtum, welches nach dem Interregnum berufen war, das Kaisererbe einzufordern, fand neue Gewalten auf seinem Grund und Boden erwachsen« (F. Kern) und sah sich mit einer neuen europäischen Mächtekonstellation konfrontiert. Zwar blieben noch die beiden Universalinstitutionen Imperium und Sacerdotium — ersteres vorerst nur als ideelle Potenz, letzteres bald im Schlepptau Frankreichs — dominante Mächte. Aber das Kaisertum, den herkömmlichen Ordnungsaufgaben im weiteren Reichsgebiet nicht mehr gewachsen, hatte sein realpolitisches Prestige verloren; und die universalistische Ordnung des Hochmittelalters hatte ihre Verbindlichkeit eingebüßt. So gewannen jene unter der Decke des imperialen Glanzes gewachsenen politischen und verfassungsrechtlichen Faktoren Geltung, welche die Zukunft bestimmen sollten: die deutschen Territorien und Städte sowie die westeuropäischen Staaten England, Frankreich und Aragon. Sowohl die Einzelstaaten als auch das Staatensystem insgesamt zeigten jetzt ihre neuartige Gestalt und Funktion: gekennzeichnet durch ihre territoriale (»flächenstaatliche«) und nationale Struktur wie durch eine Verlagerung des Schwergewichts aus dem deutsch-italienischen Raum nach Westeuropa. Innerhalb Deutschlands erscheint das Hereinwachsen des Ostens ins Zentrum als wichtigstes Faktum, während der Südwesten an Faszination verlor; gleichzeitig trat die Hausmachtpolitik jener Fürstenhäuser hervor, die im wetteifernden Wechsel das deutsche Wahlkönigtum an ihre Dynastien zu binden suchten — Habsburger, Wittelsbacher und Luxemburger.

In dieser Epoche der politisch-rechtlichen Umschichtung wurde deutlich, wie intensiv das Schicksal Burgunds mit der Existenz des nach Italien blickenden Imperium alter Ordnung gekoppelt war, wie sehr anderseits die Entwicklung der burgundischen Landschaften geprägt war von der Gewohnheit opportunistischer Option für den jeweils meistbietenden oder bequemsten

Oberherrn. Im Zeitalter der Ottonen, Salier und Staufer war das generell der deutsche Kaiser und die römische Kirche, deren Gunst zeitweise gut gegeneinander ausgespielt werden konnte; seit dem 13. Jahrhundert wurde das zunehmend der französische König. Die Stärke der lokalburgundischen Herrschaftsträger lag im Umworbensein von seiten der Großmächte und deren Kaufkraft. Diesem Umstand verdankten denn auch die Straßen- und Paßstaaten ihre weitgehend unabhängige Entfaltung. Demselben Sachverhalt aber ist es auch zuzuschreiben, daß Reichsburgund sich weder von innen noch von außen her zu einer nationalen Solidarität oder territorialen Einheit konsolidieren ließ; alle derartigen Ansätze, wie z. B. der Zähringerstaat, zerbrachen am Unabhängigkeitswillen der einheimischen Magnaten und am Rivalitätskampf der Interessenten. Was schadete es schon etwa einem so mächtigen Paßwärter wie Savoyen, in dem sich deutsche, französische und englische Ambitionen begegneten, wenn er je nach Situation und Chance sich seiner Reichszugehörigkeit besann oder sie vergaß? Und welche Vorteile bot es doch dem Erzbischof von Lyon, daß er als Metropolit zwar für seine Suffragane dem französischen König verantwortlich war und daß er traditionell die prima sedes Galliarum beanspruchen mochte, während seine Erzdiözese im deutschen Reichsgebiet lag, wo die Kaiser nur sporadisch Hoheitsrechte geltend machten. Diese Zwitterstellung verlieh ihm wie kaum sonst einem Kirchenfürsten für lange Zeit den Rang eines reichsfreien Landesherrn ohne die Bürde der Reichsuntertänigkeit.

Aus dieser gewachsenen Struktur Burgunds versteht es sich, warum es selbst dem so ehrgeizigen wie genialen Staatsmann Karl von Anjou trotz seines Einbruchs in die südliche Reichsfront genausowenig wie Friedrich II. glückte, das regnum Arelatense von der Provence und von Oberitalien her — 1258/64 hatte er zusätzlich im westlichen Piemont Fuß gefaßt — neu aufzubauen; warum die verschiedenen burgundischen Projekte des deutschen Königtums vor der Wirklichkeit versagten; warum nicht zuletzt auch die französische Annexionspolitik bei aller Überlegenheit nur in zähem Stückwerk vordringen konnte, ohne das Arelat als Ganzes zu gewinnen. Obwohl also die Geschichte Burgunds im Sinne eines staatlichen Organismus seit dem Ende der Staufer praktisch vorbei war und seine Teile im permanenten Grenzkampf der großen Nachbarn ihre eigenen Wege gingen, so spielte das Arelat in den politischen Konzeptionen des Spätmittelalters doch noch eine bedeutsame Rolle als Verhandlungsobjekt, woran sich die Wandlungen des gesamteuropäischen Gefüges verfolgen lassen. Die Wendepunkte auf dem Weg der fränkischen Nachfolgestaaten zu nationalen Großmächten, die im burgundischen Wetterwinkel aneinanderstießen, und die schmerzvolle Überwindung einer überholten Weltordnung, die sich in der Kaiserhoheit über Burgund und Italien verkörpert hatte, vollzogen sich am sichtbarsten im Zeitalter Rudolfs von Habsburg und Philipps des Schönen und in der Ära Kaiser Karls IV.

Mit *Rudolf I. von Habsburg* (1273—1291), dem »armen Grafen« aus der Oberrheinecke, wo zwischen Aare und Reuß die Habichtsburg stand, bestieg eine Persönlichkeit den Thron, die so weit von der Mentalität der kaiserlichen Vorgänger entfernt war wie die Lage des Reichs von den Glanzzeiten des Kaisertums: ein eher bürgerlich als ritterlich wirkender Mann mit realistischem, illusionslosem Blick für das was not tat, aber von zäher, disziplinierter Entschlossenheit und nicht ohne Elan in der Durchführung seiner Ziele. Sie galten der Gesundung des degradierten Reichsansehens, der Heimholung entfremdeter Reichsgüter und -ansprüche, wo immer möglich, der Kraftprobe mit Ottokar von Böhmen, diesem geschicktesten Nutznießer der Reichsschwäche, sowie dem Ausbau der habsburgischen Hausmacht. Hausmacht- und Reichsinteressen überschnitten sich um so mehr, als die Möglichkeit dynastischer Erbfolge nach damaliger Rechtsanschauung vom Erwerb des Kaisertums abhing, die habsburgischen Stammlande aber anderseits an jene burgundischen Gebiete — Savoyen und Pfalzgrafschaft — grenzten, die neuralgische Felder im großen politischen Spiel jener Tage bildeten. Im übrigen mußte jede noch so beschränkte Wiederaufnahme der Reichstradition in Italien wie im Arelat mit dem Papsttum und dem anjouinischen Gegenspieler rechnen; das heißt Rudolf wurde unweigerlich in die ghibellinisch-guelfischen Allianz- und Spannungssysteme verstrickt.
Diese erhielten damals eine spezielle Note durch den Konflikt zwischen Karl von Anjou, der nach dem Tode seiner Gemahlin Beatrix (1267) deren Grafschaften in Eigenbesitz genommen hatte, und seinen beiden königlichen Schwägerinnen Margarethe von Frankreich und Eleonore von England, die auf ihren Erbanteil pochten. Zur französisch-englischen Koalition gegen Karl gehörte als dritter Hauptpartner das mit England verwandte und mit Böhmen sympathisierende Haus Savoyen, das seinerseits mit dem Habsburger verfeindet war, seitdem dieser das Kyburger Erbe beschlagnahmt hatte. Wenn daher König Rudolf im

ersten Regierungsjahr Margarethe von Frankreich mit den Grafschaften Provence und Forcalquier belehnte, so bedeutete das naturgemäß eine Maßnahme von schwerwiegender Konsequenz, die kaum durchzuhalten war, solange die Kurie mit dem Anjou zusammenarbeitete.

Papst Gregor X. (1271–1276) suchte zwar auf dem Konzil von Lyon 1274 die Kirche aus dem partei- und territorialpolitisch verengten Gesichtskreis wieder auf die großen religiösen Anliegen — Kreuzzug und Kirchenunion mit den Griechen — hinzuweisen, aber gerade dafür bedurfte es der Befriedigung im Abendland und nicht minder der Sicherheit des Kirchenstaats. Primäre Voraussetzung für beides war ein Ausgleich zwischen den Hauptakteuren in der einst imperialen Sphäre, dem Habsburger und dem Anjou. Um der Reichsfrage willen konnte Rudolf den kurialen Wünschen nicht ausweichen; und so verzichtete er auf Unteritalien und Sizilien, anerkannte den mittelitalienischen Besitz der Kurie gemäß den Privilegien Ottos IV. und Friedrichs II., fügte sich einer Eheverabredung zwischen seiner Tochter Jutta und Karls Enkel Karl Martell, beharrte jedoch ohne päpstlichen Widerspruch auf den Reichsrechten in Toskana und Oberitalien. Die anjouinischen Forderungen, u. a. Bestätigung der Stellung in Piemont, und der Tod Gregors, ließen die Abmachungen scheitern, rückten allerdings auch die Kaiserkrönung wieder in die Ferne, so daß Rudolf nun sein Bündnis mit den Anjou-Feinden um die französische Königinwitwe fortsetzen konnte — vielleicht auch mit der Hoffnung, für den Kampf mit Böhmen den Rücken von Savoyen her frei zu haben. 1277–1281 verhandelte Rudolf mit England über eine Vermählung seines Sohnes Hartmann mit der Königstochter Johanna und den Plan, Hartmann das Arelat und im Falle der Kaiserkrönung Rudolfs das deutsche Königtum zu übertragen. Indes, statt der Realisierung einer anglo-deutschen Machtsphäre als Gegengewicht gegen den Anjou — schon früher war ja die Idee eines englischen Lehensreichs Arelat gegen die kapetingische Übermacht aufgetaucht — kam es erneut zum Umschwung, als der nationalrömisch gesinnte Orsini-Papst Nikolaus III. (1277–1280) die kirchenstaatlichen Ziele gegenüber dem Reich (Romagna) und auch gegenüber dem Anjou (Toskana) mit kompromißloser Energie verfolgte. Mit anderen Vorzeichen als Gregor suchte er nun das Gleichgewicht zwischen dem deutschen und sizilischen Königtum zu erzwingen. Gemäß Vertrag von 1279/80 wurde für Karl die provençalische Erbschaft bestätigt, und die Habsburgerin Clementia — Jutta war inzwischen an Böhmen

vergeben — sollte dem Anjou Karl Martell eine Mitgift »nach
freiem päpstlichem Ermessen« zubringen: nichts Geringeres als
das Arelat mit jährlicher Anerkennungsgebühr für das Reich.
Die Aussicht auf das Rhônereich mochte Karl von Anjou für
den Entzug der römisch-tuszischen Ämter entschädigen und für
Rudolf ein angemessener Preis für die Kaiserkrone sein. Daß
die Abtrennung der imperialen Reichsländer von Deutschland
ein verbreitetes Wunschbild in italienischen und französischen
Kreisen war, bestätigt auch das von Tolemäus von Lucca zum
Jahr 1279 erzählte und von Reichspatrioten als »welsche Bos-
heit« bekämpfte Gerücht, Papst Nikolaus wollte das Imperium
in die Königreiche Deutschland, Burgund, Lombardei und Toskana aufteilen und dafür dem deutschen Königtum die Erblichkeit zugestehen. Solcher Lösung aber hätten bei allem Inter-
essengegensatz weder der König noch die Kurfürsten zuge-
stimmt. Die folgenden Ereignisse warfen alle diese Projekte über
den Haufen: der Tod Nikolaus' III., als Clementia bereits nach
Neapel reiste, das Ende der Karriere Karls 1282, als sizilische
Schiffe schon auf der Rhône ankerten, drei Jahre später der
Tod Karls sowie seiner Parteigänger Papst Martins IV. und
König Philipps III.
Denn mit *Philipp IV. d. Schönen* (1285—1314) kehrte die
anjouinische Vormacht zum französischen Königtum zurück,
das nun den Expansionsdrang mit eisernem Griff auf die ratio-
nale Durchwaltung und Erweiterung des Staatsterritoriums
lenkte, ja auch nicht davor zurückschreckte, mit allen Mitteln der
Staatsraison die Kirche in die Knie zu zwingen. Nach dem denkwürdigen Attentat zu Anagni auf Bonifaz VIII. († 1303), den
schroffsten mittelalterlichen Hierokraten, begab sich das Papsttum in französische Schutzherrschaft nach Avignon; die damals
noch nominell reichszugehörige, faktisch anjouinische und von
der Krone umworbene Stadt im päpstlichen Venaissin ging 1348
durch Kauf in den Besitz der Kurie über. Bis zum Aussterben
der direkten Kapetingerlinie 1328 und zum Ausbruch des un-
seligen Hundertjährigen Krieges mit England lag nun auf dem
europäischen Schauplatz das Gesetz des Handelns unbedingt
beim französischen König. Damals gelangen Frankreich die ersten richtungweisenden Fortschritte der Ausdehnungspolitik gegen das Reich, fundiert durch die Kunstgriffe einer juristisch
untermauerten Erwerbspolitik (Schutz- und Subsidienverträge,
Interventionen, Prozeßverfahren, ligisches Lehenrecht, Geld-
renten). Die »Publizistik« tat das ihre, um mit römisch-karolin-

gischen Reminiszenzen das Schlagwort von den natürlichen Grenzen — Pyrenäen, Alpen, Rhein — zu propagieren.

Neben Lothringen rückte das Arelat stark in den Brennpunkt, da für Philipp mit dem Erwerb der Champagne durch Heirat (1284) die Zufahrtsstraßen zu diesem Wirtschaftszentrum der Krondomäne erhöhte Bedeutung gewinnen mußten. Ein Handstreich der Kronbeamten genügte, um 1285 den einzigen noch rechts der Rhône vorgeschobenen Reichsposten, das Bistum Viviers, zu kassieren. Komplizierter gestaltete sich die Annexionspolitik in den reichsnäheren Landschaften, obwohl neben Lyon die Grafschaften Savoyen, Vienne und Burgund längst kulturell-politisch romanisiert waren. Aber ihr Eigenwille ließ sich nicht ohne weiteres brechen, sei es von Ost oder von West; zuletzt hatte er sich 1281 in der »Liga von Mâcon« unter Führung der Königin Margarethe gegen die Gefahr der habsburgisch-anjouinischen Restauration des Rhônereichs erhoben. Im übrigen waren von den vier deutschen Herrschern, die König Philipp überlebte – Rudolf I. († 1291), Adolf von Nassau († 1298), Albrecht I. († 1308) und Heinrich VII. († 1313) – immerhin Rudolf und Heinrich wachsame Hüter der Reichsinteressen. Jetzt, da das alte Kaiserrecht verwirkt schien, betrachteten sie die burgundischen Randgebiete als »deutsches Reichsland«, und zwar je mehr die Lokalgewalten den gefährlichen staatsrechtlichen Unterschied von »regnum« und »imperium« für ihre Unabhängigkeit ausspielten; und das geschah recht gezielt, vor allem durch den Savoyer und den Pfalzgrafen, wenn sie z. B. bei Bündnissen nur den »Kaiser« als Oberherrn, nicht aber den deutschen König ausnahmen: »l'emperour, quant il sera creez«. Das Ringen erfolgte nun also nicht mehr so sehr auf imperialer denn auf »nationaler« Ebene zwischen französischer und deutscher Königsgewalt — ein beachtenswerter Aspekt zum Verständnis für Charakter und Ergebnisse der deutschen Grenzpolitik im 14. Jahrhundert. Wirksamen Widerstand gegen den französischen Vormarsch in Burgund leistete eigentlich nur noch Rudolf von Habsburg, dessen Hausmachtinteressen noch stark im Südwesten verwurzelt waren.

Als Erbe der zähringisch-staufischen Macht am Oberrhein erstrebte Rudolf das Ziel, das Herzogtum Schwaben zur Stärkung der Südwestflanke zu restaurieren, was am Widerstand Württembergs scheiterte, und — folgenreicher — das habsburgische Territorium vom Elsaß und Breisgau bis zum Gotthardpaß auszubauen. Hier, im Spannungsbereich zwischen Savoyen und Pfalzburgund, lag das eigentliche Feld seines persönlichen En-

152

gagements für das gesunkene Reichsprestige. Nachdem Rudolf das Ringen mit Böhmen bei Dürnkrut 1287 siegreich bestanden und die neue Bastion im Südosten (Oesterreich, Steiermark, Krain) gesichert hatte, wandte er sich verstärkt der Westgrenze zu. In beharrlicher, organisatorisch schöpferischer Reichsgut-Revindikation (Einrichtung von Landvogteien und Reichsburgen, Einsetzung königlicher Amtsleute, Kauf usw.) begegnete Rudolf als erfahrener Landesherr der französischen Expansion, zwar nur mit Teilerfolgen, die seine Nachfolger nicht wahren konnten oder sogar boykottierten, die aber die Entwicklung des Südwestens folgenschwer betrafen. In den 1281 eröffneten »Burgunderkriegen« gegen Savoyen und die Pfalzgrafschaft konnte er einerseits das abgefallene Bern erneut bezwingen, den deutschen Einfluß in Basel und südlich entlang der Gotthardstraße festigen, anderseits die Reichshoheit über Besançon und indirekt über die Grafschaft Mömpelgard (1408 württembergisch, 1793 französisch) für Jahrhunderte retten und den Pfalzgrafen nochmals zur Lehenshuldigung bringen. Im Gefolge der königlichen Proteste gegen den an der ganzen lothringisch-burgundischen Reichsfront andrängenden Nachbarstaat entzündete sich an lokalen Geplänkeln und an den provokativen französischen Zehntforderungen erstmals geradezu eine deutsch-patriotische Widerstandsbewegung gegen das »Welschland«, die breiten Niederschlag in der Geschichtsschreibung fand. Dem Frieden mit Frankreich galt auch die Heirat des alternden Rudolf 1284 mit der 16jährigen Herzogstochter Elisabeth von Burgund. Doch hatte der französische Nationalwille den längeren Atem.

Den aussichtsreichsten Erfolg errang Philipp d. Schöne in der späteren *Freigrafschaft Burgund.* Dort herrschte damals Pfalzgraf Otto IV., genannt *Ottenin,* aus der Linie der Grafen von Chalon, die 1248 die Meranier abgelöst hatten und deren weitverzweigte Familienmitglieder, teils savoyischer, französischer (Bourgogne), teils auch habsburgischer Gesinnung oder Verwandtschaft, in eifersüchtigen Fehden lagen. Der junge Ottenin, nach Blut und Mentalität typische Verkörperung der hier überschichteten Kultureinflüsse, ein Nachfahre Ott-Wilhelms und der Staufer, war ein begabter Verschwender, ritterlicher und abenteuerfreudiger Gentilhomme, der sich für französischen Sold in Aragon, Sizilien, Flandern um Land und Leute ritt und zu allem anderen fähiger war, als für sein Land Kraft und Geld zu sparen. Von seinem Stiefvater Philipp von Savoyen in französischem Fahrwasser erzogen, war seine erste selbständige Regierungstat die Entfernung des Reichsadlers aus dem Wappen. Im übrigen lebte er auf Pump vom französischen König, der als Hauptgläubiger politisches Kapital aus seiner Großmut zu schlagen verstand. So blieb es ein Scheinsieg des Reichs, daß Ottenin, der Waffengewalt weichend, 1289 und 1293 den Königen Rudolf und Adolf huldigte, allerdings mit der Rechtsverwahrung (1293):

»Die Grafen von Burgund sind Vassallen (fideles) des heiligen Reiches (sacri imperii), nicht aber sind sie verpflichtet, Römischen Königen zu huldigen, bevor diese die Krone des Reichs (Kaiserkrone) erlangt haben... Weil aber der Graf wünscht, nach Vermögen Eure Gunst, Güte und Ehre zu mehren, will er »ex gratia« den Lehenseid leisten...«

Für Philipp IV. war es ein leichtes Spiel, seinen Schuldner an sich zu ketten: Im Geheimvertrag von Evreux 1291 verlobte Ottenin seine einzige Tochter Johanna einem Sohn seines Gönners unter der Klausel, dieser solle der Thronfolger sein, falls dem Pfalzgrafen die Lösung vom Reich gelinge. Im englisch-französischen Krieg stand König Adolf auf englischer, Ottenin jedoch auf französischer Seite; und 1295 dankte der bankrotte Ottenin in Vincennes ab, verkaufte die pfalzgräfliche Herrschaft an Frankreich und verlebte den Rest seines Lebens im Luxus des Pariser Hofes. 1307 kam mit Vollzug des Ehevertrags die Grafschaft an Philipp von Poitiers, den späteren König Philipp V. Die Reichsstadt Besançon erkannte zwar den schnöden Verkauf der Freiheit nicht an und führte auch hinfort den Reichsadler im Wappen. Die französische Monarchie hatte aber damit die umfangreichste Erwerbung aus dem Arelat gemacht, welche ihr allerdings noch für Jahrhunderte schwere Verwicklungen mit dem Reich und mit dem Selbstbewußtsein des freigräflichen Adels eintragen sollte.

Noch folgenschwerer wirkte sich Rudolfs Landespolitik im heute schweizerischen Raum aus. Aus dem Widerstand der nördlich des St. Gotthard um den Vierwaldstätter See gelegenen Gemeinwesen gegen die habsburgische Territorialisierung formierte sich 1291, kurz nach Rudolfs Tod, der erste »Ewige Bund« der drei Waldstädte Uri, Schwyz und Unterwalden, die Urzelle der *Schweizer Eidgenossenschaft*. Nichtsdestoweniger fanden die Eidgenossen den besten Rückhalt für ihr nicht aggressiv, sondern defensiv gerichtetes Landfriedensbündnis am deutschen Königtum, sobald dieses nicht in habsburgischen Händen ruhte und ihnen die »Reichsfreiheit« bestätigte. Überdies erkämpften sie sich 1315 bei Morgarten dank der robusten Kraft ihrer Bauernsöldner mit dem ersten eklatanten Sieg über das Ritterheer Herzog Leopolds von Oesterreich ihre Unabhängigkeit gegenüber jeglicher landesherrlichen Autorität, wie sie es bei Erneuerung ihres Bundes feierlich beurkundeten. Die Reichsgewalt war zu schwach, um die Eidgenossen wieder zu integrieren; die Eigenart der landschaftlichen und der volksmäßig deutschen Voraussetzungen war zu ausgeprägt, als daß die Bündner sich anderseits von Frankreich absorbieren ließen. So erwuchs — vom Alpenvorland am Ostrand des einstigen Hochburgund ausgreifend — ein Staatswesen eigener Struktur, das im 15. Jahrhundert zum gefährlichsten Gegner des französisch-neuburgundischen Machtblocks aufstieg.

Das Reichsschwert sei stumpf geworden, dieser Slogan kursierte damals in Frankreich. Wie nah das den Realitäten kam, erwies die Regierung *Heinrichs VII.* (1308—1313), obwohl seine Wahl eine diplomatische Niederlage Philipps IV. bedeutete. Denn nach dem Tod Albrechts I. hegte der französische König begründete Hoffnung, mit Hilfe des Papstes in Avignon und der westdeutschen Bistümer, auf deren Besetzung er Einfluß gewonnen hatte, seinen Bruder Karl von Valois als Kaiserkandidaten durchzusetzen. Indes dokumentierten die Kurfürsten unter Führung Balduins von Trier ihre Freiheit gegenüber Frankreich und ihren oligarchischen Stolz im Reich, indem sie mit Balduins Bruder Heinrich einen ihnen genehmen kleinen Dynasten ohne Hausmacht wählten. Es war kaum vorauszusehen, daß der vermögensschwache Luxemburger — wie zahlreiche Grenzfürsten besoldeter Vasall der französischen Krone — zu einem so kraftvollen Repräsentanten deutscher Hausmacht und der universalen Kaiseridee aufsteigen sollte. Mit imponierendem Elan setzte Heinrich seine beiden Hauptziele durch: die Begründung der luxemburgischen Dynastie in Böhmen (1310) als Konkurrenz gegen die mit Albrechts Tod gestrandeten Habsburger, und den Romzug zur Kaiserkrönung (1310/12), von Dante und den Ghibellinen in Italien herbeigesehnt und vom Papst nicht ungern gesehen in der Hoffnung, vielleicht mit Hilfe eines Kaisers den französischen Druck abschütteln zu können. Der kränkliche, gedemütigte Clemens V. (1305—1314) war freilich dem harten Kurs König Philipps nicht gewachsen, welcher mit dem Prozeß gegen das Andenken Bonifaz' VIII. drohte und überdies den Papst als Instrument zur Vernichtung des Templerordens erpreßte. Heinrich seinerseits war nicht gewillt, — er kannte die westliche Taktik zu gut —, der Expansion Frankreichs weiteren Vorschub zu leisten.

Es erschien wie ein verheißungsvoller Auftakt, als 1309 das

Pfalzgrafenpaar von Burgund um deutsche Belehnung nachsuchte, blieb aber ein Trugschluß; der Vertrag vom April 1310 zwischen Heinrich und Philipp brachte dem deutschen König nur ein materiell wertloses Freundschaftsbündnis mit Frankreich ein, belastet mit der Forderung Philipps, daß Heinrich, wenn er als Kaiser irgendeinen König oder Beauftragten einsetze, der Nachbar des französischen Königs sei, denselben eidlich auf ein Bündnis mit Frankreich verpflichten solle. Wenige Tage darauf besetzten französische Truppen das Erzbistum *Lyon:* ein erneuter »Rechtsakt«, der den krönenden Schlußstrich unter die unbeirrbare Politik Philipps setzte. Die Einnahme Lyons war von langer Hand seit Ludwig IX. vorbereitet durch wiederholte Interventionen bei Händeln zwischen Kapitel und Stadt, so daß Philipp nur noch die Konsequenzen daraus zu ziehen brauchte: 1308 mußte Erzbischof Peter aus dem ebenfalls nach Lyon schielenden savoyischen Grafenhaus beim Amtsantritt das von seinem Vorgänger zugestandene französische Schirmrecht ohne Wissen und Willen der Bürger beschwören; die Falle schnappte wohlberechnet zu, als die verärgerte Stadt die militärische Intervention des Königs herausforderte. Was nutzten schon die Proteste des Papstes und König Heinrichs, der damals gerade seinen Romzug antrat? Als Heinrich nach der Kaiserkrönung 1312 an Bürger und Erzbischof von Lyon als »Reichsgetreue« appellierte, handelte er sich lediglich die »Verwunderung« des Kapetingers ein, »daß Ihr in Eurem Schreiben, das Ihr über Eure Krönung an unsere Lyoner richtet, diese als Eure Untertanen bezeichnet, weil sie weder einem Eurer Vorgänger noch Euch untergeben oder zu irgendeiner Treueleistung verpflichtet sind, sondern offensichtlich immer zum regnum Franciae gehörten und mit Gottes Hilfe gehören und gehören werden«. Auch die unter kaiserlicher Autorität erneuerten Reichsansprüche zerbrachen an der realpolitischen Wirklichkeit.

Diese Wirklichkeit hieß: französische Macht, päpstliche Ohnmacht, anjouinische Gegnerschaft. Heinrich genoß gewiß in breiten Kreisen hohen Kredit, anfangs sogar beim Papst, als er sich mühsam, aber siegreich durch Italien nach Rom durchkämpfte und im Lateran aus Legatenhand die Kaiserkrone empfing. Kardinäle aus der Bonifazpartei glaubten der Sache zu dienen, als sie die alte Gleichgewichtspolitik wiederaufgriffen und eine Ehe zwischen dem Sohn Roberts von Neapel, Karl von Kalabrien, und Heinrichs Tochter Beatrix planten, wobei die Mitgift das Arelat sein sollte. Daß auch dieser Versuch einer Restauration Burgunds an der Haltung Frankreichs und Neapels scheitern mußte, war klar. Waren doch die Reibungsflächen zwischen dem Kaiser und dem Anjou dieselben wie ehedem, vergeblich mahnte Heinrich Robert an seine Lehenspflicht; und der französische König konnte weniger denn je gewillt sein, das von ihm schon weitgehend abhängige Arelat kurz vor dem Ziel an Neapel auszuliefern. So wiederholten sich die einstigen Konstellationen, jetzt verschärft durch die Auseinandersetzung zwischen Heinrich und dem als Majestätsverbrecher angeklagten Robert in Rom, akzentuiert durch die Steigerung des Kaisergedankens bis zum Bruch mit Avignon. Die volltönenden beiderseitigen Manifeste auf dem Hintergrund der von Frankreich absolut beherrschten Situation enthüllten die tragische Diskrepanz von Idee und Wirklichkeit, als Heinrich während der Vorbereitungen für einen zweiten Ansturm auf Rom starb. Er hinterließ bei Feinden und Freunden Triumph und Enttäuschung sowie die Erfahrung, wie haltlos die Rechtsansprüche des deutschen Königtums auf Italien und Burgund geworden waren, auch wenn Philipp d. Schöne seinerseits die Grenzen seiner Expansionspolitik empfindlich zu spüren bekam. Im letzten Lebensjahr, 1314, erlebte er eine Niederlage. Als er nämlich die Rivalität zwischen *Savoyen* und der *Dauphiné,* die beide Frankreich verpflichtet waren, aus aktuellem Anlaß auszunutzen suchte, versagte die bewährte Methode. Denn Amadeus von Savoyen und der Delphin, natürliche Gegner, aber geschult an den Vorfällen in Lyon, schlossen einen Schutzvertrag gegen jeden Angreifer des Arelats während der Reichsvakanz. Noch einmal also diente der faktisch längst ausgebootete Rechtstitel – jetzt in umgekehrter Anwendung als vorher gegenüber Rudolf von Habsburg – zur Rettung der burgundischen Unabhängigkeit, bevor einige Jahrzehnte später das Schicksal dieser beiden Restpfeiler des Arelats endgültig entschieden werden sollte.

Das Ende des Dreigestirns 1313/4 – Heinrichs VII., Philipps IV. und Clemens' V. – beschloß die erste Phase französischen Ausdehnungserfolgs. *Thronfolgeschwierigkeiten in Frankreich und in Deutschland* hemmten zunächst beiderseits die Fortführung aktiver Grenzpolitik, obgleich die Weichen für die Entwicklung der Reichsnebenländer Italien und Burgund im Kreuzfeuer deutscher, französischer, päpstlicher und anjouinischer Interessen unverrückbar gestellt waren. Das in Auflösung befindliche regnum Arelatense, das nur noch als traditionsverhafteter Rechtsbegriff erschien – nominell noch reichszugehörig, großenteils bereits französisch, im Kerngebiet (Savoyen, Dauphiné) faktisch umstritten —, fungierte in der folgenden Generation erneut als Verhandlungsobjekt zwischen den benachbarten Mächten. Immer noch bestätigte sich die Attraktivität des Rhônereichs oder seiner Teile bei den neuen politischen Kombinationen angesichts des verschärften französisch-englischen und des deutschpäpstlichen Gegensatzes, angesichts der anhaltenden Konkurrenz innerdeutscher Hausmachtinteressen sowie der fortdauernden anjouinischen Gefahr, die inzwischen auch in Ungarn und Polen zum Gegenspieler der südostdeutschen Dynastien aufgestiegen war (Karls I. Urenkel, Karl I. Robert, wurde 1308 Erbe von Ungarn und dessen Sohn Ludwig I. d. Gr. 1342 zusätzlich König von Polen).

Auf dem *französischen Thron* lösten sich die drei Söhne Philipps IV. ab, darunter Philipp V., der Erbe der Freigrafschaft. Die drei letzten Kapetinger hinterließen nur Töchter, so daß der Dynastiewechsel 1328 aktuell wurde. *Philipp VI. von Valois* († 1350) wurde jedoch angefochten von Eduard III. von England, der als Sohn der Tochter Philipps d. Schönen, Isabella, Ansprüche erhob. Die Thronfrage als formeller Anlaß, dazu die französische Verbitterung über den englischen Lehensbesitz in Guyenne und Flandern, aktuelle wirtschaftliche und politische Ursachen ließen 1337 den englisch-französischen Kampf erneut aufbrechen. Der Hundertjährige Krieg, dessen Verlauf beide Nationen abwechselnd in schwere verfassungspolitische Krisen stürzte, wirkte sich erheblich auf das gesamteuropäische Kräftespiel aus. Für Deutschland ergab sich daraus wiederholt die Versuchung, sich der französischen Übergriffe durch Bündnis mit England zu erwehren.

Im *deutschen Reich* war die Lage nicht minder prekär. Das Doppelkönigtum von Friedrich d. Schönen von Habsburg († 1330) und dem anfangs von der luxemburgischen Partei gestützten *Ludwig d. Bayern* (1314–1347) zeigte, wie wenig gefestigt die Reichsverfassung noch war. Der Sieg Ludwigs bei Mühldorf 1322 drängte zwar die Habsburger für ein gutes Jahrhundert zurück, jedoch nicht zugunsten der Wittelsbacher. Ludwig mußte bis zuletzt um sein Herrschaftsrecht ringen, einerseits gegen das Papsttum, andererseits gegen die luxemburgische Machtkonzentration. Als Ludwig sogleich nach dem Mühldorfer Sieg die Reichsrechte in Italien durch Einsetzung eines Generalvikars gegen den päpstlichen Vertreter Robert von Neapel wahrnahm, war der Auftakt gegeben: dieser letzte und härteste Kampf zwischen den beiden Universalgewalten spannte die Positionen der beiderseits gereiften Theorien bis zu extremen Konsequenzen an, während die alten Kampfmittel von Bann, Interdikt, Absetzung, Entbindung vom Treueid und Ketzergericht ihre einstige Wirksamkeit weitgehend verloren hatten. Dem greisen *Johannes XXII.* (1316–1334), dem profiliertesten der avignonesische Päpste, der mit unermüdlicher Ausdauer bis zum doktrinären Starrsinn, aber auch mit genialem praktischem Sinn für die Ausschöpfung aller rechtlichen und fiskalischen Möglichkeiten (päpstliche »Provisionen«) das kuriale System ausbaute, ging es um die Approbation der deutschen Königswahl und um eine umfassende, das deutsche Regnum einbeziehende Anwendung des päpstlichen Reichsvikariats. Der Bruch mußte sich radikalisieren, als der nicht approbierte König 1328 in Rom aus den Händen von Volkstribunen die Kaiserkrone empfing. Die kaiserlichen Appellationen gegen die seit 1323 eröffneten kirchlichen Prozeßurteile wurden untermauert durch Ludwigs Helfer aus den im Armutsstreit mit dem Papst angeheizten Minoritenkreisen sowie durch den markantesten Kopf jener Tage, Marsilius von Padua, dessen naturrechtlich begründete Staats- und Volkssouveränitätslehre (»Defensor pacis«) gewissermaßen experimentell erprobt wurde. Ludwig und die Kurfürsten, an sich keineswegs eine geschlossene Front, trafen sich im Einsatz für die Unabhängigkeit der deutschen Königswahl, wobei die Fürsten in wachsender Distance zur rigorosen Haltung des Kaisers bis zur Bereitschaft gingen, die Person des Kaisers um der Ehre und Freiheit des Reiches willen fallenzulassen. Der Kurverein von Rhense 1338 und das extremere Kaisergesetz »Licet iuris«, beides nationale Manifeste gegen Avignon, bringen die differenzierten Standpunkte deutlich zum Ausdruck. Auch von dem milderen Papst Benedikt XII. (1334–1342), der wieder stärker unter französischem Druck handelte (seine Erbauung des Papstpalastes ist symptomatisch für die Einwurzelung der Kurie in Avignon), konnte Ludwig keine Absolution erlangen, zumal er 1337–1340 Rückhalt bei Frankreichs Todfeind England suchte. Im Sog jenes grandiosen Ringens geriet das Arelat nochmals als Handelsware in die deutsch-französische und kaiserlich-päpstliche Hochspannungszone. Indem die luxemburgische Politik, die französischen Ausdehnungsabsichten und die schwankende Haltung des damals wichtigsten Dynasten im Arelat, des Delphins von Vienne, sowie Verhandlungen zwischen Kaiser und Avignon sich überlagerten, ebnete sich für das *Haus Luxemburg* der Weg zum Thron, wurde aber die *Dauphiné* samt den burgundischen Reichsrechten der französischen Krone in die Hand gespielt. Die Grundlage für diese Entwicklung schuf die Erneue-

159

rung der *luxemburgisch-französischen Beziehungen* 1322/3 durch eine Doppelvermählung: Maria, die Tochter Heinrichs VII. und Schwester König Johanns von Böhmen, heiratete den letzten Kapetinger Karl IV. Gleichzeitig schickte Johann seinen Sohn Wenzel, den späteren Kaiser Karl, an den französischen Hof, wie Karl selbst in seiner Autobiographie berichtet:

»Ich war damals sieben Jahre alt. Der französische König ließ mich ... firmen und gab mir seinen eigenen Namen Karl. Er vermählte mich mit der Tochter seines Oheims Karl (von Valois, also der Schwester des späteren Königs Philipps VI.), die Blanka genannt wurde.«

So war das Band auch zur Valois-Dynastie geknüpft: eine tragende Komponente der folgenden Jahrzehnte. Die Luxemburger, bei denen damals die Überlegenheit Balduins von Trier noch die jugendlichen Taten von dessen unsteten Neffen Johann auszugleichen vermochte, waren zwar als antihabsburgischer Block die Steigbügelhalter Ludwigs des Bayern gewesen. Aber nachdem sie um ihr Thronrecht geprellt und ihre territorialen Interessen durch Ludwigs gewalttätige Hausmachtpolitik mehrfach verletzt wurden, kam es trotz Balduins loyaler Reichssorge zur Entfremdung. Stand doch hinter der agilen Betulichkeit König Johanns am französischen Hof nichts anderes als seine Hoffnung auf die Reichskrone, wobei der Böhme als Entschädigung für Frankreichs Hilfe das Arelat vorsah. Die luxemburgisch-französische Koalition wirkte sich um so gravierender aus, als Philipp VI. seit Amtsantritt des gefügigen Papstes Benedikt wieder Chancen witterte, um den außenpolitischen Kurs Philipps IV. fortzusetzen. Am hellsten beleuchtet diese Konstellation die vieldiskutierte Geheimabmachung von 1333; Kaiser Ludwig suchte die Luxemburger und den Papst dadurch zu gewinnen, daß er sich zum Rücktritt zugunsten Heinrichs von Niederbayern, des Schwiegersohns von König Johann, bereit erklärte, allerdings unter Bedingung vorheriger Absolution bei voller Wahrung der Reichsehre. Der präsumptive Thronbewerber Heinrich, Werkzeug der verhandelnden Mächte, stellte dem französischen König für seine Zustimmung die Überlassung der Reichsrechte im Arelat als hochdotiertes Pfand in Aussicht. Indes, eine globale Auslieferung der Rhônelande an Frankreich und eine luxemburgische Monarchie von Frankreichs Gnaden mußte auf den Widerstand des Anjou stoßen, genauso wie umgekehrt anjouinische Arelats-Projekte der französischen Krone ein Dorn im Auge waren. Und Papst Johannes XXII. war nicht gewillt, auf diese Weise seine Grundsätze preiszugeben. Bereits 1334 leugnete Ludwig den fiktiven Thronverzicht wieder ab.

160

Die burgundische Frage war damit prekärer als zuvor, denn Frankreich war entschlossen, seine für den Kaiser unumgehbare diplomatische Unterstützung nicht billig zu verkaufen. Kurz nach dem Tod des unbequemen Papstes Johannes scheinen, wenn wir Matthias von Neuenburg glauben dürfen, im Frühjahr 1335 französische Unterhändler beim neuen Papst die »unerhörten« Wünsche ihres Königs vorgebracht zu haben, daß er selbst Reichsvikar von Italien und sein ältester Sohn König des Arelats werden solle. So irreal diese Forderungen klingen, so zeugen sie doch für die beharrlichen Ziele Frankreichs, denen Kaiser Ludwig — auf die natürliche Abneigung der Kurie gegen solche Machtsteigerung hoffend — nochmals einen erfolglosen Schachzug entgegensetzte: Er belehnte *Humbert II. von Vienne* mit dem Rhônereich. Doch der Delphin konnte genauso wenig wie das Papsttum eine Provokation Frankreichs riskieren für einen machtlosen Kaiser, dem die Kurie ihre Anerkennung versagte; diese Anerkennung machte Humbert zur Vorbedingung für die Annahme des verlockenden Angebots. So blieb auch dieser Vorstoß Ludwigs ein Schlag ins Wasser. Die weiteren dreiseitigen Verhandlungen zwischen Kaiser, König und Papst schleppten sich fruchtlos hin, bis Ludwig 1337 seine Wendung zu England hin vollzog. Kurzfristig folgte ihm auch Humbert von Vienne, bedrängt durch französische Übergriffe und durch den Savoyer. Das nationale Übergewicht der großen Nachbarn bot jedoch kaum noch Raum für solch extravagante Sonderpolitik einer burgundischen Lokalgewalt, sondern zwang zur Entscheidung. Situationsbedingt fiel diese für das gefürchtete Frankreich aus. 1343 verpfändete Graf Humbert für den Fall seines erbenlosen Todes sein Land an einen Prinzen des französischen Königshauses.

Das luxemburgisch-französische Bündnis hatte zwar dank der Wachsamkeit des Kurfürsten Balduin die französischen Kaiserpläne und anderseits auch eine übereilte Kandidatur Johanns von Böhmen abgefangen, aber die arelatischen Aspirationen Frankreichs neu belebt. Die Quittung mußte Kaiser Karl IV. bezahlen.

Seit 1342 war der Bruch zwischen den Häusern Luxemburg und Wittelsbach unheitbar verfestigt, nämlich seitdem Ludwig die Scheidung der Erbin Tirols, Margarethe Maultasch, von Johann Heinrich von Böhmen (Bruder Karls) und ihre Vermählung mit Ludwigs Sohn, dem Brandenburger, autoritativ gegen Brauch und Kirchenrecht verfügt hatte. Von nun an arbeitete auch Balduin von Trier offen für die luxemburgische Thronanwartschaft, zumal anstelle des unfähigen Böhmenkönigs dessen Sohn Karl als Begabung heranwuchs. Ludwigs Abwendung von England nach der französischen Niederlage von Sluis 1340, seine Annäherungsversuche an Papst Clemens VI. (1342–1352), seine erneute Verzichterklärung kamen zu spät. 1346 wurde mit Hilfe Clemens' VI. dessen einstiger Zögling Karl von Mähren als Gegenkönig gewählt. Ludwigs Tod 1347 machte die Bahn frei.

Karl IV. (1346–1378), der einstige Eleve Wenzel am französischen Hof, bekundete schon im Namenswechsel zu Ehren seines Firmpaten die Formkräfte seines Lebens: höfische Gewandtheit, religiöse Aufgeschlossenheit, die Erfahrung diplomatischer Strategie im Geiste französischer und luxemburgischer Kaiserhoffnungen. Die Skala der historischen Urteile über seine Persönlichkeit reicht vom »Botengänger Avignons« und Pfaffenkönig über den kaufmännischen Krämergeist, verschlagenen Taktiker und besonnenen Realpolitiker bis zum hohen Meister reifer Staatskunst, der dank seiner Selbstbeschränkung in der Kaiserpolitik die Reichsverfassung saniert und die Kultur Deutschlands mit böhmischen Kraftquellen auf einen Höhepunkt geführt hat. Karl war als Werkzeug päpstlicher und kurfürstlicher Konjunktur auf den Thron gekommen. Er war gut beraten, daß er seinen Herrschaftsstil nach der gemäßigt-konservativen Linie seines Großonkels Balduin im Geiste von Rhense orientierte. So gelang ihm mit vorsichtigem Spürsinn nahezu konfliktlos das, wofür sein Vorgänger sich im Kampf unglückselig verbraucht hatte: die schrittweise Loslösung aus dem Netz päpstlicher Forderungen. Gewiß, Karl kam der Umschwung der politischen Lage durch eine Serie französischer Niederlagen gegen England zugute. Bei Crécy war 1346 der blinde König Johann gefallen, sein Sohn Karl knapp entkommen. 1356 folgte der englische Triumph von Maupertuis, der dem französischen König Johann II. d. Guten die Gefangenschaft brachte, Frankreich in Verfassungskrisen stürzte und zum demütigenden Frieden von Calais 1369 zwang. Der Machtverlust Frankreichs löste beim Papsttum neue Hoffnungen auf eine Rückkehr nach Rom aus und damit auch auf eine Renaissance der Kaiserpolitik, damals von Petrarca und dem Schwärmer Cola di Rienzo so glühend beschworen wie früher von Dante.

Es bleibt der Ruhm Karls, die Chancen genutzt, den Bogen aber nicht überspannt zu haben. Sein Weg von den anfänglichen Zugeständnissen an die Kurie über die Kaiserkrönung 1355 zum Erlaß der Goldenen Bulle 1356, zur burgundischen Krönung in

Arles 1365 und zur Wahl seines Sohnes Wenzel zum römischen König 1376 war die imponierendste staatsmännische Leistung seit den Zeiten Barbarossas. Sie forderte allerdings Kompromisse: den Verzicht auf eine Kaiserpolitik alter universalistischer Prägung sowie weitgehende Enthaltung von realpolitischer Einflußnahme in Italien und Burgund. Gerade die burgundische Politik hat Karl den Vorwurf der Inkonsequenz zugunsten seines böhmischen Machtegoismus eingetragen. Hat Karl durch seine nachgiebige Haltung im Westen tatsächlich nationale Reichsinteressen veruntreut?

Bald nach seinem Regierungsantritt, 1349, als Karl die drohende englische Thronkandidatur durch Freundschaftspakt mit England überwunden hatte und den Feldzug gegen den Gegenkönig der Wittelsbacherpartei Günther von Schwarzburg startete, trat die zwischen Graf Humbert von Vienne und dem französischen König 1343 geschlossene Vereinbarung vorzeitig in Kraft; in ähnlicher Not wie früher der Pfalzgraf Ottenin, von Schulden bedrückt, dankte der Graf gegen eine Geldsumme ab. Die *Dauphiné*, so genannt nach dem Wappentier und dem Leitnamen der gräflichen Dynastie, Delphinus, wurde der Verwaltung des Enkels von Philipp VI., dem späteren König Karl V., übergeben und war fortan Ausstattung des französischen Thronfolgers, der daher den Titel Dauphin annahm. Karl IV. sah dieser Minderung von Reichsrechten widerspruchslos zu; seine Taktik war es, eine Chance abzuwarten — und sie kam: nach Karls *Kaiserkrönung*.

Zwar brachte Karls eiliges Verlassen der Ewigen Stadt nach der Zeremonie in beflissener Korrektheit gegenüber den päpstlichen Wünschen greifbar zum Ausdruck, daß der römische Kaiser mit dem Titel keinen Herrschaftswillen mehr verband — die tiefe Enttäuschung Petrarcas darüber begleitete das Urteil über Karl durch Jahrhunderte. Allein die Tatsache des Romzugs aber war ein Prestigegewinn. Johanna von Neapel, die berüchtigte Nachfolgerin König Roberts, bequemte sich zur Huldigung für Provence und Forcalquier; und das Haupt der Visconti von Mailand erbot sich gegen Lohn zur Unterstützung bei einer Wiedereroberung des Arelats. Während die Franzosen eben noch das Arelat zum erblichen Lehen des Dauphin hatten machen wollen (Denkschrift 1354), so erschien nach der Schlacht von Maupertuis der Dauphin Karl anstelle seines gefangenen Vaters im Dezember 1356 auf dem *Reichstag zu Metz*, um für seine Reichslehen zu huldigen. Ebenso erneuerte der Stiefsohn König Johanns, Philipp von (Pfalz-)Burgund, sein homagium. Auf demselben glanzvollen Reichstag, der die Goldene Bulle als Manifest für die Freiheit der deutschen Königswahl – wohl nicht von ungefähr vom Boden der deutschen Westgrenze aus – promulgierte, wurde für den Kurfürsten von Trier das Erzkanzellariat für Burgund bestätigt, welcher Titel allmählich Vienne entglitten und 1308 von Balduin von Trier nachdrücklich beansprucht worden war.

All diese Maßnahmen von Metz könnten in Zusammenschau mit der 1365 in St. Trophimes zu Arles folgenden *Krönung Kaiser Karls zum König von Burgund* als Ausdruck eines gesundeten Kaisertums gegenüber der französischen Ausdehnungspolitik gewertet werden, wenn sich nicht seit dem Metzer Reichstag eine gewisse Zwiespältigkeit der Burgundpolitik gezeigt hätte. Die Huldigung des Dauphin war nur ein Scheinerfolg des Reichs; noch im Dezember 1356 erhielt der französische Kronprinz in der Dauphiné das Reichsvikariat für das Gerichtswesen, also eine ähnliche Vergünstigung, wie sie Böhmen mit dem Privilegium de non appellando zugebilligt war. Das war ein beachtlicher Erfolg Frankreichs, der zunächst allerdings für das Reich günstige Rückwirkung zeitigte. Denn der durch die französische Nachbarschaft zunehmend beengte Graf von *Savoyen*, der kurz zuvor mit einem solchen Reichsvikariats- und Gerichtsprivileg ausgestattet worden war, drängte jetzt darauf, daß der Kaiser 1361 die Grafschaft formell aus dem Staatszusammenhang des regnum Arelatense löste und unmittelbar dem Reich unterstellte, um den Grafen 1365 entgegen den gleichlautenden Ansprüchen des Dauphin zum Generalvikar im Arelat zu ernennen. Karl hat damit die Reichstreue Savoyens für die folgenden Jahrhunderte gerettet, jedoch das Arelat aufgegeben. Er mußte genauso wie der Savoyarde, der die »Reichsfreiheit« dem französischen Zentralismus vorzog, sich darüber im klaren sein, daß die Dauphiné seit 1349 praktisch verloren war. Gegen Ende seiner Regierung zog Karl Bilanz. Inzwischen hatte er beim zweiten Romzug 1368/9 vergeblich versucht, die Rückkehr Urbans V. nach Rom zu sichern; der Papst mußte nach Avignon zurückfliehen. Acht Jahre später zog der kranke Kaiser nochmals an die Stätten seiner Kindheit, nach Paris zu dem unterdes erstarkten König Karl V. (1364–1380), sicherlich um für verschiedene Interessen (wie die luxemburgische Thronfolge im Reich, die Thronanwartschaft Sigismunds im anjouinischen Ungarn und die brabantische Erbschaft) die Gunst des Neffen zu gewinnen. Das Arelat gehörte nicht mehr zu den primären Reichssorgen: *1378 verlieh Karl dem Dauphin Karl (VI.) das*

Generalvikariat in der Dauphiné und ernannte ihn zum *Reichsstatthalter für das Arelat,* aus dem allerdings Savoyen herausgebrochen war. Karl hat damit zwar nominell keine Reichsrechte verletzt, aber der Entwicklung den Laufpaß gegeben.

War die Preisgabe »Reichsburgunds« ein Bruch mit Karls bisheriger Politik? Sie war jedenfalls ein eklatanter Bruch mit der reichsrechtlichen Konzeption seiner Vorgänger und mit dem von Rudolf von Habsburg eingeleiteten Versuch, die burgundischen Lande in die Sphäre des königlich-deutschen Patriotismus einzubeziehen. Karls souveränes Staatswerk, die Krönung des nach dem Interregnum begonnenen Neubaus der Reichsverfassung, entfaltete sich mit dem Verzicht auf die imperiale Gewalt alter Ordnung. Für ein gutes Halbjahrhundert noch blieb die Erinnerung an die Reichsherkunft des Arelats lebendig; hier und dort regte sich auch die Abwehr der Provence gegen den Vikariatsanspruch des Dauphins. Dann verschwand das regnum Arelatense aus der Geschichte.

1481, nach dem Tode des letzten Anjou-Herrn der *Provence,* des »bon roi« René, der in Tarascon residierte und als Freund von Literatur, Kunst und Wein viel Popularität erlangte, wurde auch dieser südliche Teil des Arelats nach zweieinhalb Jahrhunderten Anjou-Herrschaft vom französischen Königtum eingezogen, nachdem zuvor die neuburgundische Rebellion niedergerungen war (vgl. Kap. 9).

Kaiser Karl IV. und Frankreich

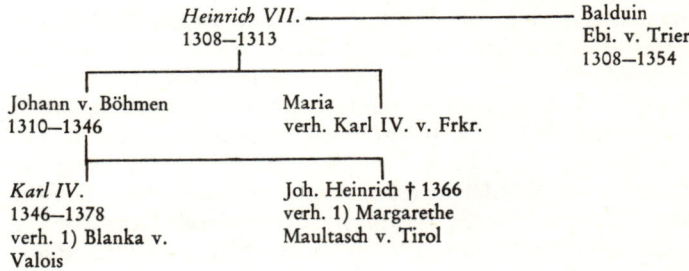

9. Rückblick und Ausblick:
Vom alten zum neuen Zwischenreich Burgund.

Als sich Kaiser Karl IV. 1365 in Arles vom Erzbischof krönen ließ und auf der Rückreise über St. Maurice d'Agaune Reliquien des Burgunderkönigs Sigismund mitnahm, dessen Namen der 1361 geborene Thronfolger trug, befand sich das mitteleuropäische Kräftefeld in grundlegender politischer Neugestaltung. Auf altburgundischem Boden hatten sich im romanisch-germanischen Überschichtungsraum sechs Herrschaftskomplexe gebildet, von denen immerhin drei in der Neuzeit eine bedeutende, selbständige Rolle spielen sollten.

1. Die *Schweizer Eidgenossenschaft:* Seit dem Dreistädtebund von 1291 als Torwächter des St. Gotthard und im Gegensatz zur habsburgischen Territorialpolitik erstarkt, erwirkte sie 1361 von Karl IV. eine neuerliche Verbriefung der inzwischen auf acht Orte erweiterten Bundesrechte und konsolidierte ihre politisch-militärische Selbständigkeit mit den Siegen bei Sempach und Näfels 1386/88 und im Sempacher Brief von 1391. Nach Abwehr der letzten habsburgischen Restaurationsversuche im Alten Zürichkrieg 1436/50 und im Schwabenkrieg 1499, des neuburgundischen Eroberungsversuchs bei Grandson und Murten 1476 sowie der savoyischen Expansion durch Gewinnung der Waadt 1536 war die staatliche Eigenständigkeit der Eidgenossen gesichert und erhielt 1648 ihre völkerrechtliche Anerkennung.

2. *Savoyen:* Der Paßstaat war aus älteren Wurzeln erwachsen auf der Grundlage der spätantiken Militärzone Sapaudia sowie der seit dem 11. Jahrhundert erweiterten Rechte der Herren von Aosta und Maurienne, u. a. durch Erwerb der Grafschaft im nördlichen Viennois 1030 und Angliederung von Piemont um 1050. Das Grafenhaus rückte 1311 zum Reichsfürstenstand auf, erhielt 1361/5 die Reichsfreiheit und 1416 den Herzogtitel. Die Privilegierung durch Karl IV. fundierte den Aufstieg des neuzeitlichen Staates Savoyen, dessen mittelalterliches Streben nach Reichsunabhängigkeit sich nunmehr umkehrte in Abwehr gegen Frankreich und im 19. Jahrhundert Mitträger der nationalen Einheitsbewegung in Italien wurde. Das Fürstenhaus ver-

legte seine Residenz aus dem Kernland um Chambéry und um die Abtei Hautecombe (Savoyer-Grablege) nach Piemont (Turin) und erwarb im 18. Jahrhundert die Krone von Sardinien: denkwürdige Parallele zur einstigen Politik Karls von Anjou, der als vorübergehender Herr von Piemont 1269 seinen Sohn Philipp hatte zum König von Sardinien wählen lassen.

3. Der Paßstaat *Dauphiné* ist gleichzeitig und in Rivalität mit Savoyen aus dem Kern der Grafschaft Vienne entstanden, die in frühkarolingischer Zeit als Militärbezirk hervorgetreten war und deren südlicher Teil seit 1030 unter den später sogenannten Grafen von Albon aufstieg. Die Maßnahmen Karls IV. trennten jedoch das Schicksal der Zwillingspaßstaaten, indem die Dauphiné 1378 als Apanage des französischen Kronprinzen endgültig ihre Selbständigkeit verlor.

4. *Provence:* Diese am frühesten romanisierte Provinz Galliens und ehemals ostgotischer Verwaltungsbezirk eigener Prägung hatte seit dem 10. Jahrhundert als Grafschaft eine ziemlich selbständige Entfaltung erfahren, im 12. Jahrhundert zeitweise in Personalunion mit Barcelona-Aragon. Seit 1246 unter dem Haus Anjou, das nur sporadisch nochmals Karl IV. als nominellen Lehensherrn anerkannte, fiel die Provence nach wechselvoller Selbstbehauptung gegen kaiserliche und französische Restaurationspläne im Arelat erst 1481 an die französische Krone.

5. *Franche Comté:* Die *Freigrafschaft* verdankte ihre Stellung wesentlich der günstigen Lage zwischen Jura-Bastion und westfränkischer Grenze sowie der häufigen Doppelvasallität ihrer Grafen zwischen dem Reich und Frankreich. Obwohl sie 1156 bis 1208 direkt staufischer Herrschaft unterstand und dann bis 1248 an das angeheiratete Herzoghaus Meran fiel, blieb die Pfalzgrafschaft (erster »Pfalzgraf« war Barbarossas Sohn Otto) Aktionsfeld westfränkischer Magnaten, vor allem der Grafen von Chalon. Sie lieferten die Pfalzgrafschaft 1295 an Frankreich aus, ohne jedoch die Reichshoheit ganz abzuschütteln; noch bis 1678 führte die »Freigrafschaft« ein Zwitterdasein zwischen der Personalunion mit der französischen Krone, mit dem Herzogtum Burgund und mit dem deutschen bzw. habsburgischen Reich.

6. *Burgund.* Während das regnum Arelatense unter Karl IV. eine nominelle Erneuerung und zugleich seine faktische Auflö-

sung erfuhr, nahm die Idee eines Staates der Mitte nochmals
Gestalt an, diesmal vom *Herzogtum Burgund* her, dem es genauso wie dem kapetingischen Königtum vergönnt gewesen war,
in langer dynastischer Kontinuität Besitz und Ansehen zu ver-
größern. Ein Ausblick auf seine Geschichte zeigt die dramatische
Metamorphose der alten französischen Expansionsträume.

Als 1361 mit *Philipp von Rouvres* die Kapetinger im Herzogtum ausstarben und das Lehen an König Johann d. Guten heim-
fiel, wußten die burgundischen Stände die Annexion des Landes
durch die Krone zu verhindern. So erhielt 1363/4 der jüngste
Königssohn, Philipp d. Kühne, das als selbständige Institution
bewahrte Dukat zur Apanage: Damit war der Grundstein für
ein Staatswesen gelegt, das sich durch das diplomatische Geschick seiner vier Regenten aus der Nebenlinie der Königsdynastie von Valois für ein Jahrhundert zu einer gefürchteten Großmacht im Herzen Europas erhob. Denn die politische und verfassungsrechtliche Krisensituation Frankreichs seit dem Dynastiewechsel von 1328 — es war die Zeit des Hundertjährigen
Krieges und des englischen Thronanspruchs über Frankreich, die
Zeit des Avignonesischen Papsttums und des Schismas, das
Europa in zwei Obödienzen zerriß, die Zeit des Ringens zwischen hochadeligem Ständepartikularismus, monarchischer Kron-
gewalt und kommunaler Revolution, zwischen der mittelalterlichen Kaiseridee und den Prinzipien national-staatlicher Autarkie — wies Burgund auf einen Weg, den man der historischen
Funktion nach mit der Rolle Preußens im Deutschland des 18.
Jahrhunderts und seiner Struktur nach mit der Donaumonar-
chie verglichen hat: ein rapid zusammengewachsenes weites Län-
derkonglomerat, innerlich unausgeglichen, nach außen jedoch
eine großfürstliche Machtkonzentration von imponierender Di-
mension; als Rechtsträger Frankreichs und Deutschlands, als
Parteigänger Englands, als potentieller Regent Frankreichs und
doch gefährlichster Gegenspieler der Krone war dieses Mittelreich geprägt vom Glanz der spätmittelalterlichen ritterlich-
adeligen Gesellschaft wie von den Kraftquellen der heraufzie-
henden utilitaristischen städtischen Kultur.

Den vier Valois-Herzögen waren bei aller Verschiedenheit der
Charaktere gemeinsam ein Bedürfnis nach pathetischer Repräsentation und luxuriösem höfischem Lebensstil, eine ausgeprägte
Vorliebe für das Spiel mit der Macht aus der Kombination stolzen politischen Ehrgeizes mit hartem herrscherlichem Pragma-
tismus, persönlicher Unerschrockenheit und großer Aufgeschlossenheit für geistig-künstlerische Daseinsgestaltung.

Durch die Feder von Hofhistoriographen und -poeten (wie Monstrelet und Chastellain, Molinet, Philippe de Commynes oder Olivier de la Marche, Wauquelin oder auch Christine de Pisan), durch Pinsel und Meißel der in herzoglichem Auftrag schaffenden Künstler (u. a. Claus Sluter, die Brüder van Eyck, Rogier van der Weyden), aber auch durch die deutliche Sprache staatspolitischer Aktivität sind uns ihre Portraits in pulsierender Lebensfülle überliefert.

Philipp d. Kühne (1363—1404) muß trotz seiner virilen Häßlichkeit ein Mann von bezwingendem Charme gewesen sein, dessen Tapferkeit schon dem Vierzehnjährigen als Schlachtenhelfer des Vaters ritterlichen Nimbus eintrug; leutselige Großmut und ein realistischer Blick für das Zweckmäßige ließen ihn zu einem kunst- und festesfreudigen Mäzenaten großen Stils werden. Als Philipp die Regierung antrat, hatte Frankreich die demütigende erste Phase des großen Krieges hinter sich (1356 Niederlage von Maupertuis, 1360 Friede von Brétigny). König Karl V. »le Sage« (1364—80) unternahm zusammen mit dem jüngsten Bruder die Reorganisation der staatlichen und wirtschaftlichen Verhältnisse. Philipps Aufstieg stand also zunächst ganz im Programm der königlich-nationalen Restauration. Seine Vermählung mit Margarethe von Flandern sollte die französische Grenzbastion gegen das Reich erweitern und zugleich England brüskieren; denn Margarethe, Erbtochter Ludwigs von Maele († 1384), des söhnelosen Grafen von Flandern, und Enkelin der Kapetingerin Margarethe von Frankreich, war die Verlobte Edmunds von England. Mit der 1369 in Gent prachtvoll gefeierten Hochzeit schien die Gefahr einer anglo-flandrischen Personalunion gebannt, und Herzog Philipp erwarb die Anwartschaft auf das reiche Erbe Margarethes: Flandern, Nevers und Artois sowie die (Frei-)Grafschaft Burgund als Reichslehen. Freilich, das Eigengewicht der wirtschaftlich nach Norden orientierten flandrischen Länder, dazu die gesteigerte Machtposition sollten Burgund bald in neue Bahnen eines kosmopolitischen Individualismus drängen, der zur treibenden Kraft der künftigen Entwicklung Westeuropas wurde.

Die 1384 realisierte Union Burgund-Flandern-Freigrafschaft war aber nur der Beginn systematischer Expansion des Herzogtums; sie zielte folgerichtig weiter in die niederländischen und niederlothringischen Reichslehensgebiete hinein. Philipp selbst noch bereitete den Erwerb des Herzogtums Brabant-Limburg vor. Diplomatische Taktik und Heiratspolitik — eine burgundische Spezialität, die dann von den Habsburgern fortgeführt wurde — taten das ihre. Philipps Nachfolger konnten schrittweise die

Angliederung der einst baierischen Hausmachtländer Hennegau, Holland und Seeland samt Friesland, der Markgrafschaft Namur, der Herzogtümer Luxemburg und Geldern, der geistlichen Fürstentümer Cambrai, Lüttich, Utrecht vollenden. Abgesehen von dem gewaltigen territorialen Zuwachs, der Burgund in übernationale Rechtstraditionen verflocht, brachte der Aufstieg natürlich mancherlei Aufgaben und Gefahren neuer Art mit sich. Einerseits wurde Burgund an den flämisch-englischen Wirtschaftsraum gebunden und damit auch in die kommunale Bewegung verwickelt.

Die Städterevolution von 1382, geführt von Gent, Ypern und Brügge, der Aufstand der »Chaperons blancs« unter ihrem Helden Philipp von Artevelde, »Regent von Flandern«, der in Konspiration mit England den Ruhm seines Vaters Jakob erneuerte, wurde zwar in der denkwürdigen Schlacht von Roosebeke blutig niedergeschlagen; der französische König drängte auf Einäscherung von Kortrijk, Rache für die Sporenschlacht von 1302. Unter den Siegestrophäen führte der Herzog die Turmuhr mit, den Jacquemart, der seither auf Notre Dame in Dijon die Stunden schlägt. Die englische Landung in Calais 1383 mißlang. Der Friede von Tournai 1385 zwischen Herzog, Grafschaft und Stadt Gent beendete vorläufig den Aufruhr. Die Episode blieb aber symptomatische Ouvertüre für die Sonderaufgaben des neuen Landesherrn, der sich nur durch stete Rücksicht auf den Eigenwillen Flanderns das Heimatrecht erwerben konnte.

Dies sollte die künftige Haltung Burgunds zwischen Frankreich und England maßgeblich mitbestimmen, zumal sich die Gegensätze auch mit dem Schisma überschnitten. Der Städtekrieg hatte unter französischer und englischer Intervention – hier mit dem Placet Avignons, dort mit dem Segen des römischen Papstes – geradezu Kreuzzugscharakter angenommen. Was blieb dem Burgunder anderes, als zwischen den Obödienzen zu lavieren?

Auf der anderen Seite zeitigte die Machtfülle des Großherzogs, des ersten Pairs der Krone, innerfranzösische Konsequenzen. Als der unmündige und epileptische Karl VI. (1380–1422) den Thron bestieg, schuf die Vormundschaft der drei väterlichen Oheime, der Herzöge Ludwig von Anjou (König von Sizilien), Johann von Berry und Philipp von Burgund, die Voraussetzungen für eine Spaltung Frankreichs. Ging es zunächst um den Regententitel, so manifestierten sich in dem Antagonismus Philipps von Burgund und seines Neffen Ludwig von Orléans, des Bruders Karls VI., bald zwei Prinzipien der Innen- und Außenpolitik: Hielt der Orléans am Avignonesischen Papsttum fest, so förderte der Burgunder die Unionsbestrebungen der Pariser Universität. Während Philipp auf Wahrung des Waffenstillstands von 1396 (Heirat Richards II. von England mit Isabella, Tochter Karls VI.) und grundsätzlich auf einen Modus vivendi mit England bedacht war, schürte Ludwig die anti-englische Front und suchte — als Gemahl einer Visconti — überdies den Blick wieder nach Italien zu lenken. Dazu kamen verfassungspolitische Divergenzen. Bis zum Tode Philipps d. Kühnen im Jahre 1404 — auch der feierliche Aufwand bei der Bestattung in der Kartause von Champmol konnte darüber nicht hinwegtäuschen — waren die Weichen für einen Staatskrieg gestellt, der ganz Frankreich in den Grundfesten erschüttern sollte.

Johann Ohnefurcht (1404—19) wußte sein kräftiges flämisches Naturell, die dynastieeigene furchtlos-beharrliche Energie und seine Popularität beim Volk im Kampf gegen die Orléans planvoll einzusetzen. Es galt, den Wiederausbruch des englischen Krieges zu verhindern, ein Anwachsen der Steuern zu vermeiden und sich angesichts der absolutistischen Bestrebungen, der Verschwendungssucht und der Torheiten seines Vetters Ludwig zum liberalen Schutzherrn von Bürgertum und Volk zu deklarieren. Jener verbündete sich seinerseits mit der Gemahlin des kranken königlichen Bruders, Isabeau von Bayern. 1405 entfesselt der Burgunder mit einer provokativen Anklageschrift gegen den Orléans eine scharfe publizistische Fehde, in der Pamphlete, Schlagworte, Schmähthesen bis hinein in die Symbolsprache der Embleme (Johann wählt den Hobel mit der Devise »Ic houd«) einander überstürzen. Es kommt zur Truppenmobilisierung und Bürgerkriegsstimmung, die ihren ersten Coup d'Eclat erreicht mit der Ermordung Ludwigs von Orléans am 23. November 1407 durch gedungene Attentäter.

Dieser Mord machte Geschichte. Herzog Johann, Virtuose politischer Taktik im Umgang mit der öffentlichen Meinung, ließ ihn durch ein Plaidoyer des Pariser Magisters Jean Petit als Tyrannenmord zum Staatswohl legitimieren. Die »Justification du Duc de Bourgogne«, ein Meister-Machwerk scholastischer Argumentation, wurde 1413/4 durch eine Pariser Synode im Sinne der Gegenpartei verworfen. Die Lehre vom Tyrannenmord aber beschäftigte als Grundsatzproblem nochmals das Konzil von Konstanz.

Indessen tobte der Krieg zwischen Bourguignons und Orléans weiter, letztere zunächst vertreten durch den Sohn des Ermordeten, Karl, dann durch Karls Schwiegervater Bernhard VII. von Armagnac, der den haltlosen Dauphin Ludwig von Guyenne, Schwiegersohn Johanns, auf seine Seite zu ziehen verstand. Es war eine wirre Zeit, eine Epoche der Ständeversammlungen, Parlamentssitzungen und Ordonnanzen, der offenen und versteckten Agitation, des beiderseitigen Buhlens um Universitätsintellektuelle und um den Pöbel, dessen von Johann angeheizter Radikalismus sich 1413 — nach dem Vorbild der »Chaperons blancs« und unter den Apellen des Dachdeckers Simon de Coutelier, genannt Caboche, dem des Herzogs Mühlen zu langsam mahlten — in der »Révolution Cabochienne« entlud. Johann mußte Paris verlassen. Gravierender als dieser Machtkampf, der sich ins Gewand eines Verfassungskonfliktes um die Grundsätze der Monarchie kleidete, wurde die internationale Verkettung im Gefolge der burgundischen Englandpolitik: ein Preis auch für die Ruhe in Flandern. Bereits 1411 hatte Ohnefurcht, um die Armagnacs mattzusetzen, Verhandlungen mit Heinrich IV. († 1413) angeknüpft, der nach dem Sturz Richards II. 1399 den englischen Thron bestiegen hatte. Johanns kurzfristiger Scheinverzicht auf das englische Bündnis, zu dem ihn die Gegner im Vertrag von Arras 1414 nötigten, wurde überrollt durch jene Ereignisse, welche die wohl unwürdigste Periode des Valois-Königtums einleiteten: die Offensive Heinrichs V., der Sieg bei Azincourt 1415 und die Besetzung der Normandie. Von der Haltung des Burgundo-Flamen als dem mächtigsten französischen Prinzen von Geblüt und potentiellen Regenten von Frankreich mußte das weitere Geschick des Landes abhängen. Und Johann Ohnefurcht setzte in diesen letzten Jahren seiner Regierung bewußt Leitlinien für seine Nachfolger: sowohl in der Expansionspolitik durch die Erfolge in Brabant und den Niederlanden als auch in der Frankreich- und Außenpolitik durch seine Einstellung zur englischen Invasion. Johann konnte es sich leisten, die Abwehr den Armagnacs allein zu überlassen, nach dem Tod des Dauphins Johann 1417 die Königin Isabeau nach Troyes zu entführen und gegen den Widerstand des neuen Dauphins Karl (VII.) eine eigene Regierung zu bilden. Nach dem Pariser Massaker von 1418, dem Bernhard von Armagnac zum Opfer fiel, residierte er mit Isabeau in der Hauptstadt, sah dem Vormarsch der Engländer und dem verzweifelten Todeskampf von Rouen tatenlos zu — und schloß im Mai 1417 mit dem Lancaster einen Geheimpakt, in dem er dessen Thronrecht anerkannte.

Historische Werturteile über das moralische Recht solcher Neutralität, über Landesverrat oder Staatsraison bleiben müßig angesichts jener politischen Wirrsale, die für den engagierten Geschichtsschreiber wohl kaum durchschaubarer waren als für den Durchschnittszeitgenossen, und dies um so weniger, als der Engländer bald allseits umworben wurde.

Die hoffnungslose Lage Frankreichs ließ 1419 schließlich doch eine Annäherung zwischen dem Grand Duc und dem Dauphin geboten erscheinen, die aber schon wenig später mit einem neuen politischen Mord endete: Nach der Begegnung auf der Yonne-Brücke bei Montereau wurde Herzog Johann bei einem Handgemenge getötet. Wie es sich wirklich zugetragen hat, bleibt Geheimnis; Um- und Nachwelt schufen sich ihre Legenden.

Philipp d. Gute (1419–67) war als burgundischer Herrscher der langlebigste — ob auch der bedeutendste, ist umstritten —; »l'Asseuré«, wie ihn die Zeitgenossen nannten, erschien »allein schon dem Aussehen nach ein Kaiser, der wegen seiner natürlichen Gaben verdiente, eine Krone zu tragen«, »ein Fürst mit großem und verletzlichem Stolz«. Ihm fiel die diffizile Aufgabe zu, im Konflikt um das Schicksal Frankreichs, angesichts der sich formierenden englischen Herrschaft und dann im Strudel der nationalen Reaktion die Gratwanderung zwischen Valois und Lancaster weder zum offenen Majestätsverbrechen noch auch zum Schaden Burgunds sich auswachsen zu lassen. Er trat die Regierung an als Gemahl der Michelle von Valois, Schwester Karls (VII.), des Kronprinzen und vermutlichen Mordanstifters. Erfüllt von der Rachepflicht für den Vater und im Bewußtsein seines ansehnlichen Erbes führte der jugendliche Herzog die anglophile Politik des Vaters fort, der er bisher nur mit halbem Herzen anhing. Er tat es im Einvernehmen mit der Exilregierung in Troyes, der Königin Isabeau, die für ihren regierungsunfähigen Gemahl die Regentschaft beanspruchte. So kam es im Mai 1420 zum Vertrag von Troyes, den man gern als schändlichstes oder zumindest tragischstes Dokument französischer Geschichte bezeichnet: Er erklärte den Dauphin für schuldig am Attentat von Montereau und für enterbt; die Tochter Karls VI., Katharina, wurde mit Heinrich V. als künftigem Kronerben vermählt. Im Dezember hielt das Königspaar Karl VI. und Isabeau mit den beiden Schwiegersöhnen, dem *rex designatus* Heinrich V. und Herzog Philipp von Burgund festlichen Einzug in Paris — spektakuläre Demonstration für die greifbar nahe gerückte Doppelmonarchie unter englischer Hoheit, den alten Wunschtraum Englands und Alptraum Frankreichs.

Es bleibt dahingestellt, wie der Kampf zwischen der angloburgundischen Königspartei und den Widerstandskreisen um den Dauphin weiter verlaufen wäre. Als Herzog Philipp in Dijon den Untertaneneid im Namen König Heinrichs forderte, stieß er auf Vorbehalte. Die Lage veränderte sich schlagartig mit dem Tod des erst 35jährigen Heinrichs V. im Jahre 1422. Beide Monarchien ruhten nun auf regierungsunfähigen Königen: einerseits dem Kind Katharinas, Heinrich VI., für den der Herzog von Bedford die Regentschaft übernahm, anderseits dem schwachsinnigen Karl VI., der jedoch kurz darauf starb. An seiner Stelle erklärte sich der vertriebene Dauphin zum König gegen den bereits designierten Lancaster. Die Entscheidung über die Zukunft Frankreichs war nur noch eine Frage der Zeit; eine Frage der Parteimacht und Waffengewalt allerdings war es, ob die legitimistischen Kräfte um den »König von Bourges« ausreichten, um das Fremdkönigtum von Paris zu überwinden, das sich unter der Regie Bedfords, der bald der Schwager des Herzogs von Burgund werden sollte, weiterfraß. Nicht von seiten des Dauphins erfolgte die Wende, sondern bekanntlich durch Ereignisse völlig anderer Art, deren Vehemenz zu den letztlich nicht analysierbaren Imponderabilien geschichtlichen Lebens gehört: Jeanne d'Arc war es, das Bauernmädchen aus Domrémy, dem es gelang, das verschüttete nationale Gewissen für die angestammte Dynastie aufzurütteln, die englische Belagerung von Orléans zu brechen und 1429 den Dauphin zur Königssalbung nach Reims zu führen. Karl VII. († 1461) erwies sich dem Umschwung kaum gewachsen; energielos ließ er die Chance verstreichen, Johanna im Alleingang den Burgundern in die Hände fallen, den Engländern und schließlich dem Ketzertod in Rouen 1431 ausliefern, während Bedford seinerseits hoffte, die Salbung Heinrichs VI. 1431 könne diejenige Karls VII. annulieren. Indes, die französische Monarchie begann sich zu erholen. Und Philipp von Burgund, über dessen historische Begegnung mit der Johanna die sonst so redseligen Historiographen seltsam schweigen, begann mit kluger Besonnenheit und ohne Bruch mit der politischen Tradition Burgunds den neuen Kurs flexibel zu steuern: ein Meisterstück hoher Staatskunst. Der Frieden von Arras 1435, in vielseitigen Gesprächen sorgfältig vorbereitet, schuf zwar keine sofort gangbare Brücke zwischen den Häusern Valois und Lancaster; aber die beiden Hauptakteure, Herzog Philipp und König Karl, trafen sich — ohne Heuchelei herzlicher Freundschaft — auf der Rechtsebene einer Sühneleistung des Königs für den Mord von 1419, Gebietsabtretungen in Mittel- und Nordfrankreich sowie Entbindung Philipps von der Lehenspflicht auf Lebenszeit. Der Bürgerkrieg zwischen Bourguignons und Armagnacs war beendet. Der französisch-englische Krieg dauerte allerdings noch Jahrzehnte an, bis England um 1453 auf Calais zurückgedrängt war und der englische König den französischen Königstitel nur noch als leere Formel führte; er versiegte ohne förmlichen Friedensschluß.

Parallel dazu setzten sich seit 1435 die burgundisch-englischen Sonderabmachungen fort. Die selbständige Außenpolitik bis zur Neutralität des französischen Großvasallen hatte den Beigeschmack des Verrats abgestreift. Das gewachsene Prestige kam nicht zuletzt darin zum Ausdruck, daß in burgundischen Kreisen damals politische Halbwahrheiten kursierten, wie diese, Philipp habe dreimal die Kaiserwürde ausgeschlagen. In jenen vierziger Jahren, als Philipp die luxemburgische Frage vorantrieb und mit dem Habsburger Friedrich III. verhandelte, tauchte das Projekt eines burgundischen Königstitels für die Reichslehen auf, doch das kaiserlich konzipierte Königtum Brabant-Friesland wurde der Machtstellung des Grand Duc nicht gerecht.

Großburgund war nicht nur außenpolitisch zu einem quasi-souveränen Staat gereift. Auch die innere Konsolidierung der strukturverschiedenen Länder erreichte unter Philipp d. Guten eine funktionsfähige Verzahnung von Lokalverwaltung und übergreifenden Zentralorganen, die im Grand Conseil und in der Schlüsselstellung des Kanzlers gipfelten.

Immerhin bezeichnendes Kriterium für die transpersonale Stabilität jenes Staates ist es, daß die Forschung die Frage erörterte, ob die staatsmännische Leistung Herzog Philipp oder seinen Ministern, seinem Regierungsapparat zuzuschreiben ist, insonderheit Nicolas Rolin, der 40 Jahre lang als Kanzler diente.

Einhellige Tatsache hingegen ist, daß der Sohn Philipps und der Isabella von Portugal, *Karl d. Kühne* (1465–77), der bereits in den letzten Jahren des alternden, sich selbst überlebenden Vaters die Regierung gegen das Hochkommen dynastischer Günstlinge geleitet hatte, das Erbe bis zur Zerreißprobe strapazierte und verspielte. Nicht allein der Zwang der Verhältnisse führte zu seinem Sturz; auch die Charakterveranlagung Karls, »le Téméraire« — seine exzentrische Genialität gepaart mit jähzornigem Eigenwillen und rastloser Ruhmsucht bis zum Größenwahn, der lieber unbesonnene Waffengänge riskierte, als das Instrument abwartender Diplomatie gebrauchte — verursachte verhängnisvolle politische Fehler. Oder entsprach es tieferer Gesetzmäßigkeit, daß Großburgunds Griff nach der Souveränität in dem Augenblick scheiterte, als die französische Monarchie gesundete und die habsburgische Dynastie erstarkte?

Zunächst sah es so aus, als brauchte Karl nur auf den Fundamenten weiterzubauen — Expansion, Bund mit England, Verständigung mit den deutschen Dynastien und dem Kaisertum,

Ausweitung der diplomatischen Beziehungen nach Italien und Spanien —, um die Erneuerung des einstigen Lotharreiches, dessen Idol schon unter Philipp wieder lebendig geworden war, der Verwirklichung entgegenzutreiben. Die ersten Aktionen Karls zeigen seine ungestüme Entschlossenheit. Noch vor Philipps Tod stellte er sich an die Spitze der Fürstenerhebung, der »Ligue du bien public« gegen *Ludwig XI.* (1461—83), denselben Ludwig, der als Dauphin in seiner Opposition gegen das väterliche Regierungssystem Zuflucht am burgundischen Hof gefunden hatte. Der Gegensatz zwischen Burgund und der Krone verdichtete sich zum Machtkampf großen Stils, als Karl sich 1468 mit Margarethe von York, der Schwester Eduards IV. vermählte; Eduard hatte 1461 mit dem Sturz des Lancaster den englischen Thron bestiegen. Das Gespenst des Vertrags von Troyes erschien erneut am Horizont. Vorerst jedoch mußte sich Ludwig XI. in Péronne 1468, als gleichzeitig ein Aufstand in Lüttich unter dem Kampfruf »Vive le roi!« losbrach, eine Art Gefangennahme und den Abschluß eines für Burgund günstigen Vertrages gefallen lassen: ein Triumph Karls, der diesem die unerbittliche Feindschaft seines letztlich überlegenen Gegners einhandelte.

Die Erzählkunst Philipps de Commynes enthüllt mit scharfer psychologischer Beobachtungsgabe die spannungsgeladene Atmosphäre in Péronne und die wachsende Erbitterung der beiden Rivalen.

Die folgenden Jahre führten Karl auf den Höhepunkt seiner Macht: der Erfolg im Elsaß, wo ihm Sigmund von Tirol seine Besitzungen für Waffenhilfe gegen die Eidgenossen verpfändete; das Mißlingen des von Ludwig XI. geförderten Sturzes Eduards IV.; die Festigung der Koalitionen Burgunds mit England (Vertrag von London 1474), Aragon, Neapel, dann auch Savoyen, Mailand; die Verhandlungen mit Kaiser Friedrich III. u. a. über die Vermählung Marias von Burgund mit Maximilian von Habsburg, die in Trier 1473 bis an die Schwelle der Königskrönung Karls führten; schließlich die neu eröffneten Aussichten auf Gewinnung Lothringens.

Doch das Jahr 1474 markiert die Kulmination. Karls Ehrgeiz verliert das Maß für das Mögliche, seine Ambitionen verlassen die Bahn staatsmännischer Klugheit. Er beißt sich fest in Waffengängen für innerdeutsche Händel (Erzbistum Köln, Belagerung von Neuß). Die Gewaltherrschaft des burgundischen Sachwalters im Elsaß, Peter von Hagenbach, bricht zusammen im oberrheinischen Städteaufruhr und ruft Sigmund von Habsburg wieder auf den Plan, der sich nun in folgenschwerer Kehrtwendung unter französischer Vermittlung mit seinen Erzfeinden, den Eidgenossen, in der »Ewigen Richtung« von Konstanz gegen Burgund verbündet, während der Kaiser sich im Vertrag von Andernach mit Frankreich verständigt und René II. von Lothringen dem burgundischen Eindringling die Fehde ansagt. Das Netz der systematischen Einkreisungspolitik Ludwigs XI., der »universelle araignée«, zog sich zusammen; Geld und Taktik des französischen Königs leisteten ganze Arbeit, um auch den in Calais gelandeten Eduard IV. von der Sinnlosigkeit seines Unternehmens zu überzeugen. Nach dem Doppelsieg der Schweizer bei Grandson und Murten 1476 vollendete Ludwigs Diplomatie die Isolierung Karls d. Kühnen, dessen von Zorn und Hektik gesteigerter Waffenmut dennoch nicht resignierte. Am 5. Januar 1477 fand er bei Nancy den Schlachtentod gegen die vereinigten Heere unter René von Lothringen.

Es war der unwiderrufliche Schlußakt im Drama des hundertjährigen Dualismus zwischen den Grands Ducs und dem Königtum, Auftakt für das nicht minder dramatische politische Widerspiel Frankreich—Habsburg, dessen erste Szenerie noch kurz vor der Katastrophe von Nancy im Verlöbnis Marias von Burgund mit dem künftigen Kaiser Maximilian I. angelegt war. Der Friede von Senlis 1493 sicherte den Fortbestand der neuburgundischen Erbländer unter habsburgischer Herrschaft; das Lehensherzogtum Bourgogne kehrte zur französischen Botmäßigkeit zurück.

Die Verbindung von Dijon und Brügge ist so jäh wieder zerbrochen, wie sie entstanden war. So unnatürlich sie auch gewesen sein mag, so hat die Intensität des Herrschertums es doch vermocht, die so wesensverschiedenen romanischen und germanischen, spätfeudalen und bürgerlichen Elemente Burgunds und Flanderns zu einem geschlossenen Kulturstil zu integrieren, der seine Eigenart nicht aus einer echten volklichen Symbiose, sondern aus dem Gewicht des Hofes bezog. Der politische Imperialismus der Herzöge prägte sich seine eigenen Ausdrucksformen in der reichen Entfaltung des höfischen Lebens. Es trieb seine Blüte ebenso in der üppigen Sinnenfreude wie der zeremoniellen Etikette, der Verschwendung und dennoch majestätischen Solennität der Feste, Bankette, Turniere. Es schuf sich ein Instrument im Orden vom Goldenen Vlies, zu dem die Heirat Philipps d. Guten mit Isabella von Portugal 1429 Anlaß war: Formgebung eines dynastischen und sozialen Ideals. Es fand seinen schöpferischen Niederschlag in Fülle und Niveau jenes künstlerischen Schaffens, das in einer rhetorisch beladenen, panegyrischen Literatur, in Malerei wie Skulptur bei einer individuellen Subtilität der großen »Flamands« überall den Stempel der Auftraggeber trägt. In seinen kulturellen Manifestationen hat der aus genuin kosmopolitischer Begabung der Herzöge gewachsene burgundische Geist, obwohl gleichsam als rückwärtsgewandte »düstere Renaissance« von archaisierender Daseinsstimmung (J. Huizinga), die politische Katastrophe überlebt.

Wer eine Reise vom Herzogpalast in Dijon mit seiner wuchtigen Tour de Bar zum Belfried von Brügge, vom Hôtel-Dieu in Beaune nach Gent nicht scheut — oder wer einmal nacheinander an den Tumben Philipps d. Kühnen und Johanns Ohnefurcht in Dijon, am Grabmal Karls d. Kühnen in Brügge und am Mausoleum in Brou-en-Bresse, das Margarethe, die Tochter Marias und Maximilians zum Gedächtnis ihres Gemahls Philibert von Savoyen in Anlehnung an das Repräsentationsbedürfnis der Vorväter aufführen ließ, gestanden ist, wird sich dieser Macht dynastischen Willens sinnenhaft bewußt.

10. Burgundische Kulturmacht und mittelalterliches Abendland. Kulturgeographische Aspekte.

Obwohl den burgundischen Staatsbildungen eine dauerhafte politische Expansion größeren Stils versagt geblieben ist, ging von diesem Raum eine einzigartige kulturelle Wirkung aus. Zwar bildete der burgundische Raum nie eine einheitliche Kulturprovinz, genausowenig wie er je eine politisch-nationale Einheit oder ein Staat geworden ist. Wer heute den altburgundischen Großraum oder auch nur das Arelat durchreist, wird sich kaum der einstigen historischen Zusammenhänge dieser heterogenen Landschaften bewußt. Das versteht sich nicht zuletzt daraus, daß die Initiatoren der burgundischen Kulturpotenz im Mittelalter nicht primär die herrscherlichen Obergewalten waren — dies gilt erst für das Valois-Großherzogtum. Weder die bosonidische und welfische Dynastie noch die deutschen Kaiser als Herren des Arelats haben dem burgundischen Kulturwesen einen unauslöschlichen persönlichen Stempel aufgedrückt; und auch die frühen Kapetingerherzöge in der Bourgogne haben keine »Glanzleistungen« vollbracht, sie waren eher fleißige, realistische verfassungsrechtliche »Arbeiter« (J. Calmette). Das kulturelle Leben Burgunds wurde also nicht so sehr von oben her kraft herrscherlichen Willens gestaltet als vielmehr durch das Gewicht seiner »nationalités regionales« — Städte, Klöster, lokale Dynastien, Landschaften.

Immer wieder haben Gelehrte und Dichter versucht, einen geschichtspsychologischen Generalschlüssel zur kulturellen Vitalität Burgunds zu finden. Wie eine Art Erbinstinkt habe hinter allen Leistungen und Mächten das Bewußtsein von der einstigen Größe animierend gewirkt, »le sentiment profond d'une antique grandeur, cette sorte d'instinct atavique« (Ch. Oursel). Am Schnittpunkt der wichtigsten Straßen Europas gelegen, sei dieses Land groß gewesen im Empfangen und Weitergeben (G. Roupnel). Und tatsächlich hat die »burgundische Kultur« keineswegs immer autochthone Züge getragen; nur zum geringeren Teil waren ihre schöpferischen Genies herkunftsmäßig »Bourguignons«. Das gilt nicht nur für die flämische Kunst im Staat der Großherzöge, sondern ebenso für die Leistungen der früheren Jahrhunderte.

Die Klostergründung Luxeuil wurde Ausgangspunkt der irischen Festlandmission. Das Clunicensertum, das von burgundischem Boden her eine universale Sendung erfüllte, geht letztlich auf aquitanischen Adel zurück. Einer der bedeutendsten Förderer cluniacensischer Kultur, Wilhelm von Volpiano († 1031), der St. Bénigne in Dijon zum kultischen, baulichen, schulischen Zentrum erhob, war Italiener. Die Rhônemetropolen verdankten ihre Bedeutung überlokalen wirtschaftlichen und kirchlichen Faktoren. Die provençalische Literatur und Kunst nährte sich aus italienischen, spanischen und maurischen Einflüssen.

Die Kulturpotenz Burgunds beruhte also wesentlich auf der Fähigkeit, Fremdeinwirkungen schöpferisch umzusetzen in wirkungsvolle Aussage. Vielleicht liegt gerade darin ein autochthones Urphänomen burgundischer Mentalität, das sich dem naiven Betrachter erschließt, wenn er etwa die nach Wurzel und Wesen so verschiedene Plastik der cluniacensischen und der spätmittelalterlichen höfischen und bürgerlichen Epoche vergleicht, z. B. die Säulenkapitelle von Vezelay oder Autun mit den (originalgetreu rekonstruierten) Wasserspeiern an der Fassade von Notre Dame in Dijon.

Burgund war von den Grundlagen her *römisch-urban, kirchlich* und *monastisch* und von der Entwicklung her *feudal* geprägt. Alle Leistungen vollzogen sich in diesem Rahmen der wechselseitigen Zuordnung und Spannung von Stadt, Kirche, Kloster, Feudalseigneurie. Dazu kommt, daß die landschaftliche Vielfalt — das Nebeneinander siedlungsattraktivster Knotenpunkte und unbesiedelter Gebirgsöde — die Entfaltung extremer Lebensformen begünstigt hat.

Beachten wir zunächst die *urbanen Voraussetzungen,* denn in den städtischen und kirchlichen Mittelpunktsbildungen hat die römische Zivilisation in den Rhônelanden die Völkerwanderung relativ ungebrochen überdauert und — trotz zeitweiser Restriktion (Merowingerzeit, Sarazenennot) — sich weiter entwickelt in der seit fränkischer Zeit gewachsenen Polarität zum politisch führenden nordgallischen Raum. Gleichsam das Skelett Burgunds bildeten die römischen *civitates,* an die seit der Diokletianischen Reichsordnung und den Konzilien des 4./5. Jahrhunderts die Bischofssitze gebunden waren.

Anders als in Nordgallien, wo die Entstehung neuer fränkischer Verwaltungszentren in Landpfalzen und Grundherrschaften zunächst eine weitere Rückbildung des Städtewesens bewirkte und wo die civitas sich weithin auf die Geltung als Bistum zurückzog, manche Bistümer auch eingingen (z. B. Arras, Tournai), bewahrten die civitates Südgalliens über den politischen Regimewechsel hinaus — unberührt auch von

den Reichsteilungen — eine profilierte Stellung als Zellen von Kirchen-
und Staatsverwaltung, Wirtschaft, Militär- und Bildungswesen.

Die Völkerwanderungszeit hat die antike civitas allerdings in
zweifacher Weise verändert. Einmal äußerlich, zum andern hinsichtlich der Herrschaftsverhältnisse. Der Stadtkern wurde hinter die Befestigungen zurückgezogen und vom zugehörigen Land
abgeschieden: Anfänge mittelalterlicher Stadtentwicklung.

Während die grenznahen civitates am Rhein zwar noch eine ansehnliche Ausdehnung behielten (z. B. Mainz mit 100 ha), schmolzen die
Städte Innergalliens zusammen auf eine Durchschnittsfläche zwischen
7 und 20 ha (z. B. Vienne mit 14 ha). Im mittelalterlichen Arles dienten die Reste der römischen Arena als Stadtmauer.
Vom Anblick einer solchen städtischen Siedlung im 6. Jahrhundert ver-
mittelt Gregor von Tours in der *Frankengeschichte* ein plastisches Bild
mit seiner Beschreibung von Dijon, zwar keiner civitas im Vollsinn
der Bischofsstadt, doch war es alter Militärstützpunkt (castrum) und
damals schon bevorzugte Residenz der Bischöfe von Langres: »Es ist
eine Feste mit starken Mauern, mitten in einer reizvollen Ebene gelegen mit üppigen Äckern ... Im Süden fließt die fischreiche Ouche, im
Norden ein anderer kleiner Fluß, der durch das eine Tor hinein —
unter einer Brücke durch — und durch ein anderes Tor wieder heraus-
fließt und die gesamten Befestigungen umströmt, vor dem Tor aber
Mühlen mit wunderbarer Schnelligkeit treibt. Die vier Tore liegen
nach den vier Weltgegenden, den ganzen Baukörper schmücken 33
Türme ... Warum der Ort nicht civitas genannt wird – cur non civitas
dicta – weiß ich nicht. In der Umgebung aber sind treffliche Quellen
und nach Abend hin üppige Weinberge, die den Bewohnern so edle
Frucht bringen, daß sie den Wein von Askalon verschmähen.« Und
dazu kommt ein weiteres Moment, von dem Gregor in der *Gloria
Martyrum* erzählt: die Wiederauffindung des verfallenen Benignus-
Grabes, um das Bischof Gregor von Langres auf Grund von Wun-
dern und Visionen eine neue Krypta erbaute, die bald Wallfahrer von
weither anlockte und den Markt des aufstrebenden Städtchens belebte. (Auf die Kontinuität der kulturellen Bedeutung Dijons werfen
übrigens jüngste Ausgrabungen völlig neues Licht, jetzt im Museum
bei St. Bénigne zugänglich: nämlich in ihrer Art bisher einzig daste-
hende holzgearbeitete Figuren, wohl Wallfahrts-Votivgaben aus keltischer Zeit.)

Festungscharakter und Bischofsresidenz sind also zu Hauptkri-
terien der civitas geworden, Wirtschaftskraft und Wallfahrtswesen zu tragenden Faktoren des Aufstiegs.
In den folgenden Jahrhunderten änderte sich der Stadtcharak-
ter allgemein nicht wesentlich. Normanneneinfälle in Nordburgund und Araberinvasionen, die sich im 10. Jahrhundert mas-
siert auf das südliche Rhônetal richteten, haben zwar die Städte

teils verwüstet und entvölkert. (Fraxinetum-Fréjus war fast ein Saeculum in sarazenischer Hand.) Letztlich aber förderte das Zusammenrücken der Bewohner hinter den Mauerwällen die städtische Lebensweise, während anderseits die lokalen Machthaber sich zu neuen Wegen der Wirtschaftspolitik gezwungen sahen. Für den Raum um Avignon und Grenoble bis zum Küstenland sind Zeugnisse einer erstaunlich »fortschrittlichen« Besiedlungspolitik überliefert, die durch günstiges Besitzrecht bäuerliche Siedler für das neu zu bebauende Land anwerben sollte; auch dies mag sich indirekt auf den Aufschwung der Städte und die Bahnbrechung eines neuartigen religiös-sozialen Rechtsdenkens (libertas-Idee, »salvitates«) ausgewirkt haben, wie es u. a. in der Gottesfriedensbewegung und in der Verfassungsentwicklung der Rhônekommunen zum Ausdruck kommt. Nicht zuletzt werfen die »Usatici« von 1064 aus der benachbarten spanischen Mark, das berühmte Gesetzbuch Raimund-Berengars I. von Barcelona mit seinen Bestimmungen für den Umgang mit Sarazenen, aufschlußreiches Licht auf die aus Not geborene, aber glückliche Handelspolitik jener südlichen Regionen.

Die andere Wesensveränderung der antiken civitas betraf die Stadtherrschaft. In den Zeiten politischer Unsicherheit rückten die residenzgebundenen Bischöfe zunehmend in die Aufgaben von Stadtpräfekten ein. Dank finanzieller und moralischer Autorität hatte der Bischof oft bessere Möglichkeiten als die weltlichen Lokalgewalten, über caritative Belange hinaus für die Instandhaltung der Befestigungen und für das Wohl der Bevölkerung zu sorgen.

Um nur ein Beispiel anzuführen: 887 übertrug Kaiser Karl III. dem Bischof von Langres die Stadtmauer mit Rechten und Einkünften, wobei sich das Diplom ausdrücklich auf das Versagen des Grafen bezieht. Mauerbesitz und Bevölkerungsschutz wurden für den Bischof die Basis seiner durch weitere Privilegien (872 Münzrecht, 967 Grafenrecht) ausgebauten Stadtherrschaft, übrigens dem Königtum nicht unwillkommen als Gegengewicht gegen die Herzöge von Burgund, die seit dem 10. Jahrhundert in Dijon residierten.

Die civitas als Bischofssitz und Kristallisationskern der Kirchenorganisation, der Bischof als Verkörperung politischer Verantwortung und als Repräsentant der gebildeten Oberschicht wurden zu Grundpfeilern von Tradition und Fortschritt — vor allem in jenen Gebieten längs der alten Einzugsstraße des Römertums, wo die Städte in direkter Kontinuität Mittelpunkte blieben und wo das geistige, staatliche und wirtschaftliche Leben sich nicht in dem Maße wie im fränkischen Kernland nördlich der Loire und im germanischen Ausbauland auf Klöster und Pfalzen verlagerte. Im provençalisch-burgundischen Raum behielt die civitas die kulturelle Führung: eine Tatsache von fundamentaler Tragweite in mehrfacher Hinsicht, u. a. auch dafür, daß der Weltklerus hier eine urbane Mentalität bewahrte, während sich Klöster und Orden um so entschiedener auf die religiöse Reformarbeit konzentrierten. Die kirchlich-religiösen Auseinandersetzungen vollzogen sich in den am stärksten romanisierten und den Mittelmeereinflüssen geöffneten Provinzen unter Einwirkung des Städtewesens und seiner sozialen Spannungen insgesamt eigenwilliger, dynamischer und radikaler als andernorts. Häresien der ersten christlichen Jahrhunderte, Reform-, Ketzer- und Armutsbewegungen des späteren Mittelalters fanden hier in den Städten Publikum und Rückhalt.

Hier konzipierte ein Salvian von Marseille († nach 480), dem Geist von Lérins verpflichtet (vgl. unten), seine zivilisationskritische Rechtfertigung der germanischen Barbaren. Hier wetterte ein Agobard von Lyon († 840) gegen die »insolentia Judaeorum«, deren Teilhabe am Großkaufmanns- und Fernhandelsgeschäft die städtischen Aktivposten von altersher mitbestimmte. Hier richteten im 12. Jahrhundert, bevor die Katharer bzw. Albigenser ihre Anti-Kirche in den Kommunen des Südens verankerten (vgl. Kapitel 7), Wanderprediger ihre sozialkritischen Invektiven gegen Verderbtheit, Reichtum und Prunksucht des Klerus: ein Peter von Bruis († um 1133), der 20 Jahre lang Südwestfrankreich durchzog; sein Gesinnungsgenosse Heinrich »der Mönch« in der Provence, gegen dessen Anhänger Bernhard von Clairvaux in Toulouse predigte; oder der Lyoner Kaufmann Valdes († 1205/18), den das altfranzösische Alexiuslied so tief aufrüttelte, daß er Frau, Kinder und Besitz verließ und als bettelnder Bußprediger mit seinen »Armen von Lyon«, wie die Waldenser sich nannten, das Evangelium der Armut verkündete.

Während die Albigenser dem Ketzergericht verfielen und die Armuts- und Sozialbewegung in den Mendikantenorden kirchliche Sanktion erhielt, konnten sich von den außerkirchlichen Gemeinschaften lediglich die Waldenser in den isolierten Berglanden von Piemont und Savoyen behaupten, um später im Schutz der reformierten Kirchen wieder Boden zu gewinnen (1848 erhielten sie in Piemont Religionsfreiheit). Anderseits liegt es ebenso auf der Hand, daß staatskirchliche und theokratische Tendenzen, die den politischen Ordnungen des Mittelalters ihr besonderes Gepräge gaben, in den großen Bischofsstädten zentriert waren.

Um die konstante Funktion des burgundischen Raums im Gefüge der Kirche, des Frankenreichs und seiner Nachfolgestaaten zu verstehen, braucht man sich nur die Häufung der civitates episcopales zu vergegenwärtigen. Die *Notitia Galliarum*, spätrömische Verwaltungsdeskription, die in karolingischer Zeit als Handbuch für die Kirchenorganisation diente, nennt um 400 für Gallien (einschließlich Köln und Trier) 17 Metropolitansitze mit 96 unterstellten Bistümern, also insgesamt 113 civitates, von denen 37, darunter 6 Metropolitansitze, auf den später burgundischen Raum entfielen. Am burgundischen Reichskonzil von Epao 517 nahmen 25 Bischöfe teil. Während die Bischofsstädte an der unteren Rhône damals bereits ein festes Ordnungsgefüge bildeten, erfolgte die kirchlich-politische Gestaltung im Westalpen- und Jura-Raum vom 5. bis 7. Jahrhundert. Die Burgunder, obwohl offiziell Arianer, brachten der Christianisierung keine Gefährdung, eher Förderung; anders jedoch die Vorstöße der noch bis ins 7. Jahrhundert heidnischen Alemannen und der Langobarden.

Unter dem jeweiligen Druck erfolgte um 600 der Rückzug des Bischofssitzes von Octodurum-Martigny nach Sitten, desjenigen von Aventicum-Avenches (bzw. Vindonissa-Windisch) nach Lausanne.

Von bleibender Bedeutung für die Geschichte des späteren Hochburgund (Savoyen, Wallis und Freigrafschaft) war die kirchliche Neuorganisation im Schutz des fränkischen Königtums.

Schon in burgundionischer Zeit hatte die Loslösung der seit dem 4./5. Jahrhundert bezeugten Bistümer Sitten, Avenches, Genf sowie Tarantaise (450/513 mit Genf der Metropole Vienne zugewiesen) aus dem Metropolitansprengel von Mailand eingesetzt. König Gunthram vollendete deren Eingliederung ins frankoburgundische Reich, indem er das Alpenbistum St. Jean-de-Maurienne unter Einschluß des südlichen Alpenausgang gelegenen Susa schuf. Auf der Reichssynode von Mâcon 585 unter Vorsitz von Lyon waren Sitten, Avenches und Genf vertreten. Zu Anfang des 7. Jahrhunderts trat schließlich die wachsende Bedeutung des Doubsgebiets und der Metropolitananspruch von Besançon in der alten Maxima Sequanorum in Erscheinung. Damit fand die kirchliche Organisation Burgunds ihre bleibende Gestalt.

Im 9. Jahrhundert verteilten sich die 21 Metropolen des fränkischen Reichs folgendermaßen: Italien 5, ostfränkisches Ausbaugebiet 4, Gallien 12, und davon lag gut die Hälfte im burgundischen Raum.

Unter den 7 Erzbistümern Burgunds — Arles, Aix, Vienne, Lyon, Embrun, Tarantaise, Besançon — bewahrten namentlich die drei Rhônemetropolen zäh ihre Monopolstellung, die ihnen seit dem Rückzug der gallischen Präfektur von Trier nach Arles zugefallen war. Auch die gesellschaftliche Führungsschicht aus dem Rhein-Mosel-Raum war damals großenteils nach Süden abgewandert, dorthin, wo die höchsten Reichs- und Kirchenbehörden noch standesgemäße Positionen versprachen. Das bezeugen u. a. Grabinschriften der Alyscamps zu Arles.

Dieser Verwaltungs- und Kulturkonzentration gab die Ausbildung der gallischen Metropolitenverfassung eine zukunftstragende Stütze. Papst Zosimus verlieh dem Bischof von Arles 417 den Rang eines apostolischen Vikars für Gallien (Viennensis, Narbonnensis I und II) unter Berufung auf den Apostelschüler St. Trophimus; Leo d. Gr. bestätigte 450 zum Ausgleich widerstrebender Tendenzen die Vorzugsstellung von Arles unter Teilung der Metropolitangewalt mit Vienne; anderseits wurde 513 für Caesarius von Arles die gallische Vikariatsstellung erneuert und auf Spanien erweitert, zugleich erstmals kraft Verleihung des päpstlichen Pallium (später als Ehrenzeichen der Erzbischöfe Symbol der Teilhabe am römischen Universalprimat). Damit war den beiden Metropolen ein Anspruch eingepflanzt, um dessen Verwirklichung sie jahrhundertelang – letztlich vergeblich – rangen. Ein Primat oder Patriarch für Gesamtgallien hat sich nie voll durchgesetzt.

Die Anfänge der südgallischen Primatkirchen bleiben verbunden mit Persönlichkeiten hohen Formats, u. a. mit Avitus von Vienne (vgl. Kapitel 3) und dem nach Mentalität und Stil so ganz anders gearteten Caesarius von Arles († 543), den Begründern der burgundischen Kirchenorganisation. Caesarius war ein Mann der religiösen Praxis, geprägt von den Idealen des Klosters Lérins, dessen moralischer Einfluß für vier Jahrzehnte im Wechsel von west-, ostgotischer, burgundischer und fränkischer Herrschaft die künftige Stellung der Provence in der fränkischen Reichskirche bestimmt hat.

Die fortdauernde Rivalität zwischen Arles und Vienne, wobei es vordergründig um einzelne Suffragane, prinzipiell um die Führungsposition ging, wurde erst 1120 durch Papst Calixt II. (Guido von Vienne) mit Hilfe von Urkundenfälschungen zugunsten von Vienne gelöst. Mittlerweile war indes der faktische Vorrang längst auf Lyon übergegangen. Schon bei den Reichssynoden unter Gunthram führte Lyon den Vorsitz; das Konzil von Mâcon 585, Höhepunkt der merowingischen Kirchengeschichte, zeigte Ansätze eines burgundischen »Nationalprimats«, ähnlich der westgotischen Kirche von Toledo. Angesichts der politischen Verhältnisse blieb dessen Vollendung allerdings ebenso irreal, situations- und persönlichkeitsbedingt, wie bald darauf die Hoffnung Papst Gregors d. Gr., mit Hilfe der Königin Brunhilde und des ihr vertrauten Bischofs Syagrius von

Autun, der das Pallium dafür erhielt, eine Kirchenreform nach angelsächsischem Muster gegen die fränkische Reichskirchenherrschaft durchzuführen. Auch Lyon hat an seinem mehr historisch als rechtlich begründeten Primatsanspruch festgehalten und ihn im Mittelalter wiederholt durch die Tatkraft seiner Metropoliten zur Geltung bringen können (vgl. z. B. Kapitel 8 zu Hugo von Die).

Auch wenn die staatlich-kirchliche Gestaltung Frankreichs und des deutschen Reichs seit dem 9. Jahrhundert vom Norden — von Paris und Reims bzw. den rheinischen Erzbistümern — ausging, wenn nicht Trophimus von Arles, sondern Remigius von Reims und Dionysius von Paris zu westfränkischen Nationalheiligen wurden und Reims als Krönungsort den Autoritätsvorrang festhielt, so haben demgegenüber die burgundischen Metropolen — abseits vom Zugriff der königlichen Gewalt, als »reichsfreie« Zone beliebtes Asyl, aber auch politisches Ziel der päpstlichen Gewalt — ihr Gewicht gewahrt, ja gesteigert. Bis zur schrittweisen Angliederung des Arelats an Frankreich blieb die burgundische Kirche ein weitgehend eigenständiger Organismus.

Das Ineinandergreifen von urbaner und kirchlicher Mittelpunktsbildung wirkte sich nicht nur auf die Stabilisierung des Kirchen-, sondern auch auf das Städtewesen aus. Damit hing zusammen, daß die spätantiken *Bildungstraditionen* sich in den südgallischen civitates über die Merowingerzeit hinweg zäh hielten, zäher als in Italien.

Als z. B. König Chlotar († 561) den treuen Pariser Abt Domnolus — so erzählt Gregor von Tours — zum Bischof von Avignon machen wollte, unterbreitete dieser nach einer Nacht des Betens dem König die flehentliche Bitte, er möge ihn doch nicht »wie einen Gefangenen« entfernen und zulassen, daß seine simplicitas unter jenen hochgelehrten Senatoren und Beamten zum Gespött werde. Und so erhielt Domnolus statt Avignon das Bistum Le Mans, das er heiligmäßig verwaltete.

Die Episode ist significant für das Bildungsgefälle zwischen Süd und Nord. Für den burgundischen Süden hatte sich die skeptische Prognose des Apollinaris Sidonius noch nicht erfüllt, der einst die Burgunderinvasion fürchtete; denn wie hätte er noch sechsfüßige Verse dichten können, so klagte er, angesichts der sieben Fuß hohen Barbaren? Im fränkischen Zeit- und Wirkraum Gregors von Tours war ein Mann wie Venantius Fortunatus, der von Treviso an den Hof von Metz kam und als Bischof von Poitiers starb (nach 600) — der »letzte Vertreter antiker Bildung« und »erste höfische Dichter des Mittelalters« (R. R. Bezzola) — jedoch eine einsame Erscheinung geworden. Fortunatus war sich dessen bewußt, wie er im Prolog der *Miscellanea* an Gregor schrieb, kein literarisches Publikum vorzufinden inmitten von Barbaren, die nicht einmal das Geschnatter der Gänse vom Gesang der Schwäne unterscheiden könnten. Dem Minderwertigkeitskomplex eines Domnolus steht in diesem bissigen Sarkasmus der ungebrochene Kulturstolz des Südländers gegenüber, der dennoch mit der fremden neuen Welt seinen resignierenden Kompromiß schloß.

Die Kulturkontinuität im unteren Rhônegebiet genauso wie in Italien war folgenschwer auch für die verfassungsrechtliche und soziologische Fortentwicklung des *Städtewesens*. Wir müssen uns hier mit einigen allgemeinen Feststellungen begnügen. Die jüngere Forschung hat die Unterschiede von Entwicklung und Strukturen der Städte in den romanischen und germanischen Großlandschaften herausgestellt, vor allem im Hinblick auf Berührung und Überschichtung der urbanen Einflüsse Südeuropas mit den Neuansätzen wirtschaftlich-städtischen Lebens im agrarisch-feudal geprägten Raum nördlich der Alpen.
In der gemeineuropäischen kommunalen Bewegung des 11.–13. Jahrhunderts, in deren Verlauf der Vorsprung einerseits der italienischen und anderseits der niederfränkisch-flämischen Kommunen sowie bei analogen Antrieben die wesensverschiedenen Wurzeln der Konsulats- bzw. Ratsverfassung greifbar werden, erwies der burgundische Raum — ohne daß er einen einheitlichen Stadttypus ausgestaltete — seine Rezeptions- und Mittlerfunktion als Einzugsgebiet der Einflüsse von Italien und Spanien her. Von Italien her verbreitete sich die Konsulatsverfassung, von Spanien her nahm vielleicht der dort früh auftauchende Rechtssatz der städtischen libertas (»Stadtluft macht frei«) seinen Weg durchs Rhônetal in die Maasgegend (E. Ennen). Die kommunale Entwicklung der Provence — die Isère bezeichnet dabei eine gewisse Kulturlinie, nicht im Sinne der Grenze, sondern der Abstufung — entsprach durchaus den südeuropäischen Verhältnissen. Allein schon durch die konstante verkehrs- und geldwirtschaftliche Bedeutung und durch die Bewahrung der Schriftlichkeit des Urkundenwesens konnte hier der kommunale Rechtsorganismus geradlinig auf den nur zeitweise verschütteten munizipalen Grundlagen weiterbauen. In der italienischen und südfranzösischen Stadtgeschichte, bezeugt

vor allem für Genua und Marseille, spielten die Rechtskundi-
gen — Legisten, Advokaten, Notare — eine entscheidende Rolle
bei Entstehung der Stadtrechte, während im Norden der Übergang des Kaufmanns zur Schriftlichkeit in den spätmittelalterlichen Kontoren und die Urbanisierung des Kaufmannsstandes
eine neue Entwicklungsstufe darstellten. Das hing zusammen
mit einem weiteren Kriterium der Stadt in Südeuropa: nämlich
ihrer eigentümlichen Sozialstruktur. Der Adel war dort generell
stadtsässig, lebte nicht grundherrlich, sondern merkantil. Im
germanischen Raum hingegen war der Adel im wesentlichen
landsässig und blieben städtische Gemeinwesen und feudale
Grundherrschaft bzw. Territorium im spannungsreichen Nebeneinander bestehen; die ständische Sonderung zwischen Aristokratie und Kaufleuten (»Bürgern«) war ein verbreitetes Erschei-
nungsbild, auch zeigte entsprechend das neuentstehende Patriziat andere soziale Zusammensetzungen als in den römischen
civitates des Südens. In den Konsulatsverfassungen der südfranzösischen Städte (Provence, Languedoc und gestaffelt nach Norden in den burgundischen Raum hinein) war ähnlich wie in
Italien und Spanien die Beteiligung des Adels und der Rechts-
kundigen am Stadtregiment die Regel (P. Dognon), auch wenn
die Entwicklung hier nicht, wie in Italien, zur Stadtstaatsbil-
dung fortschritt. Sinnfälliger Ausdruck für die Urbanität der
Aristokratie war der städtische Wohnturm, dessen Verbreitung
nördlich der Alpen Schwerpunkte vermutlich in Burgund (Belege für Lyon, Besançon), der Schweiz (Basel, Schaffhausen) und
Süddeutschland (Regensburg) hatte und nach Norden ausstrahlte
(E. Ennen); systematische Forschungen darüber fehlen noch.
In umgekehrter Richtung verlief eine andere Ausdrucksform
städtischen Aufschwungs, deren Impulse im Markt- und Ge-
werbebetrieb mitteleuropäischer, also nicht-mediterraner Art
lagen: die Entstehung von »Vorstädten«, Händlersiedlungen in
Anlehnung an civitates oder Klöster. Sie werden terminologisch
faßbar im Begriff des burgus, burgum (in Ablösung von sub-
urbium), dessen Ausgangsgebiet im 9. Jahrhundert der Loire-
Saône-Raum war, wo H. Büttner frühe Belege für Tours, Dijon
und Lyon feststellte. Im 10. Jahrhundert wanderte die Erscheinung solcher burgi nach Norden und anderseits loireabwärts
nach Aquitanien sowie rhôneabwärts nach Italien.

Die vielzitierte burgus-Definition Liudprands von Cremona im Zusammenhang seiner Deutung des Burgundernamens (vgl. Kapitel 3)
weist auf burgundisch-italienische Beziehungen und wohl auch darauf

hin, daß im ottonischen Reichsitalien solche nicht ummauerten vorstädtischen Märkte damals noch nicht beheimatet waren.

Die burgus-Forschung ist noch voll im Gange. Mit der Weiterentwicklung des westeuropäisch-burgundischen burgus, mit dem topographischen Zusammenwachsen von burgus und civitas, mit der Überschichtung von romanischem burgus und germanischer Burg-Stadt (W. Schlesinger) wurde der burgus-Begriff schließlich zum Sinnträger für den »burgensis«, »Bürger«, »bourgeois«, während am »civis« die Bedeutung des Staatsbürgers haften geblieben ist.

Wie dem auch sei, Burgund nördlich und südlich der Isère brachte zwar keinen einheitlichen Stadttypus hervor, leistete aber als Erhaltungsgebiet der römischen civitas und als Aktivposten von Fernhandel, Verkehr und Nahmarktwesen (T. Endemann) einen dynamischen Beitrag zum Urbanisierungsprozeß Europas.

Neben den urbanen Schwerpunkten wies die *monastische Kultur* Burgund eine Führungsrolle zu. Beim Werdegang des abendländischen Mönchtums von der Spätantike bis ins hohe Mittelalter vollzog sich vornehmlich hier die für die abendländische Humanität entscheidende Auseinandersetzung und Verschmelzung von orientalischer Spiritualität, religiöser Disziplin aus römisch-organisatorischem Realismus und Frömmigkeit germanischer Prägung. Eine kurze kulturgeographische Skizze bestätigt zugleich das in Burgund besonders schöpferische Zusammen- und Widerspiel von städtischen, klösterlichen, feudalen und landschaftlichen Komponenten.

Am Beginn monastischen Lebens im Okzident standen zwei Gestalten und Kulturzentren in Gallien, welche die von den Bischofsstädten eingeleitete Christianisierung der westeuropäischen Kultur vollendet haben: Martin von *Tours* († 397), dessen Verehrung und Aufstieg zum merowingischen Reichsheiligen der Martinsschüler Sulpicius Severus hagiographisch vorbereitet hat, und das von Honoratus († 429/30) gegründete Inselkloster *Lérins* (Lerinum) vor der Küste von Cannes. Die Verschiedenheit von Wirkungsart und -radius beider läßt die religiös-kulturelle Autarkie des Rhôneraums, analog seiner politisch-kirchlichen Sonderrolle, deutlich hervortreten.

Der Martinskult verbreitete sich zunächst im Aktionskreis Martins und seiner Schüler südlich der Loire in Aquitanien und über die Pyrenäen hinaus, wuchs seit dem späten 5. Jahrhundert auch ins fränkische Kernland nördlich der Loire hinein und strahlte gleichsam als »Leitmerkmal für fränkischen politischen Einfluß« (F. Prinz) mit der

Staatskolonisation nach Osten aus. Ausgespart blieben jedoch die Rhônelande, der Bannkreis von Lérins, wo die eigenständige Kraft kirchlicher Kultur der fränkischen Überschichtung noch bis ins 8. Jahrhundert Widerstand leistete. Denn dieses um 400/10 — also in den schicksalsschweren Jahren des Rückzugs der kaiserlichen Verwaltung aus Trier — gegründete Honoratuskloster, Refugium der im Norden entwurzelten Aristokratie, gleichzeitig Relaisstation für den Einfluß aus dem Orient, wurde bald zur hervorragenden Pflanzschule für Mönchtum und hohen Klerus Südostgalliens. Zur Absteckung des geographischen Wirkungsbereichs genügt es, einige Namen zu nennen: die Bischöfe Honoratus, Hilarius und Caesarius von Arles, Lupus von Troyes, Eucherius von Lyon, Salonius von Genf, Maximus und Faustus von Riez oder Jakobus von Tarentaise. Sie vertreten eine eigene, die Patristik ablösende Epoche kirchlicher Politik und Bildung. Repräsentativ für den Geist von Lérins wurden überdies eine Reihe weiterer Klöster, wie St. Viktor in Marseille, Gründung des Cassian († 430/5), der durch Vermittlung östlicher Regeln die religiöse Kultur nachhaltigst beeinflußte; Agaunum, dessen Vorbild St. Marcel in Chalon (Grabkirche Gunthrams) prägte; die Juraklöster Condat (= St. Oyand-de-Joux, St. Claude) und Romainmôtier, wo die »patres jurenses« Romanus und Lipicinus dem Wüstenheiligen Antonius nacheiferten und durch ihre Schüler wiederum auf Nordburgund wirkten (z. B. Moutier-St. Jean oder Sainte-Seine bei Langres).

Wenn die Einflußzonen des lerinischen und des martinischen Mönchtums sich gegenseitig so gut wie ausschlossen (vgl. Karten bei F. Prinz) — das zeigte sich übrigens auch literarisch, indem Gregor von Tours kaum über die großen Kirchenmänner des Südens berichtet, während jene sich über den Hl. Martin ausschweigen —, so entsprach das einem Strukturunterschied der monastischen Richtungen, auch zwischen spätantikem und fränkisiertem Klosterwesen. Das Rhônemönchtum zeichnete sich aus durch seine höhere Stufe an Regularität und Organisation, seine starke Orientierung an östlicher Askese, die soziologische Verwurzelung in der gallorömischen Aristokratie, seine politische und literarische Produktivität; das westgallisch-fränkische hingegen durch einen mehr improvisatorischen Charakter sowie durch Verklammerung mit den neuen Reichsführungsschichten. Im 7. Jahrhundert geriet Lérins zunehmend in Isolierung. Die Klostergründungen Brunhildes in Autun — u. a. das Martinskloster und das Xenodochium St. Andoche wohl nach dem Vorbild des Caesarius, das am Beginn des mittelalterlichen Spitalwesens stand, — markieren die Grenzscheide der expansiven Bedeutung von Lérins und auch Tours, wenngleich die Rhônelande vorerst immer noch dem fränkischen Klosterwesen schwer zugänglich blieben.

Damals aber leitete die *irische Festlandsmission* von Nordburgund aus eine neue Epoche abendländischer Klosterkultur ein.

Kolumban d. J. († 615), der gegen 600 mit seinen Gefährten am Hof Gunthrams bzw. Childeberts II. erschien und zuerst das Vogesen-

Kastell Anegray, dann Luxovium-*Luxeuil* zugewiesen bekam, mußte zwar nach gut zehnjährigem Wirken das Frankenreich wieder verlassen. Sein Biograph Jonas von Bobbio schildert den Bruch mit der Königin Brunhilde in emotionaler Färbung und hat damit das harte Urteil der Nachwelt über die Königin maßgeblich bestimmt: Kolumban habe sich geweigert, die Urenkel Brunhildes zu segnen, weil sie Hurenkinder seien, während Brunhilde die Lasterhaftigkeit ihrer Nachkommenschaft um egoistischer Machtgelüste willen gefördert habe. Sicher ist, daß Kolumbans Reform am Königtum ansetzte, daß anderseits Brunhildes römisch-restaurativ ausgerichtete Kirchenpolitik dem irofränkischen Mönchtum noch distanziert gegenüberstand. Kolumban zog darauf über Alemannien (St. Gallen) ins Langobardenreich und gründete 612 das Kloster Bobbio.

Luxeuil stieg mit Hilfe von Königtum und fränkischem Reichsadel zur erstrangigen Reformzentrale auf. Denn — in diesem Betracht beginnt mit Luxeuil das monastische Mittelalter — Kolumbans Bußdisziplin stand zwar religiös dem Geist Martins von Tours und der Juraväter nahe, vertrat aber mit dem Ideal regulierter stabilitas loci und aktiver Kulturarbeit, eingegliedert in Wirtschaft und Verfassung des Staates, eine neue Stufe des Coenobitentums. Dieses gewann um so mehr an Boden, als über die zahlreichen merowingischen Klosterstiftungen bald die mildere regula S. Benedicti als Grundform westlicher Frömmigkeit den Siegeszug antrat, zunächst als kolumbanisch-benediktinische Mischregel: »sub regula b. Benedicti et ad modum Luxoviensis«. Die Klosterprivilegien des 7. Jahrhunderts berufen sich dabei formelhaft meist auf die vier Vorbilder *Lérins, St. Maurice d'Agaune* (Agaunum), *St. Marcel* und *Luxeuil.* Das Gemeinsame dieser »Musterklöster« lag nicht im Gleichgewicht der Regeln, sondern in der verfassungsrechtlichen Stellung unter Königsschutz und im Diözesanverband gegenüber dem Bischof. Zugleich wird in diesen vier Namen der geschichtliche Weg des frühen Mönchtums von Süd nach Nord und die Bedeutung des burgundischen Raums greifbar, bevor seit der Karolingerzeit das neustrisch-austrasische Kernland die kulturelle Führung übernahm und mit der bonifazianischen (angelsächsischen) Mission zur Zeit Pippins, dann mit der Reformtätigkeit Benedikts von *Aniane* unter Kaiser Ludwig d. Fr. die benediktinische Observanz sich endgültig durchsetzte.

War Lérins, rivalisierend mit Tours, im spätantik-urbanen Umkreis mit zivilisationskritischer Tendenz erwachsen, Luxeuil im fränkisch-aristokratischen Schutz mit dem Ziel der Reichsreform, so formierte sich die dritte Epoche monastischer Kulturreform von Burgund aus in der feudalen Umwelt der spätkarolingischen Notzeiten. *Cluny* ist seit der grundlegenden Darstellung von E. Sackur gewissermaßen ein Inbegriff zur Umschreibung des religiösen Kulturwandels vom 10.–12. Jahrhundert geworden. Die jüngere Forschung hat zwar gegen eine allzu monokausale Erklärung des gewaltigen religiös-geistigen Umbruchs im 11. Jahrhundert die Differenzierung der verschiedenen Reformkreise (K. Hallinger: Gorze-Cluny), die schwer analysierbaren Zusammenhänge von monastischer und gregorianischer Kirchenreform, von ursprünglichen Zielen und sekundären Auswirkungen etwa auf Gottesfriedens-, Kreuzzugsbewegung und Sozialordnung sowie das Verhältnis Clunys zum Feudalismus neu durchleuchtet (G. Tellenbach). Bei sorgfältiger Sondierung bleibt jedoch die Erkenntnis gültig, daß die Umgestaltung der Denk- und Lebensformen im Hochmittelalter wesentlich von den Impulsen des Cluniacensertums getragen war.

Aufschlußreich sind die geographischen Perspektiven. Wenn die Reformstöße wiederum im lothringisch-burgundisch-italienischen Mittelraum und in Aquitanien beheimatet waren, so war das kaum zufällig, sondern symptomatisch für die Reaktion auf den politisch-wirtschaftlichen Niedergang, der die Auflösung des Karolingerreichs begleitete und gerade hier, fern von der Königsgewalt, im Schnittpunkt der Gefährdungen von Nord, Süd und Ost (die fünfmalige Zerstörung des Klosters Bèze/Bourgogne durch Araber, Normannen und Ungarn war kein Einzelfall), am empfindlichsten spürbar wurde. Die zahlreichen Reformsynoden des 9. Jahrhunderts konnten der feudalen Zersplitterung, Fehdelust, grundherrlichen Ausbeutung von Eigenkirchen und Klöstern, der allgemeinen Unsicherheit nicht steuern; sie erwiesen eklatant das Versagen der Reichsgewalt und die Notwendigkeit der Selbsthilfe von unten her. Überdies beleuchten die Anfänge Clunys die enge politisch-kulturelle Verklammerung nicht nur der drei Burgunds (Herzogtum, Grafschaft, Königtum) unabhängig von der Staatsgrenze, sondern auch von Provence-Burgund und Aquitanien in Überwindung der einstigen Strukturunterschiede zwischen Rhôneland und Westgallien. Schon der karolingische Reformer Benedikt von Aniane war aus Aquitanien gekommen und hatte seine Aktivität zuerst im provençalisch-aquitanischen Grenzgebiet entfaltet; der Aquitanier Odo von Cluny (siehe unten) war in Frömmigkeit und Schrifttum *(Collationes)* den beiden Mönchsvätern Martin und Cassian verpflichtet, aus deren Idealen er den ersten benediktinischen Reformorden beseelte.

Bei der Gründung von Cluny 910 standen die Diözesen Autun, Mâcon und Besançon Pate. Im Zuge der noch unter Karl d. Kahlen einsetzenden religiösen Renaissance wurde das alte Martinskloster von Autun durch Mönche aus Poitiers im Sinne des Benedikt von Aniane wiederhergestellt. Vielleicht von Autun aus erfolgte gegen 900 die Reformierung des Juraklosters Baume in Hochburgund. Mit Baume stand in Verbindung das St. Peterskloster in Gigny bei Mâcon, Stiftung eines vornehmen Burgunders Berno, der von König Rudolf I. von Burgund die Zelle in Baume geschenkt und vom Papst die Verbriefung freier Abtswahl und Zehntbefreiung erhielt. Von Herzog Wilhelm d. Frommen von Aquitanien bekam Abt Berno von Baume und Gigny zusätzlich einen Landstrich aus aquitanischem Lehensbesitz in der Grafschaft Mâcon, wo sich eine Kapelle befand: die Urzelle des Klosters Cluny, dessen Gründung 910 im Beisein der Herzogfamilie urkundlich vollzogen wurde. Ein Lehensmann Herzog Wilhelms übertrug Abt Berno bald auch die Leitung der aquitanischen Klöster Déols und Massay: Beginn der Kongregationsbildung. Wegen interner Spannungen um die Observanz trennte Berno vor seinem Tode 927 die Personalunion zwischen Baume und Cluny. In Cluny (mit Déols und Massay) wurde Odo — früher Knappe am aquitanischen Hof, dann Kanonikus in Tours, damals Scholastikus in Baume — vom Erzbischof von Besançon als Abt geweiht. Die Metropoliten von Besançon blieben traditionelle Konsekratoren in der Abtei Cluny.

An der Wiege der weltweiten cluniacensischen Bewegung standen also die geographischen, kirchlichen und persönlichen Zusammenhänge der Herzogtümer Aquitanien und Burgund mit dem Königreich Burgund: Diese Komponenten blieben für Strahlkraft und Geist bestimmend. Zur Geschichte Clunys genügt hier die Feststellung, daß die ungewöhnliche Macht auf einem ungewöhnlichen Rechtsfundament und auf der ungewöhnlich glücklichen Taktik der ersten Äbte beruhte: Cluny war weder von der bischöflichen Diözesangewalt noch einer weltlichen (auch Stifter-) Gewalt, sondern direkt dem Papst-Schutz unterstellt (»libertas Romana«, Petruspatrozinium). Als wichtig erwiesen sich ferner die 931 gewährte Reformlizenz, die Kongregationsbildung bei Wahrung der obersten Leitungsgewalt des Abtes der Mutterabtei über den Gesamtverband der Priorate, die Kontinuität der Consuetudines und nicht zuletzt die Bedeutung und lange Amtszeit der ersten Äbte Odo († 942), Aymard († ca. 963), Majolus († 994), Odilo († 1048), Hugo († 1109), übrigens alle Aquitanier oder Burgunder. Mit seinem straffen Zentralismus und den Immunitäten wurde Cluny zum Gegengewicht der politischen Dezentralisation und der Auswüchse des Eigenkirchenwesens. Man hat deshalb überspitzt von »frontaler Kampfansage gegen den Feudalismus« (K. Hallinger) und vom »anti-weltstaatlichen Kirchenstaat« (A. Brackmann) gesprochen, obwohl die Verbandsbildung selbst auf feudalen Grundlagen aufbaute, gleichsam als »päpstliche Eigenkirche« und kraft quasi eigenkirchenherrlicher Stellung des Abtes.

Das Wachstum von Besitz und Rechten — bis 937 unterstanden Cluny 17 Filialen, im 12. Jahrhundert weit über 1000 — wird eindrucksvoll deutlich am Chartularium: aus der Amtszeit Bernos sind 168 Urkunden überliefert, unter Aymard 336, unter Majolus 1073, unter Odilo 1018, meist Schenkungsurkunden für Cluny.

Die Expansion erfaßte zunächst Aquitanien, Burgund und Italien und griff im 11. Jahrhundert nach Spanien und über die Normandie nach England über. Der Versuch, die Frühausbreitung mit den Grenzen des einstigen Burgunderreichs zu identifizieren, ist haltlos.

Die Verklammerung mit dem Gebiet westlich und nördlich der Loire begründete schon Odo durch Angliederung von Déols und St. Benoit-de-Fleury, beide privilegiert mit eigener Reformlizenz. Wichtigste Stützpunkte in Ostburgund wurden Romainmôtier, 929 Cluny überantwortet durch Adelheid, die Schwester Rudolfs I. (als Gemahlin Herzog Richards d. G. = Mutter König Rudolfs von Frankreich und Graf Hugos des Schwarzen, Tante der Kaiserin Adelheid), und Peterlingen (Payerne), 962 gestiftet durch Bertha von Schwaben-Burgund, die dort wohl auch ihr Grab fand; beide Klöster dienten als Bindeglied der Reform zum Kaiserhaus.

Eine neue Phase eröffneten um die Jahrtausendwende die Reformzentralen St. Bénigne-de-Dijon und Fruttuaria in Oberitalien unter dem schon genannten Wilhelm von Volpiano († 1031), einem Verwandten der Herzogfamilie von Ivrea und der burgundischen Grafenlinie Ott-Wilhelms. Er gehörte neben Abbo von Fleury († 1004) zu den profiliertesten Mönchsgestalten seiner Zeit; beide wiesen als Initiatoren der Wissenschaftspflege dem Cluniacensertum neue Wege.

Von Hochburgund und Italien her begann cluniacensischer Geist langsam auch ins Reich einzudringen, zumindest in einige süddeutsche Abteien (St. Blasien). Indes, trotz der persönlichen Beziehungen vor allem Majols, Odilos und Hugos zum Kaiserhof und trotz der Offenheit der deutschen Herrscher von Otto III. bis zu Heinrich IV. für die Reformgesinnung faßte Cluny doch rechtlich kaum Fuß auf Reichsboden, wo vielmehr die regular mildere, wenngleich politisch stärker engagierte Reform lothringischer Prägung von Trier und Gorze her Einfluß gewann.

Am Vorabend des Investiturstreits erfolgte lediglich die Reformierung der Reichsabtei Hirsau nach cluniacensischem Muster durch Bernhard von Marseille, aus dem Cluny nahestehenden Viktorkloster, und durch den Mönch Udalrich. Hirsau, mit weitgehenden Immunitäten, nahm unter Abt Wilhelm bekanntlich eine markante Stellung im gregorianischen Lager ein, ohne jedoch zur Kongregationsbildung größeren Stils zu kommen.

Die verfassungsgeschichtlichen Voraussetzungen waren im Bereich des ottonisch-salischen Staatskirchentums eben anderer Art als in Frankreich, weshalb hier auch die Freiheitsbestrebungen der Klöster andere Ziele verfolgten. Die unmittelbare Ausstrahlung Clunys blieb der romanischen Kulturwelt verhaftet.

Dort allerdings wirkte die Reform weit über die monastischen Ziele hinaus in breite Schichten von Klerus und Laienwelt hinein, allein schon durch die Aktivierung des Wallfahrtswesens und die Verchristlichung des Feudaladels, was sich u. a. in der Kreuzzugsbewegung universal auswirkte.

Als direkten Ausfluß des Cluniacensertums hat man oft die *Gottesfriedensbewegung* des 10./11. Jahrhunderts bezeichnet, namentlich wegen des kongruenten Verbreitungsraums und der tatkräftigen Anteilnahme Abt Odilos. Diese war jedoch keine monastische, sondern eine episkopal geleitete Volksbewegung, die sich mit dem Reformmönchtum sachlich und lokal in dem Bemühen traf, durch Schutz bestimmter Personenkreise, Orte und Sachbereiche eine Aktion gegen Fehdewillkür und Not, Raub und Schädigung zur Besserung der sozialen und rechtlichen Zustände zu starten. Die Kirche erfüllte in den auf Friedenssynoden mit dem Adel geschlossenen Einigungen richterliche Funktionen anstelle der versagenden öffentlichen Justiz, wodurch die Verchristlichung des Rechtsdenkens und die Reaktivierung der staatlichen Friedensgesetzgebung gefördert wurde.

Die Gottesfriedensbewegung war eine Parallelerscheinung der monastischen Initiativen, gewachsen aus der spezifisch burgundisch-aquitanischen Situation des Feudalismus. Seit etwa 990 breitete sie sich von Aquitanien aus, um in Burgund seit etwa 1020 einen neuen Aufschwung zu nehmen, von dem Radulf Glaber ausführlich berichtet. In rascher Folge sind Friedenssynoden in Verdun-sur-le-Doubs, Dijon, Lyon, Beaune, Arles bezeugt, bevor die Bewegung in der Normandie und in Flandern auslief. Gleichzeitig hat sie sich, vielleicht unter dem Einfluß Odilos, fortentwickelt zur »*Treuga Dei*«, wie sie um 1037/40 in Arles auftaucht. Das Fehdeverbot für bestimmte Zeiten kündigte gegenüber dem radikaleren Gottesfriedensgebot einen Kompromiß mit den realen Verhältnissen an und schlug die Brücke zu einer neuen Form positiver Strafgesetzgebung. In dieser Spätphase fand der Friedensgedanke auch Eingang in den deutsch-italienischen Raum, wohl unter Vermittlung der aquitanischen Gemahlin Kaiser Heinrichs III., gewann jedoch in den »indulgentiae« einen anderen, stärker staatlichen als kirchlichen Charakter in Richtung der Landfriedensgesetzgebung.

In dieser Friedensbewegung erwies sich also der aquitanisch-burgundische Raum als einheitliche Kulturprovinz und bestätigte sich die schöpferisch vermittelnde Kraft der burgundischen Landschaften; auch »Reichsburgund« stand dabei ganz im Bannfeld der cluniacensisch-romanischen Kräfte.

Die weitergehenden kulturellen Antriebe Clunys seien hier nur exemplarisch umrissen. Wie tief sie in das Gesellschaftsgefüge eingriffen, hat literarisch originellen Niederschlag gefunden in der berühmten Satire Bischof Adalberos von Laon (dazu C. Erdmann).

Als Dialog zwischen Adalbero und König Robert von Frankreich, den der Verfasser ermahnt, sich dem unheilsamen Einfluß der Mönche zu entziehen, entwirft das Gedicht eine burleske prophetische Schau von einer Gesellschaft, in der sich die rechte Ständeordnung verwirrt hat: wenn Männer niederer Geburt und Bildung die Krone tragen, die kompetenten Hüter des Rechts wie Grafen und Richter ins Kloster geschickt werden, Bischöfe hinter dem Pflug hergehen, Hirten dafür Bischöfe werden, Mönche aber Krieg führen. Die Schilderung gipfelt in einer Parodie auf Odilo als rex Cluniacensis, als signifer und princeps militiae: Ein Mönch, der wegen Regelfragen zu jenem Meister gesandt war, kehrte völlig verändert zurück, auf schäumendem Roß, in freier Kleidung mit Kriegsflitter angetan, nach Frau und Kind rufend, vom Volk bestaunt und vom Bischof nicht wiedererkannt; und auf Befragen antwortete er: »Jetzt Ritter, sonst Mönch; jetzt leist' ich Kriegsdienst auf Befehl des Königs – König Odilo von Cluny ist mein Herr!« Es schließt sich ein theoretischer Kommentar zum status ecclesiae an. Nicht gegen Einzelzüge der Person Odilos richtet sich die Polemik, auch nicht gegen die religiösen Ritterideale, sondern grundsätzlich – von der Warte des Weltklerus – gegen die Ausweitung der Aufgabenbereiche eines Mönchtums, dessen exemte Stellung der Bischofsgewalt ein Dorn im Auge sein mußte.

Das Cluniacensertum hatte in der Tat mit dem rapiden wirtschaftlichen und rechtlichen Aufstieg einen Wandel vollzogen, der sich auch in wachsender Aufgeschlossenheit für Wissenschaft, Kunst, Seelsorge zeigte, auch wenn der Schwerpunkt im liturgischen Leben ruhte. Die zuweilen angeprangerte »Wissenschaftsfeindlichkeit« des frühen Cluny war nicht prinzipieller, als die anderer religiöser Reformer, die literarische und künstlerische Überwindung asketischer Enthaltsamkeit kein Sonderfall. Auch wenn die Mutterabtei gemäß der einstigen Vorschrift Benedikts von Aniane keine schola publica unterhielt, wie die alt-benediktinischen und auch manche Reformklöster (z. B. Dijon, Fleury oder Auxerre), so konnte doch im 12. Jahrhundert die Bibliothek von Cluny mit den berühmtesten ihresgleichen wetteifern. Als besonderen Beitrag Clunys darf man die Pflege von Predigt und Hymnendichtung sowie vor allem die Handschriftenkalligraphie und -ikonographie ansprechen.

Die aus den Skriptorien von Cluny, Limoges oder Moissac hervorgegangenen Codices bezeichnen einen Höhepunkt mittelalterlicher Buchmalerei — man denke nur etwa an den Prachtcodex, den Odilo Kaiser Heinrich II. schenkte.

Vor allem aber hat sich der cluniacensische Geist in der Architektur und Skulptur bleibende Denkmäler gesetzt, also im unmittelbaren Wirkbereich gottesdienstlichen Lebens, dessen Entfaltung ebenso wie Wallfahrtswesen, Gottesfriedensbewegung und Kreuzzugsenthusiasmus Signum für die Situation politischer Unruhe war. Beruhte doch die Popularität Clunys wesentlich auch darauf, daß es dem Suchen nach Schutz entgegenkam. Das Volk suchte Asyl in den Kirchen, an den Gräbern der Heiligen. Diesem Bedürfnis wurde der Kirchenbau angepaßt in der Ausweitung der engen frühromanischen Hallen und Krypten, der skulpturellen Ausschmückung durch Kapitelle, Fassaden, Portale, der Anlage von Chorumgängen mit Kapellenkranz zur Aufstellung von Reliquienschreinen.

»Es war, als ob die Welt das alte Kleid ablegte, um ein neues, hell glänzendes Gewand anzutun«, wie Radulf Glaber aus seinem Erfahrungsbereich von Dijon und Auxerre erzählt. Die Basiliken von Vezelay, Autun oder Arles und St. Gilles gingen weit über klösterliche Bedürfnisse hinaus. Die unter Abt Wilhelm restaurierte Benignus-Krypta mit dreistöckiger Rotunde galt als die größte ihrer Zeit. Die unter Abt Hugo aufgeführte dritte Klosterkirche von Cluny, für welche der Baumeister den Plan im Traum von einem Engel empfangen haben soll, war mit fünfschiffigem Langhaus und einer Länge von 187 m (die gotischen Kathedralen erreichten nur ca. 130 m) der monumentalste Kirchenbau Europas vor der Peterskirche. Er hat leider die Französische Revolution nicht überdauert; ein getreues, aber nur halb so großes Abbild gibt heute noch die ebenfalls hugonische Abtei Paray-le-Monial.

Am kulturellen Habitus des reifen Cluniacensertums entzündete sich denn auch zum Gutteil jener »monastische Frühling« um 1100, von dem Otto von Freising im 7. Buch seiner *Weltchronik* die Gesundung der durch den Kirchenkampf gestörten civitas Dei erhofft. Ist es Zufall, wenn der damals neu aufbrechende Reformwille, auf strengste Regelbeobachtung drängend, wiederum in Burgund ansetzte? Die Anfänge sowohl des Cistercienserordens als auch der Kartäuser wuchsen in engem Zusammenhang mit Cluny, das damals unter Abt Hugo auf dem Zenit seiner Geltung stand.

1071 legte im Michaelskloster zu Tonerre Abt Robert seine Würde nieder, um zunächst eine Eremitenkolonie im Wald von Colan bei Langres, dann 1075 in *Molesme* einzurichten. Der kleine Konvent entwickelte sich bald zum Anziehungspunkt für Reformfreunde. Vielleicht trat dort 1083 auch Bruno von Köln († 1101) ein, ehemaliger Leiter der Reimser Domschule und gewählter Erzbischof von Reims; in der Nähe jedenfalls begründete er eine Eremitage, zog jedoch mit einigen Gefährten weiter und stiftete 1084 in der Felsenwildnis Cartusia bei Grenoble die *Grande Chartreuse*. Erst nach Brunos Tod nahm der Kartäuserorden Gestalt an; 1127 wurden die Gewohnheiten aufgezeichnet, die sich vom Benediktinertum durch die anachoretische Note und das rein kontemplative Lebensideal unterschieden; und 1131 erstand der erste Klosterbau, der mit seiner Anlage von Einzelzellen vorbildhaft wurde für alle künftigen Kartausen, zur Sakralkunst jedoch wenig beitrug.

Der strengen Abgeschiedenheit entsprechend entbehrte der Kartäuserorden der landschaftlichen Prägung und historischen Dynamik; »Cartusia non reformata quia non deformata«. Und er entfaltete trotz seiner Ausbreitung (bis 1200 auf 37 Kartausen) nach außen keine kulturelle Wirkung, es sei denn durch große Einzelleistungen asketisch-mystischen Schrifttums.

Nicht so weit in der Abwehr der herkömmlichen monastischen Kultur ging *Robert von Molesme* († 1111). Wegen interner Spannungen wanderte er aus und gründete zusammen mit seinem Prior Alberich 1098 auf geschenktem Allodialgut des Grafen Rainald von Beaune das »novum monasterium« Cistercium-*Cîteaux*. Robert kehrte darauf nach Molesme zurück, während Alberich die erste Organisation schuf (»Instituta monachorum Cisterciensium de Molismo venentium«) und sein Nachfolger, der Engländer Stephan Harding († 1134), mit der *Charta Caritatis* dem Orden die grundlegende Verfassung gab.

Das Wesentliche der Cistercienser-Organisation, die einen Mittelweg zwischen dem Zentralismus Clunys und der alt-benediktinischen Autarkie des Einzelklosters einschlug, war ein ausgewogenes Aufsichts- und Kontrollsystem durch die vom Abt von Cîteaux geleiteten Generalkapitel, die jährlichen Visitationen der finanziell und administrativ unabhängigen Tochterklöster sowie das Aufsichtsrecht der vier Primarabteien — La Ferté, Pontigny, Clairvaux und Morimund — über die Mutterabtei. Die Verfassung garantierte also die Selbständigkeit der einzelnen Abteien und zugleich deren Verbindung untereinander und mit Cîteaux. Die Freiheiten nach innen und außen wurden ähnlich wie bei Cluny durch Exemtionsprivilegien untermauert. Cîteaux hatte im übrigen – wie Cluny – das Glück, daß am Beginn überragende Persönlichkeiten standen, wie Stephan Harding und wie vor allem *Bernhard von Clairvaux,* der eigentliche Motor der jungen Kongregation.

Als Schüler der Stiftsschule von St. Vorles in Châtillon s. S. trat er 1112 mit seinen Gefährten in Molesme ein und wurde bereits 1115, als 25jähriger, Abt der Primarabtei Clairvaux. Mehr noch als Hugo von Cluny wurde er maßgebliche Appellationsinstanz für die politisch-geistige Umwelt. Schiedsrichter im Schisma von 1130, Antipode des Rationalisten Abaelard, Initiator des zweiten Kreuzzugs, rhetorisches Genie in Predigt und Schrift, war Bernhard Verkörperer von Idealen und Nöten seiner Zeit, bedrängt vom Zwiespalt religiöser und politischer Sendung, »Chimäre meines Jahrhunderts«.

Seiner Autorität verdankte der Orden den raschen Aufstieg. Bis zum Tode Bernhards († 1153) hatte er sich mit 350 Klöstern, meist Neugründungen, über Europa verbreitet, und zwar in anderer Stoßrichtung als Cluny nach dem Osten, wo er – neben den Prämonstratensern – in Slavenmission und Kolonisation ein Hauptwirkungsfeld fand. Übrigens stand Bernhard mit seiner Schrift *De laude novae militiae* (1128) auch Pate bei Entstehung der geistlichen Ritterorden, voran der Templer.

Der Gegensatz zwischen Cîteaux und Cluny war nicht nur ein Unterschied der Observanzen, wie bei Cluny-Gorze-Hirsau, sondern eine Divergenz der Kulturhaltung und des religiösen Empfindens zweier Epochen. Die Kontroverse zwischen den weißen und den schwarzen Mönchen verdichtete sich in der zivilisatorischen Wirksamkeit und in der Kunst. Der traditionellen Betonung der Liturgie stellte nun Cîteaux das Ideal der Handarbeit entgegen. Hatte Cluny seine Grundherrschaften noch von laikalen Hörigen bewirtschaften lassen, so führten die neuen Mönche Eigenwirtschaft, Viehzucht, Acker- und Weinbau mit Hilfe von Laienbrüdern durch. Das sogenannte Konverseninstitut wurde ein hochbedeutsamer Faktor für die Rodungsarbeit im Osten, aber auch für die Wirtschaftsbetriebe der burgundischen Heimat.

Gegenüber den cluniacensischen Kult- und Kulturklöstern mit ihrer volksseelsorgerischen »Betriebsamkeit« erstrebte Cîteaux ein asketisch-abgeschiedenes Leben der Armut, dem übrigens auch die Lage der Klöster entsprechen sollte – fern vom Verkehr der Menschen, in einsamen Tälern, an abgelegenen Bächen, wie es z. T. auch in den Klosternamen anklingt: Claravallis, Seligenthal, Eberbach. So ist die Klosterlage zugleich Spiegel der Sozialfunktion: »Benedictini praeferant montes, Ciscercienses valles, Mendicantes urbes.«

Der cisterciensische Puritanismus fand sichtbarste Realisation in der Ordensbaukunst, deren unsinnliche, schmucklose Harmonie der Proportionen gegenüber der cluniacensischen »barocken« Romanik eine neue Stilepoche einleitete. Die Cistercienser wurden deshalb — nicht ganz treffend — als »Missionare der Gotik« bezeichnet.

Man braucht nicht Kunstexperte zu sein, um die Kluft der religiösen Welthaltung überwältigend zu erleben, wenn man etwa von Cluny oder von Vezelay in die Solitude der besterhaltenen Gründung Bernhards, *Fontenay*, kommt. Der Historiker erinnert sich dabei der leidenschaftlichen Auseinandersetzung um den Stil der Observanzen, die ihren Höhepunkt erreichte unter den kongenialen Repräsentanten der beiden benediktinischen Lebensformen, Bernhard von Clairvaux und Petrus Venerabilis († 1156). Anlaß des Streits war der Übertritt des Vetters Bernhards, Robert, von Clairvaux nach Cluny. Der folgende Brief- und Traktatwechsel, von Petrus mit vornehmer Würde des defensiven Maßhaltens und von Bernhard mit der polemischen Meisterschaft des Reformers geführt, enthüllt mit aller Schärfe die beiderseitigen Prinzipien; die *Apologia* Bernhards und der spätere *Dialogus duorum monachorum* (um 1174) eines wohl Aldersbacher Cisterciensers konzentrieren sich auf die Sakralkunst. Zornig wettert Bernhard gegen die immensas altitudines, die immoderatas longitudines, die supervacuas latitudines der cluniacensischen Kirchen, gegen die gold- und edelsteinglänzenden Idole des Reliquienkults, die Kronleuchter, »eher Räder als Kronen«, die Riesenkandelaber, »eher Bäume als Leuchter«. Jene die Neugier reizenden, die Andacht störenden Malereien erscheinen ihm wie die Bräuche der alten Juden; es dünke ihnen offenbar vorzüglicher, im Marmorbildwerk zu lesen, als in den Büchern und über das Gesetz des Herrn zu grübeln. Was soll das alles bei den Armen, bei Mönchen, Männern des Geistes? »Bei Gott, habt ihr vor diesen Albernheiten keine Scham, so habt wenigstens Scheu vor den Kosten!« Es sei »causa episcoporum«, nicht Sache der geistlichen Armut, Kathedralen zu bauen.

In diesem bernhardinischen »Bilderstreit« ging es um mehr, als nur ästhetische Kriterien; es ging um den Rückzug des — einst von Adalbero wegen seiner Weltläufigkeit gegeißelten — monastischen Bereichs aus der volksnahen Kulturwelt, versinnbildet in der architektonischen Rückwendung zur Geradlinigkeit, Einfachheit und Sparsamkeit der Formen — übrigens zur nämlichen Zeit, als Suger von St. Denis (um 1130) die Grundlagen der gotischen Kathedrale konzipierte.

Im Unterschied zu Cluny, das im 13. Jahrhundert mit der Preisgabe der »libertas Romana« sich selbst aufgab und als Kommende des Königtums bald verfiel, ist Cîteaux nicht im mittelalterlichen Romanismus haften geblieben, sind die Cistercienser mangels eines extremen Zentralismus kein »burgundischer« Orden geblieben und haben daher, neben dem Benediktinertum alter Observanz, den Universalismus Clunys überdauert. Historisch gesehen aber hat Cîteaux in manchem das Erbe Clunys fortgeführt, auch in der Befruchtung des Geisteslebens durch die Intensität mystischer Frömmigkeit und mit der Ausweitung seelsorgerlicher Kulturarbeit, bald an der Seite der jungen Mendikantenorden, deren Aufgabenkreis und Armutsideal sich nicht mehr an den aristokratischen Lebensordnungen, sondern an den neuen Ansprüchen der Städte orientierte. Über alle Unterschiede hinweg führt eine Linie von der innigen Religiosität Odilos über die Marienminne Bernhards zur franziskanischen Frömmigkeit. Die Geschichte des Mittelalters kann nicht verstanden werden ohne Kenntnis seines Mönchtums. In der Geschichte des monastischen Burgund — von Lérins über Luxeuil, Aniane, Cluny bis zu Cîteaux und zu den Albigensern — spiegelt sich der Weg der religiösen und geistigen Kultur des Abendlandes.

Die Entfaltung der urban-kirchlichen und monastischen Zentren im burgundischen Raum hat gezeigt, daß die historisch angelegte Zugehörigkeit der Rhône-Jura-Lande zum romanischen Verfassungs- und Kulturbereich sich zunehmend bemerkbar machte — in Divergenz zur Gestaltung der politischen Herrschaftsverhältnisse während der ottonisch-salischen Hegemonie. Einige *bildungsgeschichtliche Phänomene* mögen diese kulturgeographischen Aspekte ergänzen: im Blick auf die Höhepunkte scholastischen Lebens in der Karolingerzeit und in der Frühzeit der abendländischen Universität sowie auf die Schwerpunkte laikaler Bildung.
Es war schon die Rede vom Weiterwirken der spätantiken rhetorischen und juristischen Kultur in den Städten Südgalliens, anderseits von der gesellschaftlichen Umschichtung im Frankenreich durch das staatsgeförderte Klosterwesen, wobei das Bildungsgefälle, das für das 6. Jahrhundert zu konstatieren war, sich allmählich entsprechend der neuen politischen Orientierung ausglich.
Die umfassende Unterrichtsgesetzgebung Karls d. Gr. Hand in Hand mit den kirchlichen Reformbestrebungen, seine Bemühungen um die Reorganisation von Kloster- und Domschulen sowie um die Einrichtung von Skriptorien zur Handschriftentradie-

rung (Aufkommen und Blüte der Karolingischen Minuskel) fanden nicht nur in den alten bildungsgewohnten Metropolen Echo, wie z. B. in Lyon, wo Erzbischof Leidrad († 817) mit besonderem Eifer den kaiserlichen Appellen nachgekommen ist. Jetzt traten auch die neuen Bildungsstätten im nördlichen Gallien und im östlichen Reichsteil beherrschend in den Vordergrund, wo die vom Kaiser protegierten angelsächsischen Gelehrten, teils in Ablösung der Iroschotten, die Schulorganisation aufbauten: so das Martinskloster in Tours, seit 796 geleitet von Alkuin, das einst von Luxeuil aus besiedelte Corbie, dessen sächsische Tochtergründung Corvey neben dem unter Hrabanus Maurus aufblühenden Fulda, die Klosterschulen von St. Gallen und auf der Reichenau oder die Domschulen von Reims und Metz, um nur die wichtigsten zu nennen. Der Vorsprung des romanischen Südens war aufgeholt, die kulturelle Sonderrolle Burgunds überlagert, integriert in ein allseits — besonders von England, aber auch von Spanien und Italien her — das Großreich überspannendes Netz schulischer und künstlerischer Lebenszellen, wenngleich dabei die originär urban geprägte romanische Geistigkeit gegenüber dem kirchlich kultivierten Neo-Romanismus der germanischen Kulturmissionare ihre intellektuelle Eleganz und Scharfsinnigkeit nicht verleugnete. Ein Theodulf von Orléans oder ein Agobard von Lyon, beide Spanier, stehen doch in manchen Nuancen der südgallischen Rhetoriktradition von der Prägung eines Apollinaris Sidonius oder eines Avitus von Vienne näher, als die angelsächsischen Präzeptoren: nicht nach Niveau, sondern im Wesen.

Oder waren es nur die Imponderabilien zufälligen Zusammentreffens besonderer Individualitäten mit der besonders gelagerten politisch-geistigen Erfahrungswelt, wenn gerade diese beiden Südländer die beweglichsten, freimütigsten, kritischsten Köpfe ihrer Zeit, letzten Endes in ihrer Reformaktivität scheiterten? Neben Theodulf und Agobard stehen andere spanische Flüchtlinge, wie Felix von Urgel, ein Hauptvertreter des spanischen Adoptianismus, und Claudius, Bischof von Turin, die gleichwie Agobard in Lyon bei Leidrad Wohlwollen und Asyl fanden, während ihre Schriften der harten Prüfung der karolingischen Hoftheologen verfielen.

Agobard († 840), fast ein halbes Jahrhundert tätig in Lyon, verkörperte die Mentalität der ungebrochenen urbanen Tradition des Südens innerhalb der vorwiegend monastisch und landaristokratisch geprägten karolingischen Kultur. Abgesehen von seinem politischen Engagement für den Reichseinheitsgedanken im Sinne der Ordinatio imperii von 817 fand er in seiner Diözese Anlässe zur zeitkritischen publizistischen Stellungnahme, sei es in der Judenfrage oder gegen rechtliche und kirchliche Unsitten, die sein baierischer Lehrer und Vorgänger Leidrad noch unberührt gelassen hatte. Agobards Schriften gegen Aberglauben, Auswüchse des Reliquienkultes und Wallfahrtswesens, gegen die Gottesurteile burgundionischer Herkunft oder gegen das Eigenkirchenwesen haben ihm den Nachruhm als Hauptvertreter der »karolingischen Aufklärung« eingetragen (U. Fischer). Wenn er kompromißloser als seine Zeitgenossen gegen Verblendung und Dummheit an christliche Verantwortung und Menschenverstand appellierte, so standen dahinter neben Agobards Temperament wohl die in Burgund besonders florierenden Mißstände, über die sich auch sein Nachfolger Amolo empörte. Um nur zwei Paradigma zu zitieren:

Wie Amolo erzählt, hatten zwei angebliche Mönche nach Dijon Reliquien von einem Heiligen gebracht, dessen Namen sie »mit wunderbarer Unverschämtheit« vergessen zu haben erklärten. Bald strömten viele Einfältige herbei, Frauen brachen im Gebet zusammen, niemand aber wurde geheilt. Deshalb gab Erzbischof Amolo seinem Kollegen von Langres den Rat, die zweifelhaften Gebeine zu entfernen und außerhalb der Kirche heimlich zu vergraben. Erinnert sei hier auch an die spätere Rivalität des Magdalenenkults von Aix-en-Provence und Vezelay, die so erfolgreich zeitüblich mit hagiographischer Phantasie agierte in Tradition des klassischen Translationsberichts über die Überführung der Gebeine Benedikts von Montecassino nach Fleury s. Loire (um 875).
Wenn anderseits Agobard die Auswüchse der feudalisierten Kirche anprangert, das Unwesen der Hauspriester, die oft sich zu Bediensteten degradierten, bei Tisch bedienten, Wein mischten, Hunde ausführten, Pferde führten, auf denen Frauen saßen, und die Güter ihrer Herren verwalteten, so daß sie laut Agobard keine guten Priester sein konnten, so denkt man unwillkürlich an dessen jüngeren Landsmann Prudentius von Troyes († 861), der im nordburgundischen Raum so radikal gegen die Eigenkirchen vorging, daß er die Gegnerschaft des allmächtigen Hinkmar von Reims herausforderte. Hinkmar wurde — sowohl durch sein Gutachten »Collectio de ecclesiis et capellis«, die erste systematische Rechtfertigung des eigenkirchlichen Gewohnheitsrechts, als auch durch seine Stellungnahme zu den von Agobard bekämpften Ordalien oder auch in den theologischen Kontroversen (vgl. unten) — gewissermaßen in Autoritätsnachfolge der angelsächsischen Hofgelehrten zum Antipoden der spanisch-burgundischen Reformer.

Alles in allem, Agobard und das spanische Emigrantentum bildeten in der Geisteskultur des 9. Jahrhunderts eine profilierte Variante. Sie hatte maßgeblichen Anteil an der »karolingischen Renaissance«, die von Karl d. Gr. unter vorwiegend irischangelsächsischen Antrieben eingeleitet worden war, die ihre Hochblüte aber – im wörtlichen Sinn der Wiederbelebung, getragen von romanischen Kräften – im Westfrankenreich Karls d. Kahlen erlebte. Kirchen- und Kulturpolitik jener Tage waren beherrscht von dem politisch führenden, durch feine Diplomatie wie durch skrupellosen Ehrgeiz getriebenen Primas-Erzbischof Hinkmar von Reims († 882), der als Schüler Abt Hilduins von St. Denis das Übergewicht Nordgalliens und seiner Kirchenprovinz über den Süden praktisch und publizistisch, historiographisch und kanonistisch »ummauerte«. Als monastisches Zentrum der Wissenschaft stand daneben die burgundische Abtei St. Germain in Auxerre, deren Bedeutung durch Heiric († 876) im Geist irischer Gelehrsamkeit so fundiert war, daß dessen größerer Schüler Remigius 893 an die Reimser Domschule geholt wurde und später in Paris Lehrer (u. a. von Odo von Cluny) wurde.

Im übrigen hat sich Burgund den Reimser Zentralisierungsbestrebungen weitgehend entzogen.

Das kam u. a. in den Gruppierungen anläßlich des Prädestinationsstreits um die Lehrmeinung des Sachsen Gottschalk zum Ausdruck, den Hinkmar, ausgeliefert durch Hrabanus Maurus, als Ketzer zu lebenslänglicher Klosterhaft verurteilte. Akzentuiert durch den spanischen Augustinismus und durch die traditionelle politische Sonderstellung Südfrankreichs wurde die Opposition gegen Hinkmar auf der Synode zu Valence 855 von der Lyoner Kirche organisiert (d. h. durch deren Repräsentanten, den ehemaligen Mitarbeiter Agobards, Florus Diaconus von Lyon), durch die Nachbarprovinzen Arles und Vienne sowie vor allem durch Prudentius von Troyes.

Die differenzierten Bezüge jener Frontstellung Nord – Süd, Franzien – Burgund lassen sich kaum in knappe Aussagen fassen. Sie gehört jedenfalls zum Verständnis der »karolingischen Renaissance«, in welcher die Grundlagen geschaffen wurden für den Aufstieg Frankreichs zur Heimat der Scholastik.

Die Geburt der abendländischen *Universitäten* um 1200 in Bologna und in Paris, den Hochburgen von Jurisprudenz, Philosophie und Theologie, aus der Rezeption des römischen und kanonischen Rechts sowie des von Spanien her vermittelten »ganzen Aristoteles« besiegelte den Sieg romanischer Geistesart im Abendland und zugleich – innerhalb Frankreichs – den Weg des Romanismus von Süd nach Nord sowie den Sieg des urbanen Bildungswesens über die monastische Kultur. Paris, die alte cathedra regni mit der Königsabtei St. Denis und mit seinen Schulen war im 13. Jahrhundert so etwas wie eine zweite urbs

Roma nördlich der Alpen, »die Stadt« Europas schlechthin geworden. Sie hat Lyon, »quondam philosophiae mater et nutrix«, den Rang abgelaufen — zur selben Zeit, als die Ile-de-France auch politisch begann, die Eigenständigkeit des Südens zu brechen. Burgund konnte die Vormacht der Pariser Zentrale nicht mehr einholen, obwohl Arles im 12. Jahrhundert zum Krönungsort aufrückte, Lyon im 13. Jahrhundert Asyl und Avignon im 14. Jahrhundert Sitz des Papsttums wurde, und obwohl das scholastische Leben an den Kathedralschulen Südfrankreichs nicht minder rege war, als im nordgallischen oder im italienisch-spanischen Raum. Neben Paris gelangten bald auch die südfranzösischen Universitäten von Montpellier und Toulouse zu hoher Blüte, ebenso das studium generale in Avignon, das — gleichzeitig mit Toulouse 1226 von der Kurie als Vorort gegen die Albigenserhäresie eingerichtet — vom provençalischen Landesherrn Karl II. von Anjou gefördert und 1303 von Papst Bonifaz VIII. privilegiert wurde; vorübergehend zwar im Schatten des Studium der Exil-Kurie, gehörte die Hohe Schule der Stadt Avignon doch gegen Ende des 14. Jahrhunderts zu den bestbesuchten Universitäten Frankreichs, der gegenüber das schon 1245 inaugurierte Studium in Lyon völlig zurücktrat.
Die weltlichen Universitätsbestrebungen in Burgund blieben allerdings zunächst ohne Erfolg. Die kaiserlichen Herren des Arelats haben nicht versucht, durch gezielte Schulpolitik den politischen Anspruch zu bekräftigen. Das 1339 auf Bitten Humberts II. durch Benedikt XII. errichtete Studium in Grenoble hatte keine Zukunft; der Delphin war verschuldet, und Kaiser Ludwig d. Bayer hatte andere Sorgen. Die beiden von Karl IV. 1365 anläßlich der Krönungsreise gestifteten Universitäten von Orange (auf Bitten des Grafen von Baux) und Genf (auf Bitten Amadeus' von Savoyen) florierten nicht. Die Gründung von Genf scheiterte wohl an der Opposition der Stadt gegen die Ausdehnung der Grafenrechte; und Orange vegetierte in einer Weise weiter, daß im 17. Jahrhundert der Scherz kursierte, »rectorem cum scriba et pedello academicum corpus repraesentare juxta illud: tres faciunt collegium«. Die Resignation Karls IV. gegenüber Burgund tritt deutlich zutage, wenn man bedenkt, daß er neben Prag (1348) als dem »zweiten Paris« immerhin eine Reihe italienischer studia generalia privilegiert hat (Arezzo, Perugia, Siena, Florenz, Pavia). In Südburgund folgten die kirchlichen Universitätsstiftungen von Aix (-Marseille) 1409 und Valence 1450, eine zukunftsbeständige landesherrliche Gründung aber erst durch den Valoisherzog Philipp d. Guten

1422 im freigräflichen Dôle (-Besançon), die er im burgundischen Ausbauland durch Löwen 1425 ergänzte.

Obwohl das frühe und hohe Mittelalter eine Epoche der lateinischen Schriftkultur war — monopolisiert von der Kirche als der berufenen Hüterin der schriftlichen Überlieferung, aber auch als Trägerin der vielseitigen Zweige künstlerischen Schaffens von der Buchmalerei bis zum Kirchenbau — hielt sich in den Städten des Südens vermutlich auch eine *Laienbildung*, die bei der kommunalen Bewegung im städtischen Beamtentum greifbar wird. Generell ist das Bürgertum allerdings erst im späteren Mittelalter zum Repräsentanten einer neuen Laienkultur geworden, die im Norden andere Züge trug als im europäischen Süden.

Um so bemerkenswerter ist die Tatsache, daß im Südfrankreich des 12./13. Jahrhunderts erstmals auf anderer Ebene eine laikale, volkssprachliche Literatur von breiter Wirksamkeit erwuchs: die Troubadourdichtung. Ihren Ausgangs- und Höhepunkt erlebte sie bei den *provençalischen »trobadors«*, das heißt freilich nicht in der Provence im engeren historisch-geographischen, sondern im weiteren Sinn der provençalischen Sprachlandschaft, wie man sie seit Dante als »Langue d'oc« (nach dem Bejahungsartikel aus lat. hoc) von der nördlichen Langue d'oil (aus lat. hoc illud) unterscheidet.

Früher hat man die Ursprünge dieser ersten abendländischen Laienkultur in der historischen Provence, im südlichen Rhônegebiet vermutet; das ging zurück auf den berühmten provençalischen Literarhistoriker des 16. Jahrhunderts, Johann Nostradamus, Jurist in Aix, der die Troubadours stolz für seine engere Heimat in Anspruch nahm; als Bruder des bekannteren Arztes und Astrologen Michael Nostradamus, dessen dunkle Prophezeiungen (Centuries 1555) noch Goethe für seinen Faust inspirierten, stammte er aus jener einflußreichen jüdischen Familie der Notredame von St. Rémy, die zuerst unter dem Bon Roi René bezeugt ist.

Trotz des Nostradamus' Thesen aber ist die Herkunft der Troubadourkunst bis heute umstritten. Diese Dichtung, in welcher Zauber und Tragik, heitere und düstere Lebensstimmung des feudalen Rittertums sich zu einer anspruchsvollen lyrischen Kunstform in provençalischer Volkssprache gestalteten — in welcher, wie man gesagt hat, die Auffassung vom Wesen der Frau eine »kopernikanische Wende« erfuhr —, war jedenfalls beeinflußt vom materiellen und geistigen Luxus des spanischen Arabertums, von den Kreuzzügen, vom wirtschaftlichen Aufschwung der meernahen Provinzen, von der Gesellschaft der kleinen Burgen und Residenzen eines reich gewordenen Feudaladels von urbaner Weltläufigkeit, fern vom Zugriff staatlicher Zwinggewalt. Und sie entfaltet sich zuerst nicht in der Heimat des Nostradamus, sondern in Aquitanien-Auvergne, wo die neue Dichtkunst mit dem »ältesten Troubadour« Graf Wilhelm von Poitiers (= Herzog Wilhelm IX., † 1127) gleichsam vulkanartig aufbrach; also dort, wo einst der spätantike Hofdichter Venatius Fortunatus auf einsamer Höhe schon die Atmosphäre höfischer Courtoisie vorprägte, wo andererseits cluniacenzische Reform, Friedensbewegung und Albigenserhäresie ihren Ausgang nahmen, wo dann von Pariser Exilmagistern in Toulouse erstmals der Begriff von der »libertas scholastica« im Sinne der geistigen Freiheit formuliert wurde. Es war ja wiederholt festzustellen, daß die von Burgund vermittelten kulturellen Impulse nicht immer autochthon waren, sondern — großenteils aus Aquitanien rezipiert — im burgundischen Raum die Gestaltung zur universalen Wirkung erfuhren. Das gilt auch für die provençalische Troubadourdichtung. Erste Heimstätten außerhalb Aquitaniens fand sie an den Höfen Les Baux und Orange, in Aix und Marseille.

Man denke etwa an die vielfach besungenen Damen Étienne, Adelasie, Bérengère oder Jeanne des Baux, an die Troubadours Guilhem de Cabestan, Raimbaut d'Orange oder an den Genuesen Fulko (Folquet), der vom Minnesänger zum Cistercienser, zum Bischof von Marseille und Erzbischof von Toulouse aufrückte.

Einen Höhepunkt fand die Dichtung in den Albigenserkriegen anläßlich der Belagerung von Avignon um 1226: sie regte die Troubadours an zu gesellschaftskritischen Engagements für und gegen die Ketzer, gegen Papsttum, Klerus und Nordfranzosen, versetzte ihnen aber auch den Todesstoß; seit der Mitte des 13. Jahrhunderts verstummte die Literatur der Trobadors so jäh, wie sie ein Jahrhundert vorher begonnen hatte. Sie wirkte jedoch intensiv weiter auf die Entwicklung volkssprachlicher Dichtkunst, wiederum vor allem vom Boden der burgundischen Provence aus, wo ihr Petrarca bei seinem Aufenthalt in Carpentras und Avignon und wohl auch Dante in seinen Wanderjahren begegneten. Die Kunst Dantes und Petrarcas, die Erhebung der Volkssprache zur Literatursprache wäre undenkbar ohne die Minnedichtung der Provençalen, die ihre Blüte zur selben Zeit erlebt hatte, als im Norden die Scholastik ihren Siegeszug in Paris feierte: beide — wie ehedem die karolingische Renaissance — wesentlich befruchtet von Spanien her.

Auch wenn die provençalische Troubadourkunst im 13. Jahrhundert ausklang, weil die Anregungen aus der spanischen Reconquista und der südfranzösischen Ketzerbewegung aufhörten, so lebten doch der Ideenreichtum und die Ausdrucksformen feudalen weltlichen Lebensstils neben den gleichfalls weiterentwikkelten Formen kirchlicher Kunst und Musik fort. Von der Wende zum 13. Jahrhundert bis ins 15./16. Jahrhundert wurden indes andere Landschaften und Volksmentalitäten in Europa führend, neben Italien vor allem Nordfrankreich mit der Île-de-France, mit der Pikardie und der Champagne, wo in allen Kunstbereichen – der Architektur, der Malerei, der Musik, auch der Literatur – die Gotik ihrem Höhepunkt zustrebte. Sowenig das ständisch-aristokratische Element seine politische Vitalität und sowenig die Kreuzzugsidee ihre Faszination verlor, sowenig büßten die ritterlichen Ideale ihre Kraft ein, wobei die Trouvèrekunst sich allerdings wandelte. Zunehmend war sie umgeben und durchsetzt von einer neu aufstrebenden sozialen Schicht, von Spielleuten, von einem dem Nutzen dienenden Musikanten- und Poetentum ohne ständische Haltung, das hinüberleitete auch zum bürgerlichen Geist der nordfranzösischen Städte mit literarischen Clubs, Zünften, Meistersang, Berufspoeten- und Berufsmusikertum. Jedoch erlebte die ritterliche Kultur nochmals eine breite, auch volkstümliche romantische Renaissance im 14. Jahrhundert, aus deren Quellen sich die burgundische Kultur des 15. Jahrhunderts zu einer eigengearteten Epoche formierte: »Nirgends hat das romantische Rittertum des Spätmittelalters sich mit solcher Exklusivität und Phantastik ausgelebt wie am Hofe Philipps d. Guten, wo 1431 der Orden vom Goldenen Vlies gestiftet, nach dem Falle Konstantinopels (1453) ein Türkenkreuzzug projektiert und das gesamte Dasein bis ins kleinste nach dem Zeremoniell des ritterlichen Sittenkodex geregelt wurde« (H. Besseler).

Mit dem politischen Hinauswachsen des französischen Herzogtums Bourgogne aus dem französischen Königreich, mit dem Aufstieg der in ihrem Selbstbewußtsein königlichen, ja kaisergleichen Valois-Herzöge von Philipp d. Kühnen bis zu Karl d. Kühnen wurde der burgundische Hof vorübergehend der reichste, luxuriöseste und zugleich kulturell blühendste Fürstenhaushalt in Europa. So trat Burgund im Spätmittelalter nochmals, diesmal von der nördlichen Kernlandschaft aus, eine epochale Kulturmission an. In der Geschichtsschreibung, Literatur, bildenden Kunst, Musik spricht man gerne von »burgundischer Epoche« oder von »burgundischem Stil«, obwohl diese Kultur auf dem

Boden des Großherzogtums durchaus nicht im Rahmen des mittelalterlichen Burgund autochthon und landschaftsgebunden erwachsen ist. Ihre Eigenart prägte sich vielmehr aus im Schutz großmütigen *Mäzenatentums* einer Herrscherfamilie, welche die Einflüsse und Talente um sich zu sammeln verstand, sie förderte, zu Spitzenleistungen antrieb und damit Prestige und Glanz des Hofes steigerte. Es ist nicht zu zweifeln, daß die Herzöge selbst den Ausbau der Hofkultur aktiv leiteten; war doch jeder von ihnen begabt mit feinsinnigem Kunstverstand, besonders der Literatur und Musik zugeneigt trotz des hohen Zeitaufwandes für kriegerische Unternehmungen. Nach Bildungsniveau und Lebensstil sowie in bezug auf die Bücher- bzw. Handschriften-Sammelleidenschaft (wovon z. B. die »Bibliothèque de Bourgogne« in Brüssel zeugt) – zahlreiche Werkstätten wurden mit der Illuminierung von Handschriften beauftragt –, darf man die Burgund-Herzöge durchaus schon als Renaissance-Fürsten ansprechen, auch wenn die Formen der Etikette, der Gedanken- und Empfindungswelt, überhaupt die Atmosphäre der feudal-höfischen und der ritterlich-religiösen Lebenswelt noch durchaus in mittelalterlichen Traditionen befangen blieben. Johan Huizinga hat jene Welt mit ihrem Nebeneinander und Ineinander von Kultischem und Politischem, von Sinnenfreude und Askese bis hin zur bizarr erstarrten Form der Tradition eindringlich nachgezeichnet als »Herbst des Mittelalters« und sie damit den von Jacob Burckhardt beschriebenen Anfängen der »Kultur der Renaissance in Italien« gegenübergestellt.

War das Zeitalter der Hochgotik an sich eine Ära der Synthese auf allen Gebieten des geistigen und künstlerischen Schaffens, ein Zeitalter der gestalterischen Überwindung der Materie, eines ungeheuren Reichtums der Formgebung mit klaren, hochstrebenden Konturen in der Architektur und Plastik, gleichzeitig aber auch der religiösen Inbrunst und dabei der realistischen Ausdruckskraft in der Malerei, die Epoche der großen Kathedralbauten mit ihrem detaillierten ornamentalen Schmuck, Zeitalter auch der scholastischen Summenliteratur, in der Musik begleitet vom epochalen Ereignis des Durchbruchs der Polyphonie, alles in allem eine Stilepoche, welche die Proportion des Teils und des Ganzen in Harmonie brachte, so erfuhren alle diese Tendenzen im Bannkreis des burgundischen Hofes eine Intensivierung und Sonderprägung spezifischer Art. Diese burgundische Eigenentfaltung war nicht zuletzt befruchtet durch die Begegnung traditionell-aristokratischen Elite-

bewußtseins mit dem Wohlstand und blühenden Wirtschafts-
leben der flandrischen Städte. Das flämisch-wallonische Element wuchs den in Dijon sich kreuzenden französischen und
altburgundischen Kraftquellen zu; aber auch die Integration
italienischer Kultureinflüsse versiegte nicht ganz – vor allem
Karl d. Kühne liebte bekanntlich alles Italienische und zog manchen Italiener an den Hof.

So wurden die Verwaltungszentren des großburgundischen
Staatswesens wie Lille, Brüssel, Valenciennes und insonderheit
die Residenzen Dijon und Brügge unter dem dynastischen Willen und der kulturpflegerischen Energie der Herzöge zu glanzvollen Mittelpunkten einer *romanisch-niederländischen, höfisch-
bürgerlich geprägten Mischkultur,* die sich dann nach 1477 in
das Habsburgerreich hinein fortsetzte, erneut bereichert um das
spanische Element.

Das Höfische und das Bürgerliche trafen sich bei den vielfäl-
tigen Anlässen für Prachtentfaltung, seien es Hochzeiten, Ge-
denkfeiern, Geburtsfeste, hohe Besuche, Siege und Friedens-
schlüsse oder andere Gelegenheiten zur populär wirksamen
Repräsentation des Herzogshauses, welche zu pompösen und
stundenlangen Lustbarkeiten oder Feierlichkeiten ausgestaltet
wurden durch Schauspiele mannigfacher Art, Aufzüge, Ritter-
spiele, Volks-, Possen- und Mysterienspiele. Hof und Bürgertum begegneten sich auch bei der Rekrutierung von Hofbedien-
steten, etwa in der sozialen Wechselbeziehung zwischen dem
städtischen Vereinswesen von Schauspielergruppen und Spielleuten (z. B. den »chambres de rhétorique« in den flandrischen
Städten), an denen die Herzöge schon wegen der Öffentlich-
keitswirkung Interesse bekunden mußten, und andererseits dem
mäzenatischen Auftragswesen: der Hof – eingeschlossen auch
kleinere Höfe – war in der damaligen Gesellschaftsstruktur sozusagen der kapitalkräftigste Arbeitgeber. Das alles förderte die
kulturelle Produktivität. Die Wurzel der schöpferischen Aktivität der »burgundischen Epoche« war also nicht so sehr, jedenfalls
nicht ausschließlich, die Genialität jener Generationen, vielmehr zum guten Teil das mit flandrischem Geld gefüllte Säckel,
mit dem die Herzöge sich Hofhistoriographen und -poeten,
Berufsmusiker und Künstler engagierten, welche die Ereignisse
mit entsprechendem Sinn für die gloire der Grands Ducs me-
morisierten und stilisierten, welche die täglichen Messen des
Ordens vom Goldenen Vlies komponierten oder Spiele, Tanz
und Musik für die höfische Geselligkeit arrangierten. Die Rech-

nungsbücher geben Aufschluß über den »Kultusetat« des Hofes, insonderheit die Personalkosten.

Den Kern der Verwaltung von weltlichem und religiösem Zeremoniell bildete auf oberer Ebene, zugleich als zentrales Beratungsgremium oder engere Gefolgschaft im Hofhaushalt, die Hofkapelle mit ihren Kapellänen, meist hohen Prälaten, die andere Hofämter mitversahen (wie die des valet de chambre, des sécrétaire, des aumônier, des conseillier); auf niederer Ebene war es die Schicht der Dienstleute, der ménestrels (z. B. Instrumentalisten wie Trompeter, Pfeifer), wie sie sich auch die anderen adeligen Höfe je nach Vermögen leisteten. Als atmosphärisch dominierendes, gewissermaßen »gesellschaftlich« führendes Organ des burgundischen Hofstaates wirkte der Orden vom Goldenen Vlies, Instrument zur Erziehung des Adels als Träger des Gesamtreichs, dessen Kapitel und Kollegium seinen Sitz in der Sainte Chapelle zu Dijon hatte.

Ein fürstliches Mäzenatentum solch großzügiger Art hat natürlich auch manch mittelmäßigen opportunistischen Routinier herangezogen. Die literarischen Erzeugnisse im Umkreis der Herzöge waren Legion in einem Klima, das Schriftkultur und Kunst zum Gesellschaftsspiel machte. Immerhin aber schenkten herzogliches Geld und Gunst einigen großen, einzigartigen Talenten die Muße und Sorgenfreiheit zur Entfaltung, freilich um den Preis loyalen Dienstes, namentlich während der langen Regierungsperiode Philipps d. Guten; der Historiker G. Chastellain pries ihn beim Tod in seiner Mahnschrift an den Sohn, dem »Advertissement au duc Charles«, als »duc auguste«, »le grand lyon, le pillier de l'honneur de France, la perle des princes chrétiens«.

Die größten Meisterwerke, denen die »burgundische Epoche« ihren Ruhm verdankt, liegen im Bereich der bildenden Künste und der Musik. Volkstumsmäßig sind sie größerenteils dem niederländischen Raum zuzuordnen, wenngleich ihr Gedeihen sich ebenso in den altburgundischen Landschaften entfaltete und eben damit nicht mehr im engeren Sinne »niederländisch« blieb. Dies gilt insonderheit von der berühmten Bildhauerschule in Dijon, die unter Philipp d. Kühnen ihren Ausgang nahm, von Jean de Marville und der Auftragsarbeit für die Kartause von Champmol, die zur herzoglichen Grablege bestimmt war. Ihren Höhepunkt in künstlerischem Niveau und Strahlkraft von europäischer Geltung erreichte die Werkstatt unter Marvilles Nachfolger *Claes* (Claus) *Sluter* († 1405/6) aus Haarlem und dessen Vetter und Schüler *Claes van de Werve,* beide lebenslang im Hofdienst in Dijon festgehalten. Von Sluter, der in der Erneuerung der Bildhauerei am Ende des Mittelalters einem Vergleich mit Michelangelo standhält, war schon früher die Rede; allein ein Blick auf die Fragmente am Mosesbrunnen im Hof der Chartreuse de Champmol, auf den Christuskopf der Kreuzigungsgruppe oder die Propheten dieses Kalvarium, oder auf die »pleurants« um die Sarkophage der ersten Herzöge (im Palais des Ducs) läßt einen die fesselnde Ausdruckssprache empfinden, die in Stein gemeißelte Realistik des Schmerzes ebenso wie die vergeistigte Kraft religiöser Verkündigung, die souveräne Überwindung der Härte des Materials. Die Grabtumben der Sluter-Schule mit dem Leichenzug der Weinenden, teils modifiziert zu Trägern der Grabplatten, haben sich als Typus weit verbreitet; man betrachte nur etwa die Tumba des Seneschalls Philipp Pot (heute im Louvre) oder die Grablege-Darstellung im Kirchlein St. Vorles zu Châtillon s. Seine. Allerdings waren es weder nur die reichen Steinbrüche im Umkreis von Dijon noch allein die Hofnähe, welche die Begabung zur Plastik als einen spezifischen Genius Burgunds erscheinen lassen; Sluter und seine Schüler reihen sich organisch in die große mittelalterliche Tradition burgundischer Skulptur ein.

Hingegen bleibt in der Malerei – und selbstverständlich in den an die flandrischen Werkstätten gebundenen Tapisserien – das Übergewicht der flämischen und niederländischen Provinzen spürbar, wo die bildnerische Tradition vom Pinsel geführt war. Die Werke der Brüder *Jan und Hubert van Eyck* oder eines *Rogier van der Weyden*, eines *Hans Memling* oder auch der drei Illuminatoren, der *Brüder van Limburg*, die im Dienste des Herzogs Berry standen, um hier nur die Großen aus der Zeit Philipps d. Guten zu nennen, stehen zwar mitten im pathetischen Prunk des Hoflebens, dem sich ihr Naturalismus durchaus einfügt, aber sie verleugnen dennoch nicht die andere eigene Wurzel aus der Devotio-moderna-Bewegung und ihrer innig-religiösen Kultur, die im niederländisch-flämischen Raum beheimatet war. In der Luft des Großherzogtums kamen sie zur Reife, nun nicht mehr reine Niederländer, auch nicht direkte Vertreter der Devotio moderna, sondern eben niederländische Burgunder mit ihrem tiefen Sinn sowohl für das Praktische wie auch für das Mystische, Schlichte und Ästhetische der Frömmigkeit; mit ihrer hohen Fähigkeit besonders zur Porträtkunst, die uns zugleich feinnervig-sublim und packend entgegentritt, so etwa auf dem van der Weyden zugeschriebenen Flügelaltar im Hôtel Dieu zu

Beaune mit dem Stifterbildnis des Kanzlers Nicolas Rolin oder in dem Porträt Rolins van Jan van Eyck oder in den zweifellos naturnahen Herzogsbildnissen van Weydens und van Eycks. Diese Kunst atmet höfische Weltläufigkeit aus einer mit individuellem Können und originellem Stil verfeinerten typischen Auftragsarbeit. Was übrigens die Architektur betrifft, so wird sie weniger als selbständige Stilentwicklung der großherzoglichen Epoche greifbar, obwohl das Hospital in Beaune zu den singulären, großartigsten Bauwerken seiner Zeit gehört.

Die »burgundische Kulturepoche« bliebe unverstanden ohne ihre Musik: Musik gehörte in tragender Funktion zum Rhythmus des Alltags wie des Festes. Von allen vier Herzögen ist die Musikliebe bekannt, besonders von Philipp d. Guten, der in Dijon eine Sängerschule einrichtete (eine starke Musiktradition, geistlich und weltlich, prägte Dijon bis hin zu J.-Ph. und Claude Rameau im 18. Jahrhundert) sowie von Karl d. Kühnen, der seine Musiker sogar ins Kriegslager von Neuß mitnahm. Die burgundische Musik des 15. Jahrhunderts nimmt in der europäischen Musikgeschichte eine Sonderstellung ein; was in ihr »in Erscheinung trat, war mehr als eine ›Schule‹, die von einer anderen abgelöst wurde – es war ein Zeitalter, trotz seiner Kürze von stärkster Eigenart und Mächtigkeit« (H. Besseler). Im Anschluß an die französische Gotik, ihre Dichtermusiker wie Philippe de Vitry († 1361) mit seiner »ars nova« und Guillaume de Machaut († um 1377) mit seiner Balladenkunst bildet die burgundische Musik die Brücke hin zur »niederländischen Schule« im engeren Sinne (Johannes Ockeghem). Eigengewicht und Ruhm verdankt die burgundische Ära vor allem dem großen, ungewöhnlich schaffensfreudigen Genie des Hennegauers *Guillaume Dufay* († 1474), der seine jüngeren Jahre im Süden am Hofe der Malatesta, in der päpstlichen Kapelle und beim Herzog von Savoyen verbracht hatte und in der zweiten Lebenshälfte als Kanonikus die Kathedrale von Cambrai zum weit wirksamen Zentrum polyphoner Kirchenmusik erhob. Der erste umfassende Ausgleich zwischen nordischer und italienischer Musik zu einer »ruhigen Plastik und Klarheit« ist weithin seine persönliche Leistung, während gleichzeitig am Hofe Herzog Philipps der Hofkapellan *Gilles Binchois* († 1460), ebenfalls aus dem Hennegau, den Liedstil zur hohen Entfaltung brachte, gefolgt von *Antoine Busnois* am Hofe Karls d. Kühnen und noch der Maria v. Burgund. Die stärkste Eigenart der burgundischen Musik, eher konservativ als auflösend, lag wohl in der Herrschaft des mehrstimmigen Klangs, in der

Führung des Liedstils (z. B. Aufstieg des Rondeaus und Virelais) sowie der Motette, im gesteigerten bunten Zusammenwirken instrumentalen und vokalen Musizierens, wobei das Übergewicht der Bläser (auch auf Bildern erkennbar), der »haute musique«, dem höfischen Feststil entsprach. Aber nicht zuletzt wird ein Wandel spürbar, der weniger der Form als dem Sinn des Musizierens entspringt, »seiner Zweckbindung und Verwurzelung in der Wirklichkeit des vollen, alltäglichen wie festlich gehobenen Daseins«, der sich auch in der zunehmenden Abgrenzung der musikalischen Bezirke abzeichnet; er wird zudem greifbar in der Aufzeichnungsart, z. B. der Mode zierlicher Sammelhandschriften für das höfische Lied neben den Folianten der Kultmusik. Zwischen der Gesellschafts- und der Kirchenmusik erstreckt sich der weite Komplex der Motette (z. B. Dufays umfangreiches Motettenwerk) mit der doppelten Zweckausrichtung auf geistliche Haus- und feierliche Repräsentationsmusik. Die burgundische Musik hat vor dem Übergang zur niederländischen Stilepoche die abendländische Mehrstimmigkeit zentral und vielschichtig verkörpert.

Eine Dynastie mit so superbem Staatsbewußtsein wie die burgundische bedurfte neben den für die Schauseite schmückenden Künsten natürlich primär der literarischen Propaganda und Memorierung. Die Hofliteratur spiegelt sich in einer Vielzahl von Namen, die alle Genres und Niveaus vom billigen Machwerk bis zum wertvollen Zeitdokument vertreten. Zu den »Großen« zählt zweifellos, obwohl er ein bezahlter Berufshistoriker war, *Georges Chastellain* († 1475), gebürtiger Flame aus der »kaiserlichen« Grafschaft Alost (Aalst), um 1430 Student in Löwen, dann Diplomat und Kriegsteilnehmer, bevor er von Herzog Philipp 1434 als »indiciaire de la Maison« beamtet wurde. Seine monumentale Chronik, leider nur fragmentarisch überliefert, und seine sonstige umfangreiche Tätigkeit brachte ihm schon bei Zeitgenossen die Qualifizierung »le grand Georges« ein; sein Freund und Kollege Olivier de la Marche pries ihn als »Perle und Stern aller Geschichtsschreiber« trotz seiner gravitätischen, etwas zähflüssigen, aber dafür um so plastischeren Sprache (einer dicken lauten Glocke verglichen – »cette cloche si haut sonnant«). Sie stand in Kontrast zum realistischen lebendigeren Erzählstil seines Zeitgenossen *Philippe de Commynes*, den man als französischen Macchiavell bezeichnet hat. Auch in der Mentalität war Commynes ein anderer: er verließ die Loyalität zum Herzogtum zugunsten des französischen Königs. Chastellain, »der französische Thukydides unter so vielen

Herodots von mehr oder minder guter Qualität« (J. Calmette) war unter den Hofhistoriographen der einzige, der Ordensritter des Goldenen Vlieses wurde, von Karl d. Kühnen ernannt – wenn man absieht von dem Heraldiker Le Fèvere de Saint-Remy, dem »Wappenkönig« des Ordens. Auch *Olivier de la Marche* aus Bresse († 1502), Memoirenschreiber, der seine Karriere in Hofämtern machte und zusammen mit *Jean Molinet*, dem Rhetoriker, viele Feste organisiert hat, als solcher auch tätiger Augenzeuge der burgundisch-habsburgischen Hochzeit war, gehört zu den lesenswerten Zeugen der Glanzzeit Burgunds neben Enguerrand de Monstrelet oder Mathieu d'Escouchy, beide Pikarden, oder Pierre Fénin, Jean Wavrin, Philippe de Mézières u. a. Die zahlreichen Hofschriftsteller können hier nicht aufgezählt werden; es genüge der Hinweis, daß neben der Historie alle literarischen Gattungen gepflegt wurden, neben Ritterepen und Romanen, Flugschriften und poetischer Propaganda auch religiöse Gebrauchsliteratur, wie etwa die »Mappemonde spirituelle« des *Jean Germain,* ersten Ordenskanzlers des Toison d'Or und späteren Bischofs von Chalon, erwähnenswert, weil er auch der Verehrung des Haus-Heiligen Andreas Rechnung trägt, oder die Prosabearbeitung des Girart de Roussillon mit dem Bericht über die Reliquientranslation der Maria Magdalena nach Vézelay durch Wauquelin (die Überreichung ist als Bildnis erhalten).

J. Huizinga hat sich die Frage gestellt, worauf der tiefgehende Unterschied des Zeitbildes beruht, wie es uns die Kunst und wie es Literatur und Geschichte spiegeln; letzteres grell und düster, indem Leidenschaft, Hochmut, Grausamkeit, das Gefunkel abgenutzter Allegorien und unerträglicher Luxus in den Vordergrund treten, dort indes der Ausdruck von Schönheit und stiller Weisheit, von Heiterkeit und würdevollem Ernst in Malerei und Musik. Ob es eine allgemeine Erscheinung sei, daß die bildende Kunst ein helleres Bild einer Zeit hinterläßt, als das Wort der Dichter und Geschichtsschreiber? Die Frage läßt sich teils allgemein für das Mittelalter beantworten; denn in der Tat ist unser Bild von früheren Kulturen heiterer geworden, seit das historische Organ visueller geworden ist, wenn zum Lesen das Sehen kommt. Und es kommt hinzu die unterschiedliche Überlieferungssituation – das gilt besonders für das Valois-Burgund –, indem die Literatur bis in höchste und niederste Äußerungen uns bekannt ist, die Kunst jedoch nur in einigen Meisterwerken überkommen ist, wobei die Reste weltlicher und angewandter Kunst, außer Porträts, spärlich sind.

Ist das aber der einzige Grund für das zwiespältige Bild von jener Kultur? Lag nicht das, was für uns wie Polaritäten, wie Extreme erscheint, wie etwa der Abstand zwischen der Kunst der Kirche und der Kunst des Hoffestes, im Geist und Empfinden jener Zeit noch ungeschieden eng beieinander in einer Welt, in der allen Lebensäußerungen noch eine starke Unmittelbarkeit des Er-lebens und des Aus-lebens innewohnte? Huizinga hat aus der Betrachtung der Lebensformen in Kunst, Geschichtsschreibung und Zeremoniell jene burgundische Ära als »Herbst des Mittelalters« nachgezeichnet, weil sie zu den Kulturen zähle, »in denen Pracht die Schönheit verdrängen will«, die Grenzen zwischen Prunk und Schönheit schwinden, und je weiter man sich von der rein bildenden Kunst entfernt, desto zügelloser überwuchern die formalen Elemente der Ornamentik den Inhalt. Er sieht darin ein Überwuchern der Idee, ein Vorherrschen jenes horror vacui, wie er vielleicht Merkmal zu Ende gehender Geistesperioden sei. Was wir als eines der vornehmsten Kennzeichen des spätmittelalterlichen Denkens erkennen dürfen: »Die Verbildlichung alles Denkbaren bis in seine letzte Konsequenz, die Überladung des Geistes mit einem unendlichen System formaler Vorstellungen, das macht auch das Wesen der Kunst jener Zeit aus. Auch sie strebt danach, nichts ungeformt, nichts unverbildlicht oder unausgeschmückt zu lassen.« Reiner Herbst – oder doch auch Zeichen einer beginnenden Renaissance, die aus dem Gewirr des Details in Ausdruck und Empfinden hinaus zu einer neuen großangelegten Form findet, wie sie die Skulptur Claes Sluters, mehr in den Propheten als in den Weinenden, ankündigt?

Aber das Mittelalter war zäh, denn es wirkte aus dem Fundus der Stärke seiner Ideale und des Reichtums seiner Formelemente, wie sie im burgundischen Raum von der Spätantike bis ins 15. Jahrhundert in der urbanen, der feudalen, der monastischen und der höfischen Kultur zutage traten, bis hin zu den geschilderten Übergangsformen.

»Die flamboyante Gotik ist wie ein endloses Orgelnachspiel...« (Johan Huizinga).

11. Karl d. Kühne und Friedrich III.: Burgundische Königsidee, habsburgische Kaiseridee und deutsche Reichsverfassung an der Wende zur Neuzeit

In den letzten Jahren wurde auf Kongressen, in Publikationen und Ausstellungen jener beiden Herrscherpersönlichkeiten gedacht, die eine zentrale Rolle einerseits im Schlußkapitel des mittelalterlichen Reichsburgund, andererseits in der Endphase des französischen Großherzogtums Bourgogne gespielt haben: 1977 wurde die 500. Wiederkehr des Todestages Karls d. Kühnen, des letzten der vier Grands Ducs aus dem Hause Valois, gefeiert, und 1978 das 600. Todesjahr Karls IV., des zweiten Kaisers aus dem Hause Luxemburg, mit dessen Namen die letzte reichsburgundische Königskrönung eines deutschen Kaisers sowie die Grundlegung der bis ans Ende des Alten Reiches geltenden Reichsverfassung, der Goldenen Bulle, verbunden bleibt. Diese beiden Jubiläen, die in der internationalen Welt zu manchen historischen Reflexionen über das deutsche und das europäische Schicksal seit dem Ende des Mittelalters angeregt haben, geben Veranlassung, hier in Anknüpfung an das Einleitungskapitel noch einige Überlegungen zur Utopie eines königlichen, wenn nicht kaiserlichen, Rhein-Rhône-Reiches zwischen Deutschland, Frankreich und Italien anzuschließen. Seine Konzeption hat im diplomatischen Spiel zwischen Herzog Karl d. Kühnen und dem habsburgischen Kaiser Friedrich III. nahezu konkrete politische Gestalt angenommen – und ist dennoch gescheitert. Scheiterte sie wirklich nur am Charakter des »kühnen« Karl, von dem Johan Huizinga sagte, man habe den Eindruck, als ob nur eine leichte Entgleisung des Wesens ins Pathologische ihn gehindert hat, einer der großen Staatsvollender der Geschichte zu sein? Oder scheiterte ein solches burgundisches Königtum als Reich der Mitte, das allein von des deutschen Kaisers Gnaden und mit Duldung des französischen Königs staatsrechtlich hätte bestehen können, am Willen Kaiser Friedrichs III.? Oder aber an der Inkompatibilität spätmittelalterlicher und »moderner« Verfassungs- und Verwaltungsstrukturen zwischen der von Karl IV. (1356) kodifizierten deutschen Reichsverfassung, der französischen national-monarchischen Entwicklung und der Komplexität rechtlicher Sonderformen im neuburgundischen Länderagglomerat? Die Beziehungen zwischen dem Großherzogtum Burgund und dem

Reich im 15. Jahrhundert, insonderheit zwischen Herzog Karl d. Kühnen einerseits, dem Kaiser und den Reichsständen andererseits, sind ein zentraler Aspekt für ein Verständnis der Eckstein-Bedeutung Burgunds bei Ausbildung der künftigen Mächtekonstellation in Europa. Es ist bekannt, in welcher Weise das Ende des quasi-souveränen, zumindest Souveränität anstrebenden Valois-Herzogtums seit 1477 weichenstellend wurde für die Spannung zwischen dem Haus Habsburg und Frankreich; überdies hat Burgund, das als Staatsgebilde unter der fürstlich-monarchischen Herrschaft der Valois-Prinzen über heterogene Länder die »oberen Lande« und die »niederen Lande« nie ganz zum einheitlichen Flächenstaat integrieren konnte, auch die nationale Konsolidierung der Niederlande befördert und damit deren spätere Emanzipation von der habsburgisch-spanischen Nachfolgemacht grundgelegt. Hier soll nicht weiter ausgeführt werden, in welch hohem Maße die ausgreifende Aktivität der Burgunderherzöge in der zweiten Hälfte des 15. Jahrhunderts nahezu alle europäischen Mächte in Atem gehalten hat, weil vom »burgundischen Problem« nicht nur die Lösung so vieler besitzrechtlicher und politischer Fragen im Raum zwischen Frankreich, dem Reich und der Schweizer Eidgenossenschaft abhingen, sondern auch das Verhältnis Frankreichs zu England, zur italienischen und zur iberischen Staatenwelt.

Vielmehr seien einige Überlegungen angestellt zur Erklärung des historischen Phänomens der relativ kurzlebigen burgundischen Großmacht, ihres rapiden Aufstiegs und ebenso rapiden Falles, wofür der Kulminationspunkt in der Regierung Karls d. Kühnen lag. Das alles ist nur verstehbar aus der gewordenen strukturellen Spannung zwischen der deutschen Reichsverfassung und der französischen Monarchie, näherhin aus den Entwicklungen seit dem Untergang des staufischen Kaisertums.

Die für das Verhältnis zwischen dem deutschen Reich und Frankreich, für die Ausgestaltung der deutschen Reichsverfassung und auch für die Entstehung des großburgundischen Machtkomplexes an der deutschen Westgrenze wichtigen Konsequenzen aus dem Niedergang des hochmittelalterlichen Kaisertums waren kurz zusammengefaßt folgende:

1. Die jahrzehntelange Vakanz des Kaisertums seit dem Tod des Staufers Konrad IV. (1254) bewirkte die reale Rückbildung der *iura imperii* in den alten Reichsländern Italien und Burgund (Arelat) bei Wahrung einer universalen Theorie, d. h. bei Wahrung zunächst noch eines nominellen Anspruchs des deutschen

Königtums auf die *imperatura* (Reichsverwaltung) in Reichsitalien und Reichsburgund.

2. Die vorübergehende Vorherrschaft Frankreichs in Europa im Zeitalter König Ludwigs d. Heiligen († 1270) führte, wie früher dargelegt, zum Aufstieg der königlichen Nebenlinie, des Hauses Anjou, als Erbe der Staufer in der Provence, in Mittelitalien und in Süditalien-Neapel.

3. Mit der Festigung des französischen Staates als »Flächenstaat«, als nationale Monarchie (gemäß dem Grundsatz *rex est imperator in regno suo*) verstärkte sich die französische Ausdehnungspolitik an der französisch-deutschen Grenze; dazu kam das wiederholte Streben französischer Könige nach dem Erwerb der Kaiserkrone. Die Idee eines nichtdeutschen Kaisertums war seit dem 13. Jahrhundert politisch virulent.

4. Das deutsche *regnum* wandelte sich endgültig zum Wahlreich, getragen von den sieben Kurfürsten als oberster Gruppe der Reichsfürsten, während das Papsttum den Anspruch auf die Approbation der deutschen Königswahl aufrechtzuerhalten suchte. Die Reichsgesetzgebung des deutschen Königs/Kaisers wurde immer mehr abhängig von der Mitwirkung der Reichsstände. Die Verfassungsstruktur gestaltete sich zum Dualismus zwischen *Kaiser und Reich*, wobei die Reichsstände sich als Säulen und Repräsentanten des Reiches verstanden.

5. Gleichzeitig erstarkte in den Territorialstaaten die Mitwirkung der Landstände, vor allem in den geistlichen Hochstiften (auch in den geistlichen Kurländern), wo die Domkapitel, die seit dem 13. Jahrhundert das ausschließliche Bischofswahlrecht erlangt hatten und sich korporativ formierten, dem bischöflichen Landesherrn auf der Landständebank gegenübertraten und teils durch Wahlkapitulationen ihr Mitspracherecht nicht nur in der Diözesanregierung, sondern auch in der Landesregierung erweiterten (besonders in der Finanzpolitik).

6. Zu einem entscheidenden Faktor in der Binnenstruktur des deutschen Reiches wurde die Hausmachtpolitik der deutschen Fürsten als Voraussetzung zur Erlangung der Krone, als Basis für die Festigung des Erbanspruchs der Dynastie auf Territorien und – als Ziel – auf die Königskrone.

7. Eine zunehmende Rolle für die deutsche Reichspolitik nach innen und nach außen spielte die Verselbständigung der Fürsten- und Reichsländer im französischen Grenzbereich (besonders der rheinischen Kurländer Köln, Mainz, Trier, Rheinpfalz). Seit dem hundertjährigen Krieg zwischen Frankreich und England wurde die Einspannung der westlichen deutschen

Grenzfürsten und Reichslehen in den Einflußbereich französischer Werbung sowie in den europäischen Heirats- und Bündnismarkt ein Instrument der internationalen Politik.

8. Die Ausgestaltung der dualistischen, zwischen Kaisertum und Reichsständen ausgespannten Reichsverfassung förderte in der Rechtstheorie wie auch in der praktischen Politik die Steigerung der kaiserlichen Reservatrechte, d. h. derjenigen Rechte, die der Kaiser über die Königsgewalt hinaus selbständig, ohne Bindung an die reichsständische Mitwirkung, ausüben kann (wie z. B. Rangerhöhungen und Titelverleihungen, Erteilung der kaiserlichen Hofpfalzgrafenrechte bzw. des kleinen und großen Palatinats oder der Comitiva, Privilegierung von Universitäten usw.). Seit Karl IV. und dann besonders unter den ersten Habsburger-Kaisern kann man die Schaffung einer Art von »Briefadel«, Nobilitierungen und Doktorenkreierungen sowie kaiserliche Universitätsprivilegierungen als Pendant zur päpstlichen Privilegierung gut verfolgen.

Die Wandlungen der deutschen Reichsverfassung wirkten sich nachhaltig auf die Bildung des burgundischen Großherzogtums aus, denn der Aufbau erfolgte seit 1363 nicht nur von der Basis des Herzogtums Bourgogne aus, das immer französisch gewesen war, sowie vom französischen Kronlehen Artois, dazu der ehemals vom Reich abhängigen Grafschaft Flandern aus, sondern andererseits auch von der Basis der zuerworbenen Freigrafschaft (Franche Comté) aus, die deutsches Reichslehen war.

Die unter der langen Regierung Philipps d. Guten (1419–1467) dazugewonnenen Länder erweiterten Burgund auf den sechsfachen Umfang der alten Bourgogne; etwa zwei Drittel davon waren Reichslehen. Der Ausbau dieses heterogenen Staatsgebildes geschah mit den rechtlichen und politischen Mitteln des Spätmittelalters: Hausmachtpolitik mit allen Formen wie Kauf, Pfand, Heirat nach dem Vorbild der deutschen Dynasten (Habsburger, Luxemburger, Wittelsbacher), dazu Lehenrecht, Ständerecht sowie monarchischer Verwaltungsstil französischen Musters.

Philipp d. Gute hinterließ seinem Sohn einen Herrschaftskomplex, aus dem sich für die *Politik Karls d. Kühnen* als notwendige Konsequenz zwei Hauptziele ergaben: das Bemühen um den Erwerb der noch fehlenden Brücke zwischen den »oberen« und den »niederen« Landen, also Elsaß und Lothringen, was auf Kosten des Reiches erfolgen mußte; und die Sicherung des Gesamtstaates mit Mitteln des Reichsrechtes, um auf diese

Weise die Souveränität gegenüber der französischen Krone zu stärken. Frankreich befand sich unter König Ludwig XI. (1461 bis 1483) auf dem Weg zur absoluten Monarchie.

Dieser Sachverhalt bedeutet – so paradox das klingen mag – nichts anderes, als daß Karl d. Kühne die angestrebte Souveränität nur erreichen konnte über eine verfassungsrechtliche Abhängigkeit vom deutschen Reich. Wenn in den Verhandlungen zwischen Deutschland und Frankreich als mögliche Rechtstitel für Karl d. Kühnen das *Reichsvikariat* oder der *Königstitel* auftauchten und sich daran *Hoffnungen Karls auf die Kaiserkrone* knüpften, so war dies nicht allein Ausdruck für die Maßlosigkeit des Ehrgeizes Karls, sondern dies waren die einzigen Möglichkeiten, welche das Reichsrecht für die Stellung des Burgunders anbot. Und dazu kommt, daß eine Rangerhebung Burgunds durchaus auch im Interesse des Kaisers liegen konnte. Man darf also sagen: die Königs- und Kaiserpläne Karls d. Kühnen werden verständlich aus der Perspektive der deutschen Reichsverfassung sowie aus der Perspektive der Reichsidee des damals regierenden Kaisers Friedrichs III. (1440–1493, Kaiser seit 1452).

Die Persönlichkeit *Friedrichs III.* ist umstritten. Die Skala der Urteile reicht von negativer Kennzeichnung der Entscheidungsschwäche, Passivität dieses Herrschers, der auch »des Reiches Erzschlafmütze« genannt wurde, bis zur positiven Beleuchtung des bedeutenden politischen Taktikers, des ausgezeichneten Finanzpolitikers, der zähen Beharrlichkeit Friedrichs in Verfolgung aller seiner Pläne. Seine Burgund-Politik bestätigt das positive Urteil. Friedrich hat in seinen dynastischen Vorhaben gesiegt, ohne dabei Reichsrechte preiszugeben. Es gelang ihm allerdings nicht, die Prärogative des Kaisertums gegenüber den Reichsständen zu stärken, so auffallend auch die Zeugnisse für eine Anspannung des kaiserlichen Bewußtseins unter seiner Regierung sind. Man bedenke, die Ära Friedrichs III. war nach der von Unruhe, Schisma- und Konzilszeit signierten Periode des luxemburgischen Kaisertums die erste Bewährungsphase der deutschen Reichsverfassung, welche 1356 in der Goldenen Bulle kodifiziert worden war. Gleichzeitig nutzte Friedrich III. alle Chancen, um vom Kaiserthron aus das Prestige des Hauses Habsburg zu steigern. Für Friedrichs Ziele ist die Tatsache kennzeichnend, daß er die geniale Fälschung seines Großonkels Rudolfs IV. zugunsten Österreichs, das Privilegium Maius von 1358, bestätigte, obwohl Karl IV. mit Unterstützung seines Gutachters Petrarca an dessen Echtheit gezweifelt hatte. Und

nicht minder bezeichnend ist das Majestäts-Pathos der Kaiserurkunden Friedrichs. In der politischen Taktik waren Friedrich III. und Karl d. Kühne kongeniale Partner; vergleichbar
nicht im Temperament, aber in der politischen Psychologie.
Die deutsche Reichsverfassung in der Goldenen Bulle, Produkt
des reichsständischen Standpunktes auf oberster, kurfürstlicher
Ebene, war geprägt durch die gewachsene Aktivität der Reichsstände in der Innen- und Außenpolitik. Dabei waren vor allem
die rheinischen Kurfürsten unter Führung der Rheinpfalz latente Träger der Reformideen und der Opposition gegen ein
allzu starkes Kaisertum und gegen eine Reichszentralisierung.
Profilierter Antipode des Kaisers im Reich war Kurfürst Friedrich von der Pfalz, dessen jüngerer Bruder Ruprecht 1463 zum
Erzbischof von Köln gewählt, jedoch bei Amtsantritt gezwungen wurde, die von den Städten beschlossene »Erblandesverei-
nigung« zur Begrenzung der landesherrlichen Rechte zu bestätigen. Kurfürst Ruprecht geriet freilich bald in Konflikt mit
dem Domkapitel und den anderen Ständen. Die Kölner Stifts-
fehde wurde Ausgangspunkt für das spätere Eingreifen Karls
d. Kühnen in Köln und Neuß.
So erhielten also die *Beziehungen zwischen Kaiser Friedrich III.
und Herzog Karl d. Kühnen* ihre spezifische Note durch die
Bündnis-Verbindung des Burgunders zu den oppositionellen
deutschen Reichsständen, überdies auch zum Unruheherd Ungarn und Böhmen, wo nationale Bewegungen die habsburgische Oberhoheit mißachteten. Im Mächtesystem des damaligen
weiteren Europa wog die Bündnispolitik Karls schwer. Denn
als einer der damals reichsten Fürsten, von Zeitgenossen bezüglich der Finanzkraft gleichgeschätzt mit Aragon, England und
Frankreich, war er allseits umworben. Im Haß gegen den König von Frankreich konnte Karl Bündnispläne mit England
ausspielen, im Verhältnis zu Deutschland und zum Papsttum
konnte er Interventionen in Italien und in den westdeutschen
Bistümern ausnutzen, wenn sich dort strittige Wahlen ereig-
neten.
Durch das Verhältnis zwischen Deutschland und Burgund lau-
fen wie ein roter Doppelfaden *zwei Projekte: die habsburgisch-
burgundische Heiratsallianz* zwischen der Tochter Karls, Maria,
und dem Kaisersohn Maximilian; und daneben *Pläne, Karl zum
Reichsvikar oder zum König zu erheben.* Diese beiden Projekte
traten seit 1463 gekoppelt auf, genauer: seitdem Papst Pius II.
die Heiratsfrage in einem Brief dem Burgunder nahelegte.
Papst Pius, der Humanist Enea Silvio Piccolomini, war vor

seinem Pontifikat Sekretär am Hof in Wien gewesen und ein Freund des Hauses Habsburg geblieben, so daß sein Engagement für die burgundisch-österreichische Heirat als Reflex habsburgischer Wünsche gewertet werden darf.

Der Königsplan war jedoch älter, greifbar schon seit ca. 1440 für Herzog Philipp d. Guten. Dabei ist nicht klar, ob die Initiativen von kaiserlicher oder von burgundischer Seite ausgingen. 1447/48 wurde die Idee eines burgundischen Königtums für die Reichslehen Brabant-Friesland wieder aufgegriffen; erneut dann bei Vorbereitung des Reichstages von Regensburg 1454, den Herzog Philipp besuchte. Motiv für das Reichstagsinteresse war sicherlich die Aktivität für einen Türkenkreuzzug nach dem Fall von Konstantinopel (1453); vielleicht auch die Legitimierung der luxemburgischen Pfandherrschaft für Burgund. Enea Silvio spricht von Gerüchten gegen Herzog Philipp, daß er den Kreuzzugseifer aus Herrschsucht simuliere (»alii hominem imperandi cupidum simulare se Turchis infestum, religionis amantem aiunt«) – Verdienste im Heidenkrieg galten damals immerhin als Attribut kaiserlicher Autorität. Philipp scheint aber den Königstitel oder gar das Kaisertum nicht hartnäckig angestrebt zu haben. Von Anfang an wird das Königsprojekt durch manche Reichsfürsten gefördert, so durch Köln, Trier, Mainz, dann auch durch Kurpfalz, also die rheinische Front, sodann auch durch Böhmen.

Man kann also sagen: beide Ideen – Heiratsprojekt und Königsplan – haben ihren Ursprung oder zumindest Förderung erfahren aus den polarisierten Kräften von »Kaiser und Reich«. Das Heiratsprojekt entsprang eindeutig den dynastischen Interessen des Hauses Habsburg. Es wurde von Karl d. Kühnen in geschickter Weise als Instrument seiner politischen Ambitionen eingesetzt. Maria als einziges Kind Karls war übrigens das Objekt mehrerer europäischer Bewerber, darunter Aragon, Sizilien, England, Kurpfalz, Savoyen, Frankreich.

Was den Plan eines burgundischen Königtums oder Kaisertums betrifft, so zeigen die Quellen, daß Karl konsequenter und energischer als sein Vater den höchstmöglichen Rang erstrebte. *Höhepunkte der burgundisch-deutschen Beziehungen* waren die Jahre 1469, 1473 und 1474/75. Nur kurz dazu: *1469* erwarb Karl im Vertrag von St. Omer mit Herzog Sigmund von Tirol die habsburgischen Güter am Oberrhein als Pfand gegen eine Geldsumme: erster und letzter Erfolg Karls bei seinem Bemühen um das fehlende Länderglied Elsaß und Lothringen. Sigmund brauchte Hilfe gegen die Eidgenossen, die er für das

Versprechen als Gegenleistung erhoffte, beim Kaiser die Frage einer Wahl Karls zum römischen König zu erörtern für den Preis der Verheiratung Marias von Burgund mit Maximilian. Der Burgund-Historiker R. Vaughan stellt dazu fest: »The diplomatic initiatives, they all stemmed, directly or indirectly, from the Burgundian Court, and they all reflect an almost universal belief.« – *1473* fand das berühmte Treffen in *Trier* zwischen Karl und Kaiser Friedrich statt. Darüber informieren reich, aber unpräzise und voll von Gerüchten verschiedene Gesandtschaftsberichte, besonders von kaiserlicher, brandenburgischer und Mailänder Seite. Die Verhandlungen gelten als Mißerfolg für Karl und als Wende im Verhältnis zwischen Burgund und Deutschland – wir kommen darauf zurück. – *1474/75* folgte der Krieg von *Neuß*. Er endete mit dem Rückzug Karls vor dem heranrückenden Reichsheer, obwohl der Kaiser das Reichsheer nur zögernd formierte und die Reichsstände wenig aktiv waren. Dem Waffenstillstand zwischen Karl und dem Kaiser folgte die Niederlage Karls in den Schlachten von Grandson und Murten gegen die Eidgenossen 1476 und die feierliche urkundliche Fixierung der Heirat zwischen Maria und Maximilian (im Mai 1476). Und kurz darauf der Schlußakt: der Tod Karls bei Nancy 1477. Soweit die nackten Fakten.
Nun zurück zum Problem des burgundischen Königtums oder Kaisertums. *Was geschah in Trier?*
Die Gesandtschaftsberichte geben so manche aufschlußreichen Stimmungsbilder. Wir erfahren aber nichts Sicheres über die Geheimverhandlungen zwischen Karl und dem Kaiser in den Tagen vor dem Abbruch des Treffens. Gegner Burgunds, so der König von Frankreich, warnten vor einer Königserhebung Karls. Gegner Habsburgs hetzten gegen die Heirat mit mancherlei Gerüchten über physische Mängel der Maria.
Karl erstrebte den Titel des *rex Romanorum* und die Anwartschaft auf das Imperium nach dem Tode Friedrichs, um (so argumentierte er) auf diese Weise für die Kaisernachfolge Maximilians zu sorgen; das geht hervor aus der Instruktion Karls für seinen Unterhändler Peter von Hagenbach. Karl erhebt weiterreichende territoriale Forderungen und die Forderung nach Aussöhnung zwischen dem Kaiser und dem Kurfürsten von der Pfalz. Vermutlich wünschte er auch einen Platz im Kurkolleg anstelle von Böhmen.
Der Kaiser bietet ihm an ein kaiserliches Vikariat und den Titel für ein *regnum territoriale*, nicht jedoch den Titel eines römischen Königs. Karl nimmt das Herzogtum Geldern vom

Kaiser zu Lehen; er soll beim Investiturakt so leise gesprochen haben, daß keiner ihn verstand. Die Kathedrale von Trier wird unter kaiserlicher Aufsicht vorbereitet für den Krönungsakt; die Insignien, Krone, Szepter, Fahne, sollen bereit gelegen haben. Und dennoch: keine Krönung fand statt. Der Kaiser reiste rasch ab. Und noch etwas wissen wir aus den Quellen: der Kaiser erbat den Rat der Kurfürsten, die ihrerseits auf den nächstfolgenden Reichstag in Augsburg verwiesen. Jedoch wehrte der Kaiser die Forderung Karls ab, daß die Kurfürsten seinem Königtum ausdrücklich zustimmen sollten; das ist nur so zu interpretieren, daß er keine Disputation über die kaiserliche Vollgewalt wünschte.

Wie ist das alles zu verstehen? Mit dem Versuch, aus den überlieferten Sachverhalten ein Fazit zu ziehen, kehre ich nochmals zum Ausgangspunkt zurück. Karls Traum von Souveränität zwischen Frankreich und Deutschland, eine »moderne« Idee, war nur erreichbar mit den Mitteln des deutschen Reichsrechts, also mit »mittelalterlichen« Mitteln. Denn sein Ziel mußte es sein, aus dem Konglomerat von Ländern und Rechtstiteln ein geschlossenes Territorium, eine Landesherrschaft zu schaffen, d. h. also auf dem Wege der herrschaftlichen Mediatisierung anderer Gewalten. Die Instrumente dazu lieferten die habsburgische Kaiseridee und die Verfassungsstruktur des deutschen Reiches.

Zum Verständnis für die Situation des Reichsverfassungsrechts im 15. Jahrhundert sind insonderheit folgende Bestimmungen der Goldenen Bulle wichtig:

a) Das Gesetz kennt den Begriff und die Sache des Reichsvikariats. Der Kaiser verleiht die Würde des *vicariatus* im deutschen Reich an die Kurfürsten von der Pfalz und von Sachsen. Seit Kaiser Friedrich II., dem Staufer, übten die Kaiser wiederholt die Ernennung von Fürsten auch außerhalb des deutschen Regnum zu Reichsvikaren, wie z. B. die Erhebung der Herren von Mailand, Mantua und Savoyen durch die Luxemburger Karl IV. und Sigismund. Die Ernennung Amadeus' VI. von Savoyen, des berühmten »Grünen Grafen«, 1356 und nochmals bestätigt 1365 zum *vicarius* des *regnum Arelatense* in Verbindung mit Verleihung der Reichsunmittelbarkeit oder Reichsfreiheit war bekanntlich die Grundlage für die Verselbständigung und den Aufstieg des Staates Savoyen, der 1398 das ständige Reichsvikariat und 1416 die Stellung eines Herzogtums erhielt.

b) Die Goldene Bulle bestimmte die Rechte der Kurfürsten und

Kurländer im Reich. Privilegien wie die Unteilbarkeit und die Erblichkeit stärkten die territoriale Selbstbestimmung und ermöglichten die Mediatisierung der kleineren Dynasten; der König von Böhmen erhielt darüber hinaus einen Sonderstatus.

c) Die Goldene Bulle regelte das Verfahren der deutschen Königswahl in Unabhängigkeit vom Papsttum: allein die Kurfürsten wählen den *rex Romanorum in imperatorem promovendus*.

Das alles besagt für eine Interpretation der burgundischen Königspläne folgendes: die Verleihung des Titels eines *rex Romanorum*, wie Karl d. Kühne ihn anstrebte, lag nicht im Rahmen der kaiserlichen Verfügungsgewalt, dazu bedurfte es eines Wahlaktes der Kurfürsten. Ein Vikariat oder einen Königstitel ohne römische Qualität hätte Kaiser Friedrich III. aus kaiserlicher Befugnis im Sinne der Rangerhöhung, der Standeserhebung, durchaus vergeben können. Zweifellos lag es im Interesse der habsburgischen Kaiseridee, die Möglichkeiten der kaiserlichen Reservatrechte, also der kaiserlichen *plenitudo potestatis* auszuschöpfen, schon allein deshalb, um die kaiserliche Autorität gegenüber den Reichsständen zu betonen.

Daß es zu einer Lehensinvestitur Karls (für Geldern) kam, war ein Erfolg Kaiser Friedrichs. Daß es nicht zur Krönung kam, welcher Art auch immer, war ein Sieg der Reichsverfassung und der Kurfürsten gegenüber dem Kaiser und gegenüber dem Burgunder. Der Heiratsvertrag von 1476 war ein Sieg der dynastischen Politik Habsburgs und eine Bestätigung für die besonnene Taktik Friedrichs III.

Wir wissen nicht, wie die Geschichte verlaufen wäre, wenn Karl d. Kühne weitergelebt hätte. Beim Regierungsantritt 1467 hatte Karl den zusammengesetzten Titel geführt: »Von Gottes Gnaden Herzog von Burgund, von Lothier, Brabant, Limburg und Luxemburg; Graf von Flandern, Artois, (Pfalzgraf von) Burgund, Hennegau, Holland, Seeland und Namur, Markgraf des Heiligen Römischen Reichs (für Antwerpen); Herr von Friesland, Salins und Mecheln« – der Titel, dann noch erweitert auf Geldern-Zutphen und Lothringen, ist Ausdruck für die uneinheitliche Struktur des ausgedehnten Herrschaftskomplexes, der eine Einheit nur in der Person des Herrschers fand. Es ist die Frage, ob Karl sein in Trier gescheitertes Ziel, nämlich einen einheitlichen Rechtstitel über alle seine Länder zu erlangen, erreicht hätte; nach seinem Tode aber kam dies seinem Erben, dem habsburgischen Kronprinzen zugute. 1478 vergab

Kaiser Friedrich III. Neu-Burgund (ohne Bourgogne) mit einer einzigen Urkunde an Maximilian und Maria zu Lehen, also unter stillschweigender Aufhebung der anderen Reichslehensverhältnisse. Und da für Maximilian die Wahl zum römischen König und Kaiser offenstand, wurde der Traum Karls d. Kühnen zur habsburgischen Wirklichkeit. Maximilian, Bewunderer des kühnen Karl, ließ die Brautwerbung im »Teuerdank« dichterisch preisen, er selbst als der, der sein Streben stets auf »tewerliche« Dinge richtete und die Ehrenreiche erwarb, die Tochter des Königs Romreich. Der bibliophile Prachtdruck von 1517 ist mit Holzschnitten u. a. Dürers ausgestattet.

»Bella gerant alii, tu, felix Austria, nube!« – dies Dictum begleitete den Aufstieg Österreichs zur Weltmacht. Der Erbe Burgunds, Philipp d. Schöne, beim Reitunfalltod der Mutter Maria 1482 kaum vierjährig, begründete durch Vermählung mit Johanna d. Wahnsinnigen von Kastilien (-Aragon) 1495/96 die Anwartschaft auf Spanien, die dann Karl V. verwirklichen konnte. Den Weg nach Spanien ist Habsburg über Burgund gegangen. Zwar blieb Burgund der Stolz auch noch Karls V., der wie sein Vater Philipp in Gent und Mecheln aufgewachsen war. Dennoch fand er sein Grab nicht, wie gewünscht (vgl. S. 10), in Champmol oder neben Maria in der Marienkirche von Brügge: Habsburgs burgundisches Erbe wurde überwölbt durch das spanische. Die Reichslehen aus dem Erbe Karls d. Kühnen, seit dem Vertrag von Senlis 1493 losgelöst von der namengebenden Bourgogne und der Pikardie, die französisch blieben, bildeten seit 1512 den »*Burgundischen Reichskreis*«, durch die Verträge von Madrid 1526 und Cambrai 1539 gesichert gegenüber Frankreich, durch Karl V. erweitert um Friesland, Groningen, Ober-Yssel, Utrecht, Geldern, Zutphen und 1548 verselbständigt gegenüber der Reichsverfassung. Der »Staat« Burgund lebte weiter als Basis für den Ausbau der *Niederlande*. Aber Name und Haus Burgund verschwanden aus der Geschichte. Die Niederlande erhielten keine eigene Dynastie, wurden kein Königreich, sondern standen seit der Kaiserwahl 1519 unter Statthaltern. »Habsburg brachte ein Haus Österreich und ein Haus Spanien hervor, aber kein Haus Burgund« (W. Paravicini). Der Konflikt zwischen den Interessen des Landes und der (spanischen) Dynastie, angekündigt schon während der Regentschaften Maximilians (1482–1494, 1506–1515), kam voll zum Austrag unter Philipp II. Nichtsdestoweniger – Paradox der Geschichte – bleibt das sprichwörtlich gewordene spanische Hofzeremoniell im 16. Jahrh. europäischer Ausdruck burgundischen Ruhms.

Bibliographie

Auf ein Verzeichnis der zitierten Quellen wurde aus Raumgründen verzichtet, da die Ausgaben leicht über Forschung und gängige Handbücher aufzufinden sind. Besonders hingewiesen sei jedoch auf die eben erscheinende (von H.-E. Mayer schon verwertete) Edition der hochburgundischen Königsdiplome in den Monumenta Germaniae Historica, bearbeitet von Th. Schieffer. Die niederburgundischen Königsurkunden sind ediert von R. Poupardin in den Chartes et Diplômes relatifs à l'Histoire de France, 1920. Die Bibliographie beschränkt sich auf eine Auswahl aus der reichen Spezial- und landesgeschichtlichen Forschung, die einen Querschnitt zum Diskussionsstand und geeignete Ansätze zum Weiterarbeiten bietet.

Grundlegend für die Geschichte von Hoch-, Niederburgund, Arelat und Herzogtum sind immer noch:

Chaume, M., Les origines du duché de Bourgogne, 2 Teile, 1925/37
Fournier, P., Le royaume d'Arles et de Vienne (1138–1378), 1891
Manteyer, G. de, La Provence du Ier au XIIe siècle, 2 Bde., 1908/26
Poupardin, R., Le royaume de Provence sous les Carolingiens (855–933?), 1901
Ders., Le royaume de Bourgogne (888–1038), 1907

Dazu die übergreifenden Darstellungen:

Baethgen, F., Das Königreich Burgund in der deutschen Kaiserzeit des Mittelalters, jetzt in: Mediaevalia, Ges. Aufsätze I, 1960
Boehm, M. H., Geheimnisvolles Burgund, 1944
Calmette, J., Die Großen Herzöge von Burgund, 1963
Richard, J., Les ducs de Bourgogne et la formation du duché du XIe au XIVe siècle, 1954

Weitere Titel in Auswahl:

Arnold, C. F., Caesarius von Arles und die gallische Kirche seiner Zeit, 1894
Avout, J. d', La querelle des Armagnacs et des Bourguignons, 1943
Baehr, R. (Hg.), Der provenzalische Minnesang, 1967
Baethgen, F., Deutschland und Europa im Spätmittelalter, 1968
Bartier, J., Charles le Téméraire, 1944
Beck, M., Volks- u. Sprachgrenzen in der Schweiz im Frühmittelalter, in: Revue Suisse d'Histoire 13 (1963)
Bezzola, R. R., Les origines et la formation de la littérature courtoise en Occident (500–1200), 2 Bde., 1960
Bitsch, H., Das Erzstift Lyon zwischen Frankreich und dem Reich während des hohen Mittelalters. Diss. Gießen 1969
Bligny, B., Le royaume de Bourgogne, in: Karl d. Große. Lebenswerk und Nachleben, 4 Bde. hg. v. W. Braunfels, 1965/67, Bd. I
Boehm, L., Rechtsformen und Rechtstitel der burgundischen Königserhebungen im 9. Jh., in: Hist. Jb. 80 (1961)
Bonenfant, P., Philippe le Bon, 1955 ³
Borst, A., Die Katharer, 1953
Bosl, K., Vorstufen der deutschen Königsdienstmannschaft, in: Vjschr. f. SWG 39 (1950)
Brackmann, A., Ges. Aufsätze, 1941, u. a.: Die politische Bedeutung der Mauritius-Verehrung im frühen Mittelalter, 1937
Brion, M., Frédégonde et Brunehaut, 1935
Buchner, R., Die Provence in merowingischer Zeit, 1933
Büttner, H., Waadtland und Reich im Hochmittelalter, in: DA 7 (1944)
Ders., Studien zum frühmittelalterlichen Städtewesen in Frankreich, vor-

nehmlich im Loire- und Rhonegebiet, in: Vorträge u. Forschungen IV,
hg. v. Th. Mayer, 1958
Ders., Die Alpenpolitik der Franken im 6. und 7. Jh., in: Hist. Jb. 79 (1960)
Ders., Frühmittelalterliches Christentum und fränkischer Staat, 1961
Ders., Geschichtliche Grundlagen zur Ausbildung der alemannisch-romanischen
Sprachgrenze im Gebiet der heutigen Westschweiz, in: Z. f. Mundartfor-
schung 28 (1961)
Ders., Staufer und Zähringer im politischen Kräftespiel zwischen Bodensee
und Genfer See während des 12. Jh.s, in: Mitt. d. antiquar. Ges. in Zürich
40,3 (1961)
Ders., Heinrichs I. Südwest- und Westpolitik, 1964
Ders., Vom Bodensee und Genfer See zum Gotthardpaß. Grundzüge des poli-
tischen Geschehens im Zentralalpengebiet vom 6. bis 12. Jh., in: Vorträge
u. Forschungen X, hg. v. Th. Mayer, 1965
Ders., Friedrich Barbarossa und Burgund. Studien zur Politik der Staufer
während des 12. Jh.s, in: Vorträge u. Forschungen XII, hg. v. Th. Mayer,
1968
Chaume, M., Le sentiment national bourguignon de Gondebaud à Charles le
Téméraire, 1922
Der Schatzfund von Corcelles-près-Payerne, Schweiz, Numismatische Rund-
schau 48 (1969)
Coville, A., Recherches sur l'histoire de Lyon du Ve au IXe siècle, 1928
Dannenbauer, H., Grundlagen der mittelalterlichen Welt, Ges. Aufsätze, 1958
Deuchler, F., Die Burgunderbeute. Inventar der Beutestücke aus den Schlach-
ten von Grandson, Murten und Nancy 1476/1477, 1963
Dhondt, J., Etudes sur la naissance des principautés territoriales en France,
IXe – Xe siècles, 1948
Duby, G., La société aux XIe et XIIe siècles dans la région mâconnaise, 1953
Endemann, T., Vogtei und Herrschaft im alemannisch-burgundischen Grenz-
raum, 1967
Ennen, E., Frühgeschichte der europäischen Stadt, 1953
Ernst, F., Helvetia mediatrix, 1945
Ewig, E., Die fränkischen Teilungen und Teilreiche 511–613. Abh. der
Akad. d. Wiss. u. Lit., Mainz 1952
Ders., Die fränkischen Teilungen und Teilreiche im 7. Jh., in: Trierer Z. 22
(1954)
Ders., Betrachtungen zur polit.-geographischen Terminologie des fränkischen
Großreichs und der Teilreiche des 9. Jh.s, in: Festschrift f. M. Braubach
(1964)
Ders., Descriptio Franciae, in: Karl d. Große, hg. v. W. Braunfels, 4 Bde.,
1965/67, Bd. I
Fichtenau, H., Grundlagen der Landeshoheit im mittleren Arelat, in: MIÖG
Erg.-Bd. 14 (1939)
Fischer, U., Karolingische Denkart: Allegorese und »Aufklärung«. Dargestellt
an den Schriften Amalars v. Metz und Agobards v. Lyon, Diss. Göttingen
1955
Flach, J., Les origines de l'ancienne France, Bd. IV: Les nationalités
régionales, 1917
Folz, R., Zur Frage der heiligen Könige. Heiligkeit und Nachleben in der
Geschichte des burgundischen Königtums, in: DA 14 (1958)
Ders., La légende liturgique de Saint Sigismond d'après un manuscrit
d'Agaune, in: Speculum historiale, Festschrift f. J. Spörl (1966)
Frantz, P. N., Avitus von Vienne (498–518) als Hierarch und Politiker, 1908
Gasser, A., Die territoriale Entwicklung der Schweizer Eidgenossenschaft
1291–1797, 1932
Grieser, R., Das Arelat in der europäischen Politik von der Mitte des
10. bis zum Ausgang des 14. Jh.s, 1925
Grundmann, H., Ketzergeschichte des Mittelalters, in: Die Kirche in ihrer
Geschichte, hg. v. K. D. Schmidt/E. Wolf, Bd. II, 1963
Guichard, R., Essai sur l'histoire du peuple Burgonde de Bornholm vers la
Bourgogne et les Bourguignons, 1965

229

Hallinger, K., Gorze-Kluny. Studien zu den monastischen Lebensformen und Gegensätzen im Hochmittelalter, 2 Bde., 1950/1
Hassinger, H., Geographische Grundlagen der Geschichte, 1953 [2]
Heimpel, H., Karl d. Kühne und der burgundische Staat, in: Festschrift f. G. Ritter (1950)
Hellmann, S., Die Grafen von Savoyen und das Reich bis zum Ende der staufischen Periode, 1900
Hoffmann, H., Gottesfriede und Treuga Dei, 1964
Hofmann, A. v., Politische Geschichte der Deutschen, 3 Bde., 1930 [2]
Hofmeister, A. Deutschland und Burgund im früheren Mittelalter, 1924
Hoke, R., Die Freigrafschaft Burgund, Savoyen und die Reichsstadt Besançon im Verbande des mittelalterlichen deutschen Reiches, in: ZRG germ. 79 (1962)
Holtzmann, W., König Heinrich I. und die heilige Lanze, 1947
Hübinger, P. E., Spätantike und frühes Mittelalter, 1959
Huizinga J., Herbst des Mittelalters, 1961 [8]
Ders., Burgund. Eine Krise des romanisch-germanischen Verhältnisses. Gastvorlesung Berlin 1933, 1952 [2]
Janssen, W. Die päpstlichen Legaten in Frankreich vom Schisma Anaklets II. bis zum Tode Coelestins III. (1130–1198), 1961
Jarry, E., Bourgogne (= Provinces et Pays de France III), 1948
Jullian, C., Histoire de la Gaule, 6 Bde., 1920/6
Kaegi, W., Über den Kleinstaat in der älteren Geschichte Europas. Hist. Meditationen II, Zürich o. J.
Kahl, H.-D., Die Angliederung Burgunds an das mittelalterliche Imperium, in: Corcelles 1969, s. o.
Kehr, P. F., Vier Kapitel aus der Geschichte Kaiser Heinrichs III. Preuß. Akad.-Abh., 1931
Kern, F., Die Anfänge der französischen Ausdehnungspolitik bis zum Jahre 1308, 1910
Ders., Die Reichsgewalt des deutschen Königs nach dem Interregnum, 1910, Neudr. 1959
Kienast, W., Der Herzogstitel in Frankreich und Deutschland, 1968
Kiener, F., Verfassungsgeschichte der Provence seit der Ostgotenherrschaft bis zur Errichtung der Konsulate, 1900
Klebel, E., Alemannischer Hochadel im Investiturstreit, in: Mainauvorträge I, hg. v. Th. Mayer, 1955
Kleinclausz, A., Histoire de la Bourgogne, 1924 [2]
Ders. (Hg.), Histoire de Lyon, 2 Bde., 1939/48
Langgärtner, G., Die Gallienpolitik der Päpste im 5. und 6. Jh., 1964
Letonnelier, G., Histoire du Dauphiné, 1946
Lot, F., Régime de l'hospitalité, in: Revue belge de philol. et d'histoire 7 (1928)
Louis, R., De l'histoire à la légende. Girart, comte de Vienne, 1946
Mainz, Ch., Die Besetzung der burgundischen Bistümer im Zeitalter der Salier und Staufer, Diss. Bonn 1921
Mariotte, J.-Y., Le Comté de Bourgogne sous les Hohenstaufen 1156–1208, 1963
Mayer, H.-E., Ein Rundschreiben Rudolfs II. von Burgund aus dem Jahre 932, in: DA 17 (1961)
Ders., Die Politik der Könige von Hochburgund im Doubsgebiet, in: DA 18 (1962)
Ders., Die Peterlinger Urkundenfälschungen und die Anfänge von Kloster und Stadt Peterlingen, in: DA 19 (1963)
Ders., Die Alpen und das Königreich Burgund, in: Vorträge u. Forschungen X, hg. v. Th. Mayer, 1965
Mayer, Th. (Hg.), Der Vertrag von Verdun, 1943
Mirot, L., Manuel de Géographie Historique de la France, 2 Bde. 1948/51 [2]
Mollat, G., Les papes d'Avignon 1305–1378, 1949
Oursel, Ch., L'art de Bourgogne, 1953
L'Abbatiale de Payerne (= Bibl. Hist. Vaudoise 39), 1966

Perrin, O., Les Burgondes, 1968
Petri, F., Zum Stand der Diskussion über die fränkische Landnahme und die Entstehung der germ.-roman. Sprachgrenze, 1954 [2]
Petrus Venerabilis, Festschrift (= Studia Anselmiana), 1956
Pirenne, H., Les villes du moyen-âge, 1927 [2]
Ders., Mahomet et Charlemagne. Übers. v. P. E. Hübinger: Geburt des Abendlandes, 1942 [2]
Prinz, F., Frühes Mönchtum im Frankenreich. Kultur und Gesellschaft in Gallien, den Rheinlanden und Bayern am Beispiel der monastischen Entwicklung (4.–8. Jh.), 1965
Randlinger, St., Die Verehrung des hl. Sigismund, des zweiten Diözesanpatrons in Freising, in: Korbinian-Festgabe, hg. v. J. Schlecht, 1924
Roupnel, G., La Bourgogne. Types et coutûmes, 1936
Rüegger, H., Einflüsse des römischen Rechts in der Lex Burgundionum, Diss. Bern 1949
Schieffer, Th., Die päpstlichen Legaten in Frankreich vom Vertrage von Meersen (870) bis zum Schisma von 1130, 1935
Schlink, W., Zwischen Cluny und Clairvaux. Die Kathedrale von Langres und die burgundische Architektur des 12. Jh.s, 1970
Schmidt, L., Geschichte der deutschen Stämme II: Die Ostgermanen, 1941 [2]
Schramm, P. E., Wahl, Krönung und Staatssymbolik in den burgundischen Königreichen, in: Kaiser, Könige und Päpste, Ges. Aufsätze II, 1968
Schubert, H. v., Staat und Kirche in den arianischen Königreichen und im Reiche Chlodwigs, 1912
Schwarz, E., Germanische Stammeskunde, 1956
Seidlmayer, M., Deutscher Nord und Süd im Hochmittelalter, 1928
Stauffenberg, A., Das Imperium und die Völkerwanderung, 1948
Steinbach, F., Die Entstehung der Volksgrenze und der Sprachgrenze zwischen Deutschland und Frankreich, in: Rhein. Vjbll. 4 (1934)
Stroheker, K. F., Der senatorische Adel im spätantiken Gallien, 1948
Ders., Gemanentum und Spätantike. Ges. Aufsätze, 1965
Stückelberger, E. A., Denkmäler des Königreichs Hochburgund, 1925
Tabacco, G., La formazione della potenza sabauda come dominazione alpina, in: Vorträge u. Forschungen X, hg. v. Th. Mayer, 1965
Tellenbach, G. (Hg.), Studien und Vorarbeiten zur Geschichte des großfränkischen und frühdeutschen Adels, 1957
Ders. (Hg.), Neue Forschungen über Cluny und die Cluniacenser, 1959
Ders., Zum Wesen der Cluniazenser, in: Saeculum 9 (1959)
Theurillat, J.-M., L'Abbaye de Saint-Maurice d'Agaune (515–830), 1954
Vaughan, R., Philip the Bold, 1962
Wackwitz, P., Gab es ein Burgunderreich in Worms? Beiträge zu den geschichtlichen Grundlagen der Nibelungensage, 1964
Weisgerber, L., Deutsch als Volksname, 1953
Wenskus, R., Stammesbildung und Verfassung, 1961
Werner, J., Beiträge zur Archäologie des Attila-Reichs. Akad.-Abh. München, 1956
Werner, K. F., Untersuchungen zur Frühzeit des französischen Fürstentums (9. bis 10. Jh.), in: Die Welt als Geschichte 18 (1958); 19 (1959); 20 (1960)
Wolf, G., Die Testamente Friedrichs II., in: ZRG kan. 48 (1962)
Zeiss, H., Studien zu den Grabfunden aus dem Burgunderreich an der Rhône, 1938
Zöllner, E., Die politische Stellung der Völker im Frankenreich, 1950
Ders., Geschichte der Franken bis zur Mitte des 6. Jh.s, 1969

Ergänzungen zur zweiten Auflage

Es handelt sich um Neuerscheinungen seit 1970 sowie um Ergänzungen zum erweiterten Kapitel 10 und zum Kapitel 11.

Quellen:

Die Urkunden der burgundischen Rudolfinger, bearb. von Th. Schieffer u. H.-E. Mayer (= MGH) 1977
Chmel, J., Aktenstücke und Briefe zur Geschichte des Hauses Habsburg im Zeitalter Maximilians I., Bd. I 1854, Neudr. 1968
Deutsche Reichstagsakten, Bd. 19 (1453/4) 1969, hg. v. H. Weigel u. H. Grüneisen; Bd. 22 (1468/70) 1973 hg. v. J. Most-Kolbe.
Für die noch nicht erschienenen einschlägigen Bd . 23 der Deutschen Reichstagsakten, in Vorbereitung unter der Leitung von H. Heimpel, vgl. unten die Titel von H. Heimpel u. H. Grüneisen.

Neu erschienene Allgemeindarstellungen zur deutschen und europäischen Geschichte (unter Berührung der Geschichte Burgunds):

Handbuch der Europäischen Geschichte, hg. v. Th. Schieder, Bd. I: Europa im Wandel von der Antike zum Mittelalter, hg. v. Th. Schieffer, 1976, mit den einschlägigen Abschnitten über die Burgunder (R. Wenskus), das Merowingische Frankenreich (E. Ewig) u. a. (Th. Schieffer) u. a.
Bd. III: Die Entstehung des neuzeitlichen Europa, hg. v. J. Engel, 1971
Lexikon des Mittelalters, erscheint in Lieferungen 1979 ff. Dort viele einschlägige Stichworte
Fleckenstein, J., Grundlagen und Beginn der deutschen Geschichte, 1974
Fuhrmann, H., Deutsche Geschichte im hohen Mittelalter von der Mitte des 11. bis zum Ende des 12. Jahrhunderts, 1978
Kienast, W., Deutschland und Frankreich in der Kaiserzeit (900–1270). Weltkaiser und Einzelkönige, 3 Bde. 1974/5²
Zimmermann, H., Das Mittelalter I: Von den Anfängen bis zum Ende des Investiturstreits, 1975

Weitere Titel:

Bartier, J., Charles le Téméraire, 1970², als Prachtband in dtsch. Übersetzung: Karl der Kühne, 1976
Besseler, H., Die Musik des Mittelalters und der Renaissance, 1931 (= Handbuch der Musikwissenschaft hg. v. E. Bücken)
Classen, P., Die Verträge von Verdun und Coulaines 843 als politische Grundlagen des westfränkischen Reiches, in: HZ 196 (1963)
Dannemann, E., Die spätgotische Musiktradition in Frankreich und Burgund vor dem Auftreten Dufays, 1936
Demotz, B., La géographie administrative savoyarde: l'exemple du comté de Savoie, in: Le Moyen-Age (1974)
Ders., La politique internationale du comté de Savoie XIIIème–XVème (= Cahiers d'hist. 19) 1974
Duparc, P., Les cols des alpes occidentales et centrales au moyenâge (Colloque internat. sur les cols des alpes 1969) 1971
Engels, O., Die Staufer, 1972
Fried, J., Boso von Vienne oder Ludwig der Stammler? Der Kaiserkandidat Johanns VIII. In: DA 32 (1976)
Gilliam, H., Der Neusser Krieg. Wendepunkt der europäischen Geschichte: Neuss, Burgund und das Reich, 1975
Grüneisen, H., Die weltlichen Reichsstände in der Auseinandersetzung zwischen dem Reich, Burgund und Frankreich bis 1473, in: RhVjbll. 26 (1961)
Heimpel, H., Karl der Kühne und Deutschland; in: Elsaß-Lothringen-Jahrbuch 29 (1943)
Ders., Karl der Kühne und der Burgundische Staat: Festschrift für G. Ritter, 1949
Ders., Burgund – Macht und Kultur, in: Geschichte in Wiss. u. Unterricht 4 (1953)

232

Hellerström, H., „Historia huius loci". Studien zum Bild von Abt und Mönch in der Chronik von Saint Bénigne (Münchener Diss.) 1976

Hermkes, W., Das Reichsvikariat in Deutschland nach dem Tode des Kaisers von der Goldenen Bulle bis zum Ende des Reichs, 1968

Hlawitschka, E., Lotharingien und das Reich an der Schwelle der deutschen Geschichte, 1968

Ders. (Hg.), Königswahl und Thronfolge in fränkisch-karolingischer Zeit (= Wege der Forschung 247, Darmstadt) 1975

Hunt, H. (Hg.), Cluniac Monasticism in the Central Middle Ages, 1971

Koller, H., Beiträge zum Kaisertum Friedrichs III., Festschrift f. H. Löwe, 1978

Marix, J., Histoire de la Musique et des Musiciens de la Cour de Bourgogne sous le règne de Philippe le Bon (1420–1467) 1939

Paravicini, W., Karl der Kühne. Das Ende des Hauses Burgund, 1976

Ders., Guy de Brimeu. Der burgundische Staat und seine adelige Führungsschicht unter Karl dem Kühnen, 1975

Petri, F., Die fränkische Landnahme und die Entstehung der germanisch-romanischen Sprachgrenze in der interdisziplinären Forschung (Darmstadt) 1977

Schieffer, Th., Die deutsche Kaiserzeit (900–1250), 1973

Schneider, J., Charles le Hardi, duc de Bourgogne et de Lorraine, 1475–1477, in: Le Pays Lorraine 1 (1977)

Seibt, F., Karl IV. Ein Kaiser in Europa 1346–1378, 1978

Vaughan, R., Philipp the Good. The Apogee of Burgundy, 1970

Ders., Charles the Bold. The last Duke of Burgundy, 1973

Wakefield, W. L., Heresy, Crusade and Inquisition in Southern France, 1974

Wandruszka, A., Das Haus Habsburg. Die Geschichte einer europäischen Dynastie, 1959[2]

Wiesflecker, H., Kaiser Maximilian I. Das Reich, Österreich und Europa an der Wende zur Neuzeit, 3 Bde. 1971–1977

Zimmermann, H., Imperatores Italiae: Hist. Forschungen f. W. Schlesinger, 1974

Register

Das Register enthält wichtigere Personennamen (ausgenommen Historiographen und moderne Forscher) sowie historische und geographische Stichworte. Bei zentralen Begriffen, die durchgängig vorkommen, wie z. B. Arelat, Bourgogne, sind nur wesentliche oder begriffserklärende Stellen verzeichnet.

237

238